青岛大学学术专著出版基金资助

A STUDY ON THE IMPACT OF CHINA'S
PROPERTY RIGHTS REGIONAL INSTITUTION
TO ECONOMIC GROWTH

中国产权区域制度对经济增长影响研究

刘瑞超 ◎ 著

中国社会科学出版社

图书在版编目(CIP)数据

中国产权区域制度对经济增长影响研究 / 刘瑞超著 . —北京：中国社会科学出版社，2018.6
ISBN 978-7-5203-2796-1

Ⅰ.①中⋯　Ⅱ.①刘⋯　Ⅲ.①产权制度-影响-区域经济发展-研究-中国　Ⅳ.①F127

中国版本图书馆 CIP 数据核字（2018）第 149747 号

出 版 人	赵剑英
责任编辑	任　明
责任校对	赵雪姣
责任印制	李寡寡

出　　版	中国社会科学出版社
社　　址	北京鼓楼西大街甲 158 号
邮　　编	100720
网　　址	http：//www.csspw.cn
发 行 部	010-84083685
门 市 部	010-84029450
经　　销	新华书店及其他书店

印刷装订	北京君升印刷有限公司
版　　次	2018 年 6 月第 1 版
印　　次	2018 年 6 月第 1 次印刷

开　　本	710×1000　1/16
印　　张	14.75
插　　页	2
字　　数	256 千字
定　　价	75.00 元

凡购买中国社会科学出版社图书，如有质量问题请与本社营销中心联系调换
电话：010-84083683
版权所有　侵权必究

前　　言

　　经济增长历来是宏观经济研究的核心问题，它既是经济学理论研究的起点也是终点。同一时期不同国家的经济增长迥异，即便是同一国家在不同的历史条件下经济增长情况也不尽相同，对新兴工业化国家和地区的研究更是重中之重。

　　中国改革开放以来的持续高速经济增长和区域经济非均衡除了资源、资本、技术、劳动力这"传统四驾马车"的拉动，更是发生在特定的制度环境和制度结构下，任何经济增长都不能游离在大的制度背景外，制度贯穿全程。随着改革开放的深入，地方政府在经济增长中的作用也愈加重要，传统经济学分析范式在研究政府行为时容易忽略"三权分立"外的其他分权与制衡，不能完全适用中国问题。本书另辟蹊径，从产权角度出发，提出以地方政府为行为主体的"产权区域"是中国区域制度基本特征，研究产权区域制度对经济增长的影响。

　　产权区域制度核心在于政府科层间"财权"与"事权"配置，表现为财政收入支出范围划分。中国特殊的政治经济环境与职能分工体系使得产权区域制度有别于联邦制下的地方制度模式，它不仅使地方拥有相对独立和完整的决策权，更有效融合了政治激励与经济激励，这是我国管理体制的制度优势。非凡的模式既造就复杂的利益格局，也使得产权区域成为上级区域和本级公众的双重代理人，表现出"公共—私人"双重属性，承担"公共服务—经济建设"双重职能。区域间上下级博弈与同级"竞争锦标赛"是产权区域制度"政治—经济"双重激励的必然结果，也是最优发展选择。中国产权区域制度并非完美无缺，资源绝对行政配置造成负外部性的产生，即由于"私人性"失控造成的"政府失灵"。

　　本书将财政支出结构、劳动力等因素引入两部门结构模型与简化的财政支出分权模型，构建起中国产权区域制度与长期经济增长理论模型，利用此模型的开展中国产权区域制度对经济增长影响的实证与分异研究。面板数据计量分析发现，产权区域制度是实现我国整体最大利益的重要保障；分异研究表明，产权区域制度差异化有助于地区经济快速增长，并从区域产权构成、制度实施进程、国家宏观发展策略三个方面阐述原因。

基于对当前区域发展存在的地方财政压力、重复建设、地方保护与市场分割、环境问题等中国产权区域制度负外部性的剖析，本书提出制度完善的政策建议与优化措施解决负外部性的思路：从界定各级政府职能入手，厘清各级财政收支范围；重新定位政府与市场的关系，调整政府财政支出结构；建设"双维"的激励约束以及其他行政约束机制；提出基于生态文明建设的行政区域间协调机制与城市发展协调机制。

章节结构安排如下。第一、第二章为本书第一部分，对相关理论文献的梳理归类，奠定全文理论基石；第三章为本书第二部分，理论分析中国产权区域制度对经济增长的影响机制；第三部分由第四、第五章组成，实证研究中国产权区域制度对经济增长影响，并进行分异研究与负外部性分析。第四部分为结论与展望，系统地总结了全文开展的各项工作、取得的相关结论与创新之处，指出研究存在的不足与发展方向。

本书系山东省社会科学规划项目（16CJJ43）、中国博士后面上项目（2017M622124）、青岛市哲学社会科学规划项目（QDSKL1701062）、山东省高校人文社科项目（J17RA082）研究成果，感谢上述项目对研究的支持。

目 录

第一章 绪论 …………………………………………………… (1)
  第一节 研究背景、研究意义与研究路线 ……………………… (1)
    一 研究背景 ……………………………………………… (1)
    二 研究意义 ……………………………………………… (2)
    三 研究路线 ……………………………………………… (3)
  第二节 国内外相关研究进展 …………………………………… (4)
    一 制度框架下的经济增长研究 ………………………… (4)
    二 中国区域制度研究 …………………………………… (7)
    三 政府竞争研究 ………………………………………… (10)

第二章 理论基础 ………………………………………………… (16)
  第一节 制度与经济增长 ………………………………………… (16)
    一 交易费用与产权理论 ………………………………… (16)
    二 制度演进理论 ………………………………………… (17)
  第二节 要素与经济增长 ………………………………………… (20)
    一 "资源诅咒"争辩 …………………………………… (20)
    二 资本决定论 …………………………………………… (22)
    三 新古典经济增长与"技术决定论" ………………… (23)
    四 内生经济增长与人力资本决定论 …………………… (24)
  第三节 财政分权理论 …………………………………………… (26)
    一 传统的财政分权理论 ………………………………… (26)
    二 市场维护型的财政联邦主义 ………………………… (27)
    三 政府间职能分工 ……………………………………… (29)
  第四节 外部性理论 ……………………………………………… (29)

一　外部性概念 …………………………………………………… (29)
　　二　外部性理论发展 ……………………………………………… (30)
　第五节　区域经济增长理论 ………………………………………… (31)
　　一　均衡增长理论 ………………………………………………… (31)
　　二　区域非均衡增长理论 ………………………………………… (32)

第三章　中国产权区域制度对经济增长影响的理论分析 ………… (34)
　第一节　中国产权区域制度形成 …………………………………… (34)
　　一　产权、区域产权与产权区域 ………………………………… (34)
　　二　中国产权区域制度的形成与发展 …………………………… (42)
　第二节　中国产权区域制度的特殊性 ……………………………… (49)
　　一　产权区域特殊的制度模式 …………………………………… (49)
　　二　中国产权区域复杂的利益格局 ……………………………… (51)
　　三　中国产权区域的双重属性与双重职能 ……………………… (55)
　第三节　中国产权区域制度对经济增长的作用机制 ……………… (59)
　　一　制度促进经济增长的路径分析 ……………………………… (60)
　　二　产权区域行为与区域间博弈 ………………………………… (63)
　第四节　中国同级产权区域间竞争行为 …………………………… (68)
　　一　流动性资本竞争 ……………………………………………… (68)
　　二　人才资源竞争 ………………………………………………… (70)
　　三　技术竞争 ……………………………………………………… (74)
　　四　税收优惠竞争 ………………………………………………… (77)
　　五　基础设施竞争 ………………………………………………… (80)
　　六　财政支出竞争 ………………………………………………… (82)
　本章小结 ……………………………………………………………… (86)

第四章　中国产权区域制度对经济增长影响的实证与分异研究 … (88)
　第一节　产权区域制度对经济增长影响的理论模型 ……………… (88)
　　一　两部门结构增长模型 ………………………………………… (88)
　　二　财政支出分权对经济增长影响模型 ………………………… (91)
　　三　财政支出结构对经济增长影响模型 ………………………… (94)
　　四　产权区域制度对经济增长影响模型 ………………………… (95)
　第二节　模型变量解释与数据来源说明 …………………………… (101)
　　一　被解释变量 …………………………………………………… (102)

二　解释变量 …………………………………………………（102）
　　三　控制变量 …………………………………………………（108）
第三节　基于面板数据的产权区域制度对经济增长
　　　　影响分析 …………………………………………………（109）
　　一　模型数据处理 ……………………………………………（109）
　　二　模型结果分析 ……………………………………………（116）
第四节　产权区域制度对经济增长影响分析研究 ………………（122）
　　一　区域经济增长非均衡 ……………………………………（123）
　　二　产权区域制度在区域间影响的差异 ……………………（125）
　　三　产权区域制度在东中西、东北地区间影响的差异 ……（129）
　　四　影响差异的原因分析 ……………………………………（131）
本章小结 ……………………………………………………………（136）

第五章　中国产权区域制度对经济增长负外部性与解决思路 …（138）
第一节　产权区域制度与财政压力 ………………………………（138）
　　一　地方财政运行状况 ………………………………………（139）
　　二　产权区域制度与财政压力实证分析 ……………………（144）
　　三　财政支出规模不断扩大的思考 …………………………（147）
第二节　产权区域制度与重复建设 ………………………………（149）
　　一　两个领域重复建设问题 …………………………………（149）
　　二　产权区域制度对竞争领域重复建设影响与反思 ………（155）
第三节　产权区域制度与地方保护、市场分割 …………………（160）
　　一　地方保护的根源与手段 …………………………………（160）
　　二　地方保护与市场碎化测度 ………………………………（164）
　　三　产权区域制度对地方保护、市场分割的影响 …………（168）
第四节　产权区域制度与环境问题 ………………………………（170）
　　一　城市发展产生的环境压力——以东北老工业基地为
　　　　案例 ………………………………………………………（170）
　　二　资源争夺战——以黄河流域水资源争夺为案例 ………（171）
　　三　跨界污染与污染治理中的地方保护——以松花江流域
　　　　为案例 ……………………………………………………（173）
　　四　环境对区域发展的反作用 ………………………………（175）
第五节　负外部问题解决思路 ……………………………………（177）

一 "财权""事权"划分与财政支出结构调整 ………… (178)
　　二 约束机制建设 ………………………………………… (181)
　　三 生态文明建设的协调机制设计 ……………………… (184)
　本章小结 …………………………………………………… (188)
第六章 结论与展望 ………………………………………… (190)
　　一 主要结论 …………………………………………… (190)
　　二 主要创新点 ………………………………………… (193)
　　三 研究展望 …………………………………………… (193)

附录 ………………………………………………………… (195)

第一章

绪 论

第一节 研究背景、研究意义与研究路线

一 研究背景

经济增长历来是宏观经济研究的核心问题,它既是经济学理论研究的起点也是终点,对新兴工业化国家和地区的研究更是重中之重。同一时期不同国家的经济增长情况迥异,即便是同一国家在不同的历史条件下经济增长情况也不尽相同,改革开放以来我国经济发展呈现了三个巨大变化。

一是经济体制改革取得了突破性的进展,实现了从计划经济向市场经济的过渡,社会主义市场经济体制的建立为发展注入了巨大能量。

二是中国经济增长呈现出前所未有的生机和活力。经济规模保持了30余年持续高速增长,1979—2011年GDP年均增长9.9%,远远高于同期世界平均水平,2011年经济总量跃居世界第二,人均GDP约5500美元,进入中上等收入国家行列。

三是经济增长呈现非均衡特点。区域经济差距作为经济增长的"副产品"是一个曾经或正在困扰着大多数国家和地区的普遍问题,中国也不例外。其中,东西部经济差距长期存在,尽管推行了"西部大开发"战略,但从近些年的发展情况看,差距并未如预期设想般显著缩小,局部仍有扩大的趋势,2011年省级行政单元(不含港澳台,下同)经济增长速度极值比为2.02,人均GDP则为5.19。城乡差距、省际差距以及省内差距日益显性化,同时出现了以"东北现象"为代表的老工业基地发展

速度减缓、经济地位日趋下降的状况。

中国为什么会出现持续快速的经济增长？地区间经济增长为什么如此迥异？某些地区能够在较短的时间内就能实现经济的迅速发展，而有的却变得相对落后，相对优势与相对劣势盛衰转变背后隐藏的机制又是什么？

基于不同的视角与理论基础，研究成果可谓层出不穷。除了传统的资本、劳动力、技术"三驾马车"外，一些学者认为发展战略从赶超型到比较优势型的转变推动了中国经济增长，也有学者用能提高资源配置效率的企业家精神来解释，还有很多学者认为是制度变迁即中国的制度转轨促使经济高速增长，引起经济增长的既可能是要素投入，也可能是制度变迁激发了经济要素综合效用的发挥。

二 研究意义

长期以来，经济增长的理论分析主要有两条主线：一是经济要素；二是制度。

经济增长的发动机必定安装在人力资源、自然资源、资本和技术四个轮子上。[①] 任何经济增长都是在一定的制度环境和制度安排下发生的，不可能脱离制度背景而独立存在，因此制度因素贯穿于经济增长的全过程。中国改革开放以来的持续高速经济增长与区域经济发展非均衡的矛盾发生在特定的制度环境和制度结构下，传统主流经济学理论解释这种特定现象存在一定困难。尽管也提及制度，但更多的是关注政策与战略层面。

本书提出"产权区域是中国区域制度的特征"，原因在于这一制度特征形成的区域竞争机制具有重要意义。这个机制的内涵包括两方面，一是因为拥有产权，所以成为经济建设型的政府；二是资源短缺下的平等发展权，所以必然有区域竞争。

尽管政府竞争的思想可以追溯到亚当·斯密，但前人的研究多是以成熟市场经济为背景，在既定制度框架下寻求公共产品供给与税收的最优组合。由于中国的政治制度有别于西方联邦制下的"三权分立"，因此，传统的分析范式在研究政府行为时容易忽略其他分权与制衡问题，显然不能完全适用中国问题。因此，从产权区域制度视角研究中国经济增长与区域

---

① ［美］保罗·萨缪尔森等：《经济学》（第十六版），萧琛等译，华夏出版社1999年版，第419—421页。

差异问题有利于学科交叉融合、丰富区域经济理论。

从现实角度看,改革开放以来地方政府的自身利益不断强化,经济独立性日渐增强,地方政府在制度创新和经济增长中的作用也越来越重要。钱颖一认为中国已基本满足联邦制的分权、制衡、地方管经济、共同市场、硬预算约束五项标准,加之特立独行的运行方式,可以说是"中国式的联邦制(Federalism Chinese style)"[①]。

经济性分权强化了地方官员和辖区居民的利益,加剧了地方政府之间的竞争。地方政府改善基础设施、加快制度创新、提高办事效率等,不仅能促进辖区经济的增长,其溢出效应亦能促进整体经济增长;但是也会诱发地方保护、重复建设、招商引资大战等无序竞争与短期行为,存在将本地经济增长建立在其他地区或全局利益受损基础上的可能。产权区域制度视角分析将厘清为什么地方政府行为会呈现这种两面性,提供制度建设的思路,有助于政府自身重新定位,规范地方政府行为、优化资源配置、提高资源使用效率,在发挥竞争对区域经济增长正效应的同时抑制负效应,最终实现区域差距缩小、国民经济的持续快速增长。

三 研究路线

在梳理相关研究(制度框架下的经济增长以及中国区域制度和政府竞争)成果与进展基础上,本书认为中国强大的区域经济源于制度。

以制度性—要素性经济增长理论、财政分权理论、外部性理论和区域经济增长理论为基础,本书逐步将产权拓展到区域产权,提出产权区域概念。中国区域制度的特征是以地方政府为行为主体的"产权区域",并分析其形成发展历程与特殊性。

通过理论分析,本书形成了产权区域制度影响经济增长的机制框架——区域博弈构成了特有的经济发展动力。本书用规范的计量经济分析方法与差异性研究进行实证性验证,同时从当前区域发展存在的诸多问题探究产权区域制度的负外部性,提出完善思路。

[①] 钱颖一:《现代经济学与中国经济改革》,中国人民大学出版社2003年版,第197—220页。

图 1-1 研究路线

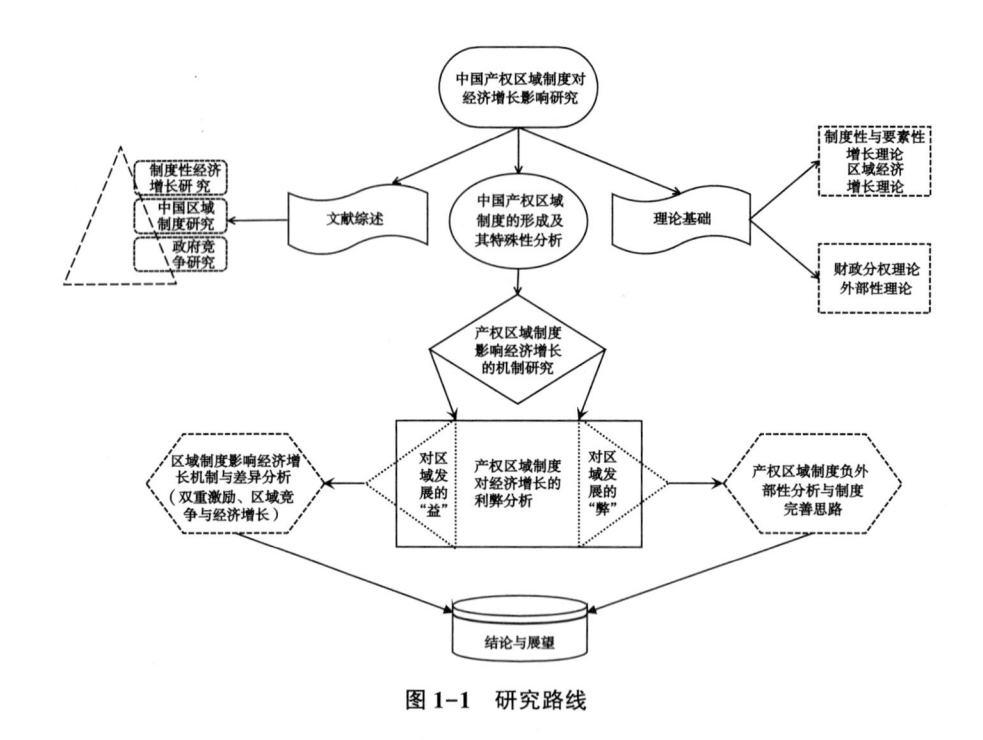

第二节 国内外相关研究进展

一 制度框架下的经济增长研究

纵观经济学的发展历程，经济增长研究理论不断演进，人的劳动决定论→资本决定论→技术进步论→人力资本理论→制度理论→……

长期以来，经济增长的理论分析主要由两部分组成，或者说有两条主线：一是经济要素，二是制度。传统主流经济学的经济增长分析，或将制度视为已知、既定的，或将制度因素作为"外生变量"。虽然早在20世纪初凡勃伦就指出过文化、习俗与社会制度等对经济增长有重要影响，但难以得到主流学派的肯定与回应。

新制度经济学提出了新的观点，认为资本积累、技术进步等因素与其说是经济增长的原因倒不如说是经济增长本身，经济增长的根本原因在于制度因素。任何经济增长都是在一定的制度环境和制度安排下发生的，它不可能脱离制度背景而独立存在，制度贯穿经济增长全程。

(一) 国外制度与经济增长研究

制度是影响经济增长的重要因素，有效的制度能够促进经济增长，而无效的制度则起到阻碍作用，制度在长期经济增长中的作用尤为突出。国外制度与经济增长理论研究和实证分析获得巨大进展。

科斯定理、科斯第二定理及其推理将权利安排（即制度形式）与资源配置效率直接对应起来。① 道格拉斯·C. 诺斯（Douglass C. North，也译诺思）提出，"制度是决定长期经济绩效的基本原因"，"当技术没有重大变化时，只要充分发挥制度因素的作用，就可以促进经济增长"②。经济的快速发展、新时代浪潮的形成，关键不在于科技和人，而在于制度。③ 新奥地利学派强调制度的极端重要性④，奥尔森（Mancur L. Olson, Jr.）基于分裂国家的研究表明不涉及制度就不可能解释经济增长率的持续差异⑤。

Scully 通过对 115 个国家 1960—1980 年增长率的研究，发现制度框架对经济效率和增长率有重大影响。⑥ Rodrik 等通过分析指出相对于地理因素和国际贸易而言，制度在经济发展中占主导地位，"制度是影响经济发展的核心因素"⑦。Acemoglu 等在比较原欧洲殖民地发展后认为，制度是

---

① [美] 罗纳德·哈里·科斯：《论生产的制度结构》，盛洪等译，上海三联书店 1994 年版，第 141—197 页。

② [美] 道格拉斯·C. 诺斯：《经济史中的结构与变迁》，陈郁等译，上海三联书店、上海人民出版社 1994 年版，第 5—6 页。

③ [美] 阿尔文·托夫勒：《第三次浪潮》，朱志焱等译，新华出版社 1996 年版。

④ [德] 柯武刚等：《制度经济学——社会秩序与公共政策》，韩朝华译，商务印书馆 2000 年版，第 23 页。

⑤ Mancur Olson, Jr., "Big Bills Left on the Sidewalk: Why Some Nations are Rich, and Others Poor", *Journal of Economic Perspective*, Vol. 10, No. 2, 1996, pp. 3-24.

⑥ Gerald W. Scully, "The Institutional Framework and Economic Development", *Journal of Political Economy*, Vol. 96, No. 2, 1988, pp. 652-662.

⑦ Dani Rodrik, Arvind Subramanian, Francesco Trebbi, "Institutions Rule: The Primacy of Institutions over Geography and Integration in Economic Development", *NBER Working Paper*, No. 9305, 2002.

经济长期增长的决定因素，能够提供投资激励和机会的社会将更加富裕。① Thorsten 等研究了转型国家市场经济制度构建与增长的关系。② 国外学者关于中国制度与经济增长的研究以斯蒂格利茨（Joseph E. Stiglitz）③、柯武刚（Wolfgang Kasper）和史漫飞（Manfred E. Streit）④ 最具代表性，他们的研究证实了制度对经济增长的促进作用。

（二）国内制度与经济增长研究

不同的制度安排具有不同的绩效，国内学者运用新制度经济学对经济增长做出多种解释。

贾辉艳利用制度变迁与经济增长理论研究如何使政府在市场经济不发达的国家发挥"主导"作用，为市场经济发展创造公平合理环境。⑤ 王艾青等研究了激励机制、制度变迁与增长效应的关系，指出中国经济增长的过程是一个制度变迁的过程。⑥ 杨晓敏等从理论上分析了制度变迁、金融结构调整与经济增长之间的相互作用机制，并将制度变量引入金融结构与经济增长模型进行验证。⑦ 刘铭建立了一个解释制度变迁过程的"三角螺旋"模型，不仅说明了制度变迁如何影响经济增长和利益分配，而且解释了经济增长和利益分配对制度变迁的反作用。⑧

国内学者在拓展理论的同时更多的是建立各种模型，实证分析制度对

---

① Daron Acemoglu, Simon Johnson, James A. Robinson, "Reversal of Fortune: Geography and Institutions in the Making of the Modern World Income Distribution", *Quarterly Journal of Economics*, Vol. 117, No. 4, 2002, pp. 1231–1294; Daron Acemoglu, Simon Johnson, James Robinson, "The Rise of Europe: Atlantic Trade, Institutional Change, and Economic Growth", *American Economic Review*, Vol. 95, No. 3, 2005, pp. 546–579.

② Thorsten Beck, Luc Laeven, "Institution Building and Growth in Transition Economies", *Journal of Economic Growth*, Vol. 11, No. 2, 2006, pp. 157–186.

③ [美] 约瑟夫·E. 斯蒂格利茨：《社会主义向何处去——经济体制转型的理论与证据》，周立群等译，吉林人民出版社2011年版。

④ [德] 柯武刚等：《制度经济学——社会秩序与公共政策》，韩朝华译，商务印书馆2000年版。

⑤ 贾辉艳：《以制度创新推动我国经济增长模式的转换》，《经济问题探索》2007年第9期。

⑥ 王艾青：《激励机制、制度变迁与增长效应分析》，《西安电子科技大学学报》（社会科学版）2005年第1期。

⑦ 杨晓敏等：《制度变迁、金融结构与经济增长——基于中国的实证研究》，《金融与经济》2006年第6期。

⑧ 刘铭：《制度变迁、经济增长与利益分配——制度变迁的"三角螺旋"模型及其应用》，《东岳论丛》2009年第3期。

经济增长的影响和贡献。或将制度作为外生变量①或内生变量②纳入不同的经济增长模型中，建立新的分析模型，或通过其他角度和计量方法去研究两者的关系③。

由于学者们理解制度对经济增长贡献的不同，造成其代理变量千差万别，可以归结成两个类型。一是选择特定的经济、政治变量，并用截面数据来表示制度；二是将若干的经济与政治变量编制成一个指数，反映制度环境以及制度变迁趋势。

关于制度影响经济增长的属性认识不一致。有的学者把制度作为影响经济增长的直接因素建立分析模型，也有人认为制度通过影响某一要素（如技术进步等）间接作用经济增长，更有学者通过因果检验验证否认制度变迁是经济增长的决定性因素。胡永泰等就否认了制度是影响中国经济增长的要素④，张红芳认同制度是重要的、是经济系统的内生变量，但她强调制度变迁是经济增长态势的一个反应，制度调整是一个适应性过程，而非决定性力量⑤。安立仁等也认为我国的制度变迁是技术进步的结果，并不能构成经济增长的直接原因。⑥

二 中国区域制度研究

套用诺斯的制度定义⑦，区域制度可以被理解为区域内的游戏规则，它确定了区域内人与人之间互动的规则框架和约束，从而决定了区域内的

---

① 雷钦礼：《制度变迁、技术创新与经济增长——中国经济增长的理论与实证分析》，中国统计出版社 2003 年版，第 121—122 页；李小宁：《经济增长的制度分析模型》，《数量经济技术经济研究》2005 年第 1 期。

② 皮建才：《制度变迁、技术进步与经济增长——一个总结性分析框架》，《经济经纬》2006 年第 6 期；舒元等：《中国经济增长模型的设定：1952—1998》，《经济研究》2002 年第 11 期；徐现祥：《渐进改革经济中的最优增长》，《数量经济技术经济研究》2005 年第 8 期。

③ 傅晓霞等：《制度变迁对中国经济增长贡献的实证分析》，《南开经济研究》2002 年第 4 期；周业安等：《市场化、经济结构变迁和政府经济结构政策转型——中国经验》，《管理世界》2004 年第 5 期。

④ 杰夫雷·萨克斯等：《经济改革与宪政转型》，《开发时代》2000 年第 7 期。

⑤ 张红芳：《制度变迁与经济增长——对诺斯制度变迁理论的修正》，《延安大学学报》（社会科学版）2000 年第 3 期。

⑥ 安立仁等：《中国制度变迁增长理论研究评述》，《西安邮电学院学报》2004 年第 2 期。

⑦ 孙斌栋：《制度变迁与区域经济增长》，科学出版社 2007 年版，第 53 页。

交易成本。区域内的制度包括全国性与区域性两个层面的非正式制度、正式制度及实施机制。国家内部的异质性造成一个国家被划分成多个区域并建立相应的管理机构，而地方政府则各自制定了适合本区域的正式规则。也正因此，区域制度既不同于国家制度，也不同于其他的科层制度，尽管它们都面临着同样的国家制度约束。

从"秦"开始，中国就是中央集权制国家，历朝历代一直有划分行政区的做法，各地在经济、社会、文化甚至语言上形成了独立的体系。新中国成立之初学习苏联经验，实施既按职能进行管理又按属地进行管理的"条块"经济方法，中国行政区的经济功能强大。

（一）行政经济区研究

Audrey Donnithorne 把行政区经济比喻为"蜂窝状经济"[1]，行政区经济并非中国特有现象，但在中国表现的尤为突出、最为典型。

刘君德提出了"行政区经济"的概念，"由于行政区划对区域经济的刚性约束而产生的一种特殊区域经济现象，它是我国在从传统计划经济体制向社会主义市场经济体制转轨过程中，区域经济由纵向运行系统向横向运行系统转变时期出现的具有过渡性质的一种区域经济类型"[2]。"与计划经济时期的地方经济相比，行政区经济无疑是一种进步；但与建立在统一大市场基础上的经济区经济相比，又是一种滞后的区域经济类型。"[3] 黎鹏认为，行政区经济是以行政区为经济活动组织与布局基本地域单元、以行政性手段和运行机制来组织与布局的经济。[4]

杨龙指出，由于我国长期实行省制，与省级行政区相对应，逐渐形成了地方政府经济圈，即以地方政府经济管理和规划为核心，以省会城市为中心，以其管辖的行政区为边界的地域经济圈。[5] 陈敏和阎小培则从行政区经济的特征、存在的问题、改革探索三个方面回顾了1990年以来中国

---

[1] Audrey Donnithorne, "China's Cellular Economy: Some Economic Trends since the Cultural Revolution", *The China Quarterly*, No. 52, 1972, pp. 605-619.

[2] 刘君德：《论行政区划改革与区域可持续发展》，《中国方域：行政区划与地名》1998年第6期。

[3] 刘君德：《中国转型期"行政区经济"现象透视——兼论中国特色人文—经济地理学的发展》，《经济地理》2006年第6期。

[4] 黎鹏：《区域经济协同发展研究》，经济管理出版社2003年版，第11页。

[5] 杨龙：《我国行政区划与经济区域化趋势之间的张力》（http://www.tszz.com/scholar）。

行政区经济研究的进展。①

(二) 区域关系研究

林尚立从权力与职能角度研究了中央政府与地方政府之间的关系。中央与地方关系是国内政府间关系的中轴，在任何一个国家，中央与地方关系将直接决定整个国内政府间关系的基本格局，也就决定了地方政府体系内部各级政府之间的关系，决定了地方政府之间的关系。②

任进运用比较政治学和比较政府学的研究方法，探讨了地方政府的概念、特征、分类、作用，并提出地方制度传统的典型模式，从地方政府或地方国家机关的体制、职权、中央与地方关系和地方制度改革等方面进行综合研究。③

金太军等系统地梳理了我国中央与地方财政关系、中央与地方政治关系、中央与地方产权关系。④ 熊文钊在总结国内外处理中央与地方关系、中央与地方权限划分模式的经验教训基础上，探索了中国中央与地方权限划分的规律性以及中央与地方关系的良性互动机制。⑤ 杨龙从政府经济学角度，对中国区域划分模式与演变、区域经济和中央—地方关系演变、中央与地方关系存在的问题、中国政治中心与经济中心的关系等内容进行了研究。⑥

何梦笔（Carsten Herrmann Pillath）在分析中国与俄罗斯的体制转型特征后提出了以地方政府作为产权主体的"地方产权制度"、强调了税制改革与"地方产权"的关系，但未就此进行详细解释。⑦ 丁四保从地方政权传承、新中国的地方政权体制、改革开放与地方经济发展等方面分析了我国区域制度的形成与发展。"区域"在社会经济生活中的存在形式是"产权区域"即行政区域或主权国家，"产权区域"在中国的特别体现是形成了一个非常强盛的行政—经济区域体系，在"集权与分权"过程中

---

① 陈敏等：《1990年版代以来中国行政区经济研究的进展》，《学术研究》2005年第6期。
② 林尚立：《国内政府间关系》，浙江人民出版社1998年版，第19—22页。
③ 任进：《当代中外地方制度比较》，人民日报出版社2002年版。
④ 金太军等：《中央与地方政府关系建构与调谐》，广东人民出版社2005年版。
⑤ 熊文钊：《大国地方：中国中央与地方关系宪政研究》，北京大学出版社2005年版。
⑥ 杨龙：《中国区域经济发展的政治分析》，黑龙江人民出版社2004年版。
⑦ 何梦笔：《政府竞争：大国体制转型理论的分析范式》，《广东商学院学报》2009年第3期。

形成了比世界上各个联邦制国家强大得多的"地方政权"和"地方经济"①。"产权区域"制度使行政区具有"经济区"性质。②

三 政府竞争研究

"竞争"是经济学的一个核心概念，市场组织间竞争是市场经济体制的普遍现象。近代社会是一个经济社会，所有有效率的政府都应该具备经济职能、拥有发展的欲望，这与历史上只具有政治统治、管理职能的政府有着显著差别。经济学界自20世纪50年代着手研究"地方政府间竞争"。

（一）西方财政分权理论中的地方政府竞争研究

财政分权理论中的地方政府竞争理论，也称管辖权竞争理论，主要分析财政分权背景下地方政府间的财政竞争与地方政府公共产品供给有效性问题。

蒂伯特（Charles Tiebout）"用脚投票"理论被认为是地方政府间竞争理论的奠基之作。消费者在辖区间自由流动，选择能够提供实现自身效用最大化的公共产品与税收组合；政府为了吸引具有纳税能力的公众，只能更有效率地提供公共产品。如此，政府间竞争将实现资源配置的帕累托最优，从而达到社会福利的最大化。③

理论界对地方政府间税收竞争的有效性存在较大争议，学者们不断地对蒂伯特模型进行修正和反驳，最终形成了两种截然相反的观点。一方认为地方政府竞争可能是"扑向低层的竞争"，而另一方则认为地方政府间竞争是有效和有益的。

1. 地方政府竞争的非有效性研究

Zodrow、Miesz Kowski和Wilson认为地方政府竞争是非有效的，原因在于对可流动资本征税将导致资本外流，流入区会实现税基的扩大和更快的经济增长，在均衡条件下本区域将会产生低于有效水平的税率和公共产

---

① 丁四保：《主体功能区划的生态补偿机制研究》，科学出版社2009年版，第164页；丁四保：《我国的地方经济：制度特征与发展不平衡》，《经济地理》2007年第1期。

② 丁四保：《从区域规划看中国的区域制度》，《地理科学》2013年第2期。

③ Charles M. Tiebout, "A Pure Theory of Local Expenditures", *The Journal of Political Economy*, Vol. 44, No. 5, 1956, pp. 416-424.

品供应。① Keen 和 Marchand 考察了地方政府调整基础设施投向吸引流动资本的情况，均衡条件下的这一行为将导致生产性设施提供过量而生活性设施提供不足。② Démurger 指出分权后的地方政府把过多资金用于生产性投资而忽视了地方公共产品供给，导致了区域经济的不平衡发展。③

2. 地方政府竞争的有效性研究

Hayes 等认为竞争不但可以促使政府更有效地提供地方性公共物品，而且会激励地方政府寻找、发现更优的公共物品供给方式。④ Oates 提出即使没有人口流动，政府也可以通过降低税率、提供更多的公共投入等竞争行为吸引资本，居民收入提高、财政税收增加，政府因而能够提供更多的公共物品，从而实现社会成员福利的最大化。⑤ 此外，第二代财政联邦主义质疑政府是公民福利最大化者的假设，对地方政府间竞争持积极态度。

（二）新制度经济学的政府竞争理论

政区竞争理论作为新制度经济学的一个重要组成部分，是指两个以上的区域政府竞争性地提供公共产品，以便吸引投资与发展区域经济的政府间的竞争。⑥ 这种竞争既可以存在于国家与国家之间，也可以延伸到国家内部—地方政府之间。

布雷顿（Albert Breton）基于政府是一种包括多种因素的"混合制政府结构"假设，强调了"竞争性政府"概念，联邦制国家中政府关系总体上是竞争的，政府及内部部门之间、政府与非政府主体之间都围绕着提

---

① George R. Zodrow, Peter Mieszkowski, "Pigou, Tiebout, Property Taxation, and the Underprovision of Local Public Goods", *Journal of Urban Economics*, Vol. 18, No. 3, 1986, pp. 356-370; John D. Wilson, "A Theory of Interregional Tax Competition", *Journal of Urban Economics*, Vol. 19, No. 3, 1986, pp. 296-315.

② Michael Keen, Maurice Marchand, "Fiscal Competition and the Pattern of Public Spending", *Journal of Public Economics*, Vol. 66, No. 1, 1997, pp. 33-53.

③ Sylvie Démurger, "Infrastructure Development and Economic Growth: An Explanation for Regional Disparities in China", *Journal of Comparative Economics*, Vol. 29, No. 1, 2001, pp. 95-117.

④ Kathy J. Hayes, Laura Razzolini, Leola B. Ross, "Bureaucratic Choice and Nonoptimal Provision of Public Goods: Theory and Evidence", *Public Choice*, Vol. 91, No. 1-2, 1998, pp. 1-20.

⑤ Wallace E. Oates, "Fiscal Competition and European Union: Contrasting Perspectives", *Regional Science and Urban Economics*, Vol. 33, No. 2-3, 2001, pp. 133-145.

⑥ 李军鹏：《新制度经济学的政区竞争理论》，《唯实》2001 年第 4 期。

供非市场性产品和服务相互竞争。① 开放的市场经济体制下，政区竞争主要涉及投资环境、法律制度、政府效率等方面，这既是产生产权保护机制、有限政府制度和企业家创新制度的前提，也是市场经济永恒的话题，任何国家和地区永远都处在政区竞争的压力下。②

哈耶克（Friedrich August Hayek）从经济秩序的角度讨论了地方政府竞争，"地方当局之间的竞争或在一个存在着迁移自由的地区内的较大行政单位之间的竞争，在很大程度上提供了试验各种将会确保自由发展的大多数优越性的替代性方法的机会"③，有力地解释了国家为什么会主动保护产权，明晰产权必然导致经济增长这一"经济奇迹"。

诺斯以经济史学家的笔触揭示了历史上国家及其内部的竞争压力如何导致统治者做出不同的制度选择。④ 何梦笔以政府间制度竞争为主要分析对象建立了政府竞争理论，任何一个政府机构都与上级在资源和控制权的分配上处于竞争状态，同时这个政府机构也与类似机构在横向层面上展开竞争。⑤ 柯武刚和史漫飞分析了国家以及内部行政区间的制度竞争，探讨了竞争过程中的政治经济互动关系，强调开放对于制度竞争和制度变迁的重要作用。⑥ 李军鹏将新制度经济学的政区竞争理论概括为政府竞争内容与政区兴衰分析、政区竞争发展阶段分析、政区竞争机制三个方面。⑦

在上述理论之外，波特（Michael E. Porter）从产业视角分析了国家的竞争优势，政府促进产业竞争在增强国家竞争力方面所起的作用，"对国家而言，能创造出生产要素的机制远比拥有生产要素的程度重要"⑧。

---

① Albert Breton, *Competitive Governments: An Economic Theory of Politics and Public Finance*, New York: Cambridge University Press, 1996, p. Ⅺ.

② 贺曲夫：《中国当代省制改革展望》，中国经济出版社 2011 年版，第 41—42 页。

③ [英] 弗雷德利希·奥古斯特·冯·哈耶克：《自由宪章》，杨玉生、冯兴元、陈茅译，中国社会科学出版社 1999 年版，第 408—410 页。

④ [美] 道格拉斯·C. 诺斯：《经济史中的结构与变迁》，陈郁等译，上海三联书店、上海人民出版社 1994 年版，第 28—29 页。

⑤ 何梦笔：《政府竞争：大国体制转型理论的分析范式》，《广东商学院学报》2009 年第 3 期。

⑥ [德] 柯武刚等：《制度经济学——社会秩序与公共政策》，韩朝华译，商务印书馆 2000 年版。

⑦ 李军鹏：《新制度经济学的政区竞争理论》，《唯实》2001 年第 4 期。

⑧ [美] 迈克尔·波特：《国家竞争优势》，李明轩等译，华夏出版社 2002 年版，第 76 页。

斯蒂芬·贝利（Stephen J. Bailey）对西方国家的政府分权改革、地方政府税收与财政支出、地方政府收费与地方政府竞争的关系进行了研究。①

(三) 中国地方政府竞争的相关研究

我国地方政府竞争在政治经济集中管理时表现得并不突出，随着市场化改革的不断深入，经济性分权强化了国家利益也使得各级政府间的竞争态势日益明显。以地方政府为主导，追求辖区利益最大化的竞争已成为我国政府间关系的一个重要方面，并且已经不是传统意义上单纯的"兄弟"竞争而是相对独立主体之间的竞争。

钱颖一等认为中国1979年以后建立的M形层级行政管理结构对地方政府官员形成强效激励机制，从而对中国经济改革产生有益的影响。② 何梦笔指出，像中国这样空间或地区差异显著的大国，统一的经济转型政策将引发各地政治经济不同的反应，进而促使各地逐渐形成不同的转型路径。③

樊纲、张曙光在《公有制宏观经济理论大纲》一书中描述了我国地方之间的"兄弟竞争"情况。④ 阮恩光指出，市场经济中的地方政府负责辖区经济和社会发展，这本身就是一种经营行为，因而地方政府间竞争是客观存在的事实。⑤ 丁四保等认为发展的欲望是无穷的，发展的同时需要资源，资源永远是稀缺的，产权则是排他的，区域政府必须与其他区域政府争夺资源。⑥ 冯兴元补充了何梦笔的政府竞争分析框架，他认为政府间竞争主要体现为制度竞争，并对相关问题进行了分析说明。⑦

随着国内地方政府竞争的日趋激烈，学术界对这一课题的研究逐渐升

---

① [英]斯蒂芬·贝利：《地方政府经济学：理论与实践》，左昌盛等译，北京大学出版社2006年版，第398页。

② Yingyi Qian, Barry R. Weingast, "Federalism as a Commitment to Preserving Market Incentives", *The Journal of Economic Perspectives*, Vol. 11, No. 4, 1997, pp. 83—92.

③ 何梦笔：《政府竞争：大国体制转型理论的分析范式》，《广东商学院学报》2009年第3期。

④ 樊纲等：《公有制宏观经济理论大纲》，上海三联书店、上海人民出版社1999年版，第194—235页。

⑤ 阮恩光：《论政府的竞争》，《经济问题探索》1998年第3期。

⑥ 丁四保等：《主体功能区划与区域生态补偿问题研究》，科学出版社2012年版，第110—116页。

⑦ 冯兴元：《中国辖区政府间竞争理论分析框架》（http://www.unirule.org.cn）。

温，涌现出大量的成果、涉及了多个角度，如地方性公共物品供给、地方制度转型和创新、地方政府行为激励与约束、地方政府竞争力评估等。

1. 地方政府竞争积极性研究，主要涉及竞争对产权制度变革和市场化的推动

杨瑞龙探讨了地方政府在制度变迁中的主导作用，竞争使地方政府更加具有实施制度创新的意愿。① 张维迎、粟树和运用产权制度和博弈论研究了地方政府竞争对国有企业民营化的影响——客观上起到了促进市场深化和明晰财产权利的效果。② 张军认为经济分权体制下地方"为增长而竞争"对理解中国经济增长至关重要，虽然可能造成了过度投资，但让中国经济在制造业和贸易战略上迅速迎合和融入国际分工链条与一体化进程。③ 丁四保认为区域竞争贡献巨大，如果没有中国的区域体制、没有如此强大的地方政府，改革开放事业不可能取得如此巨大的成就；中国在区域竞争的市场规律作用下实现了经济的高速发展，"试点区域"、区域发展诉求功不可没。④

2. 地方政府竞争消极性研究，主要涉及地方保护、无效竞争以及竞争秩序的建构等问题

许多学者在研究区域经济过程中提到了竞争导致的经济增长非均衡、重复建设和地方保护等问题。中国地方政府竞争课题组列出了地方政府竞争的四点消极影响：一是地方保护阻碍统一市场体系的形成以及生产资源配置性基础作用的发挥；二是重复建设；三是过度竞争导致地方政府重经济效益轻社会效益；四是无序、恶性竞争代价畸高。⑤

任维德认为，地方政府间不当竞争将不可避免地导致区域经济差距进一步扩大。由于各地区起点和主客观环境的差异，处于优势地位的地区具

---

① 杨瑞龙：《我国制度变迁方式转换的三阶段论——兼论地方政府的制度创新行为》，《经济研究》1998年第1期。

② 张维迎等：《地区间竞争与中国国有企业民营化》，《经济研究》1998年第12期。

③ 张军：《中国经济发展：为增长而竞争》，《世界经济文汇》2005年第4期。

④ 丁四保：《主体功能区划的生态补偿机制研究》，科学出版社2009年版，第177—180页；丁四保：《我国的地方经济：制度特征与发展不平衡》，《经济地理》2007年第1期。

⑤ 中国地方政府竞争课题组：《中国地方政府竞争与公共物品融资》，《财贸经济》2002年第10期。

有更强的吸纳优质要素的能力，而落后地区则成了这些要素的输出地。[①]周业安分析了地方政府竞争与经济增长的关系，地方政府通过制度创新和技术创新聚集更多的资源，有利于当地的经济增长；在资源总量有限的情况下，某些地区必定成为流出方，落后地区在资源争夺中处于劣势，就会采取保护性策略维护当地利益，导致交易成本增大，不利于整体经济发展。[②]

区域竞争，因其对经济增长的巨大推动作用而受到推崇，也因地方保护主义、重复建设、产业同构、市场严重分割等问题饱受诟病，实际上"区域竞争"是一个中性的概念。区域竞争是市场竞争的产物，更是市场经济体制下分权化改革的结果。不同竞争策略将导致不同的结果，进取型的竞争方式有利于经济的增长，而保护型和掠夺型的竞争方式会导致恶性竞争。

---

① 任维德：《地方政府之间的竞争及其竞争力提升》，《内蒙古大学学报》（人文社会科学版）2005年第2期。

② 周业安：《地方政府竞争与经济增长》，《中国人民大学学报》2003年第1期。

第二章

理论基础

基于不同的视角与理论工具，中国经济增长研究层出不穷。除了传统的资本、劳动力、技术"三驾马车"外，一些学者认为从赶超型到比较优势型的发展战略转变推动了中国经济高速增长，也有学者用能提高资源配置效率的企业家精神来解释，还有学者认为制度变迁即中国体制转轨造成经济高速增长，大致可以将这些研究分成要素视角和制度视角。

第一节 制度与经济增长

新制度经济学使用交易费用和产权等关键性概念，以传统经济分析方法讨论现实世界中制度的起源、作用、变迁及其与经济绩效的关系。

一 交易费用与产权理论

交易费用是新制度经济学最为重要的基础概念，也是分析制度起源和变迁的基本工具；产权理论是关于产权界定和交易的经济学理论体系。在某种程度上可以说，新制度经济学是随着产权和交易费用研究的深入而拓展开来的。

科斯（Ronald H. Coase）在《企业的性质》中并无明确意图要把"交易费用"的概念一般化，但他把交易费用看作企业和市场的运行成本，用交易费用说明企业成因及其与市场的相互替代，实际上开创了将交易费用引入经济学分析的先河。

科斯并未严格定义交易费用，"通过价格机制组织生产的最明显的成本就是所有发现相对价格的成本""市场上发生的每一笔交易的谈判和签约的费用""利用价格机制也存在其他方面的成本"①。《社会成本问题》从另一个角度进行了补充,"谈判要进行,契约要签订,监督要实行,解决纠纷的安排要设立,等等。这些费用后来被称为交易费用"②。

产权清晰与否以及如何界定直接影响到当事人的成本和收益。"没有这种权利的初始界定,就不存在权利转让和重新组合的市场交易","迫切的问题不是由谁做什么,而是谁有权做什么","一旦考虑到进行市场交易的成本……合法权利的初始界定会对经济制度的运行效率产生影响"③。

产权理论致力于分析产权的含义、起源与类型(即产权是什么)、产权制度在经济活动中的作用或基本功能,从而回答了产权制度是否重要这一问题。具体而言,产权理论就是论证存在交易费用的前提下,产权制度对降低交易费用、提高资源配置效率的作用;分析科斯定理及其经济意义,进一步阐明产权制度在资源配置过程中所扮演的角色,以及如何确立与保护产权等重要内容。阿尔钦、德姆塞茨、威廉姆森、张五常、菲吕博腾和配杰威齐等为产权理论的丰富与发展作出了重要贡献。

现代产权理论认为由于交易费用的存在,制度起着极为重要的作用。如果交易费用为零,产权的界定和安排对资源配置无关紧要。没有适当的制度就不可能有市场经济,高效的制度安排能够降低交易费用,增加产出,促进经济增长;低效、无效的制度安排会产生较高的交易费用,抑制经济的增长。产权制度可以使得成本收益的外在效应内部化,即经济当事人承担他应当承担的成本获得他应当获得的收益,这一转变无疑强化了行为主体高效利用资源的动力,提高了经济效率。

二 制度演进理论

按照制度演进理论的解释,制度变化过程可以分为制度创新与制度变迁两个阶段。

1. 制度创新

制度既有可能被精心设计和实施,也有可能在未经筹划或"自发"

---

① [美] 罗纳德·哈里·科斯:《论生产的制度结构》,盛洪等译,上海三联书店1994年版,第1—24页。

② 同上书,第355页。

③ 同上书,第141—197页。

的过程中演化。① 柯武刚和史漫飞对制度产生的上述两种方式进行了更为明确的分析。② 关于制度产生的解释还有科斯的交易费用说,诺斯的从简单交换到非个人交换理论,以及其他具体制度的起源学说,如考特、尤伦关于财产制度起源的思想。③

制度创新的原动力在于,个人、社团和政府都企图在这一过程中减少实施成本和摩擦成本,从宏观上谋取经济、政治和社会的最大收益,从微观上对不同主体的行动空间及其权利、义务和具体责任进行界定,有效约束主体行为,缓解社会利益冲突。④

在人类发展的历史长河中,个人的局限性迫使人们进行交易,目的则是为了实现自身利益的最大化。交易过程不仅是物品的交换更是知识的交流,而信息不完全或不对称会导致"囚徒困境"和"搭便车"的发生,这些行为将妨碍个体最大化利益的实现。交易的经验教训被其他人模仿和记录并形成一种集体文化——制度,集体文化在社会交往的过程中相互竞争,强势文化逐步扩散并形成影响范围更广的制度,最终建立起不同层次的制度安排。制度的作用在于降低信息成本和不确定性,最大限度上减少阻碍合作的因素,即制度是为降低交易费用而产生的。

2. 制度变迁

回顾人类社会的发展历程,为什么有些国家贫穷而有些国家富裕?为什么一些国家可以保持经济长期增长,而有的国家经济却停滞不前,甚至倒退呢?这正是制度变迁所要回答的问题。

制度在社会中发挥着根本性的作用,能够有效提供适当个人激励的制度安排是促进社会进步的决定性力量。"有效率的经济组织是增长的关键要素,西方世界兴起的原因就在于发展了一种有效率的经济组织。有效率的组织需要建立制度化的设施,并确立财产所有权,把个人的经济努力不断引向一种社会性的活动发展,使个人的收益率不断接近社会收益率。"⑤

---

① 卢瑟福:《经济学中的制度》,中国社会科学出版社1999年版,第98页。
② [德]柯武刚等:《制度经济学——社会秩序与公共政策》,韩朝华译,商务印书馆2000年版,第35—36页。
③ 张卫东:《新制度经济学》,东北财经大学出版社2010年版,第8—9页。
④ 卢现祥:《新制度经济学》,武汉大学出版社2004年版,第174页。
⑤ [美]道格拉斯·诺斯等:《西方世界的兴起》,厉以平等译,华夏出版社1999年版,第5页。

制度一旦形成，就可以延续下来，这种延续并非完整延续，而是制度知识部分的传承。因为每个阶段都面临决策环境的变化，也有相应的制度创新，新的知识不断补充到现有制度中，实现制度变迁，这就是渐进式变革。与此相对的是激进制度变革。但从历史角度看所有激进变革都是渐进的，因为它仅对制度形式有效，对制度知识的冲击较小。制度的渐进演化本质反映了路径依赖的关键作用，路径依赖能促进经济增长，当然也能阻碍经济增长。①

作为新制度学派和新经济史学派的代表人物，诺斯从供给角度分析了制度变迁。"除非创建新的制度安排所带来的私人收益可能超过成本，否则新的制度安排是不会提出的"，"制度变迁及相对价格的根本变化是制度变迁的重要源泉"②。如果预期的净收益超过预期的成本，一项制度安排就会被创新，既可能是某个或多个制度安排的变化，也可能是一整套制度的全盘改变。③ 产权理论和国家理论构成整个分析的两大支柱（还有一个组成部分是意识形态），国家在制度变迁不是中立的，因为国家决定产权结构，并要对造成经济增长、衰退或停滞的产权结构效率负责。

舒尔茨（Thodore W. Schults）从需求方面解释那些作为对经济增长动态响应而发生的制度变迁。这里制度被视为一种具有经济价值服务的供给者，增长进程改变了服务需求，需求的改变又导致了用长期成本与收益衡量的供求非均衡。④ 拉坦（Vernon W. Ruttan）使用供求均衡概念建立了一个制度变迁模型，他运用成本—收益分析指出制度变迁受需求与供给共同影响，且需求占主导地位，当制度变迁的收益超过成本时，变迁就会发生。⑤

在哈耶克看来，制度变迁是一种自发演进，而不是一个理性设计的人为制造过程。"在各种人际关系中，一系列具有明确目的制度的生成，是

---

① 高鸿业等：《20世纪西方经济学的发展》，商务印书馆2004年版，第526—533页。
② [美] 道格拉斯·诺斯等：《西方世界的兴起》，厉以平等译，华夏出版社1999年版，第11页。
③ 贺卫等：《制度经济学》，机械工业出版社2003年版，第162—163页。
④ [美] 舒尔茨：《制度与人的经济价值的不断提高》，载R.科斯等《财产权利与制度变迁——产权学派与新制度学派译文集》，刘守英等译，上海三联书店、上海人民出版社1994年版，第257—258页。
⑤ 吕中楼：《新制度经济学研究》，中国经济出版社2005年版，第250—253页。

极其复杂但却又条理井然的。然而，这既不是什么设计的结果，也不是发明的结果，而是产生于诸多未明确意识到其所作所为会有如此结果的人的各自行动。"①

奥尔森的利益集团理论综合了诺斯和哈耶克制度变迁理论，既不认为制度完全是理性设计的产物，因为利益集团的博弈才是决定制度优劣的根本力量；也不相信制度是完全自由演进的，因为利益集团显然是一个对制度变迁起决定作用并且具有明确利益目标的主体。②

林毅夫对制度的功能及其非均衡的原因进行了研究，将制度变迁分为诱致性变迁与强制性变迁两种类型。诱致性制度变迁是由个人或一群人响应原有制度安排下无法得到（即制度不均衡）的获利机会引起的，而强制性制度变迁由政府命令和法律引入实现的。③

第二节　要素与经济增长

要素视角的分析主要从纯经济技术的角度，通过资本、劳动力及附着其上的人力资本、技术（知识）等经济要素的增减来说明生产率的变化和经济增长。要素是经济增长的基础，"经济增长的发动机必定安装在人力资源、自然资源、资本和技术四个轮子上"。在要素稀缺且不能被完全替代的情况下，经济增长必然受到其投入与积累的制约。

一　"资源诅咒"争辩

长期以来经济学家认为，自然资源是经济增长的基础，对经济增长起到积极的推动作用，经济强国在强力发展的历史阶段都曾受益于自然资源。Auty 在研究发展中国家成长过程中发现，资源贫乏地区经济增长速度超过丰裕地区，进而认为丰裕资源对一些国家经济增长的作用不是促进而是阻碍，首次提出"资源诅咒"概念。④

---

① 胡乐明等：《新制度经济学》，中国经济出版社 2009 年版，第 302—303 页。
② 杨德才：《新制度经济学》，南京大学出版社 2007 年版，第 335—343 页。
③ 卢现祥：《新制度经济学》，武汉大学出版社 2004 年版，第 183—185 页。
④ Richard M. Auty, *Resource Abundance and Economic Development*, Oxford: Oxford University Press, 2001.

随着案例的不断增多，资源富集与经济增长悖论成为研究热点。即使 Sachs 等在计量分析中控制了对经济增长产生重要影响的变量，资源丰富度与经济增长速度仍旧是负向关系。[1] Papyrakis 等认为丰裕资源产生的强烈负向间接影响超过其促进经济增长的直接效应，最终抑制经济增长。[2]

除利用跨国数据进行分析外，Papyrakis[3]、Freeman[4] 利用美国数据验证了"资源诅咒"的存在。以徐康宁[5]等为代表的国内学者利用不同时间段的面板/截面数据，构建起以不同种类资源禀赋为表征的丰裕指数与区域经济增长之间的数量关系，证实"资源诅咒"现象存在于省级行政区层面。

Ross[6]、张贡生[7]、崔学锋[8]基于衡量方法、测量时间和区域虚拟变量选择等问题对"资源诅咒"提出质疑，而且资源丰裕经济体不同时期资源开发的成功表明两者之间并不存在什么铁的法则，甚至可能完全是伪命题。

还有学者基于现有的证明与反证提出"条件资源诅咒"。邵帅等提出资源—经济倒 U 形关系，"祝福"还是"诅咒"取决于资源型产业对经济发展所表现出的红利效应、吸纳效应与挤出效应的综合效果。[9] 胡华指出"资源诅咒"是否成立取决于资源价格波动，当价格增长率小于零时，资

---

[1] Jeffrey D. Sachs, Andrew M. Warner, "Natural Resource Abundance and Economic Growth", *NBER Working Paper*, No. 5398, 1995.

[2] Elissaios Papyrakis, Reyer Gerlagh, "The Resource Curse Hypothesis and Its Transmission Channels", *Journal of Comparative Economics*, Vol. 32, No. 1, 2004, pp. 181-193.

[3] Elissaios Papyrakis, Reyer Gerlagh, "Resource Abundance and Economic Growth in the United States", *European Economic Review*, Vol. 51, No. 4, 2007, pp. 1011-1039.

[4] Donald G. Freeman, "The 'Resource Curse' and Regional U. S. Development", *SHSU Economics & Intl. Business Working Paper*, No. 6, 2005.

[5] 徐康宁等：《中国区域经济的"资源诅咒"效应：地区差距的另一种解释》，《经济学家》2005 年第 6 期。

[6] Michael Ross, "How does mineral wealth affect the poor?" (http://www.sscnet.ucla.edu/polisci/faculty/ross/minpoor.pdf).

[7] 张贡生等：《驳资源诅咒论》，《经济问题》2010 年第 3 期。

[8] 崔学锋：《"资源诅咒"论不成立》，《经济问题探索》2013 年第 5 期。

[9] 邵帅：《资源产业依赖如何影响经济发展效率？——有条件资源诅咒假说的检验及解释》，《管理世界》2013 年第 2 期。

源对经济增长产生抑制作用；反之，命题不成立。①

二 资本决定论

哈罗德（R. F. Harrod）的《论动态理论》、《动态经济学导论》系统地论述了其理论与模型，主张将凯恩斯的"储蓄—投资分析"长期化、动态化。②无独有偶，多玛（E. D. Domar）在相似的时间发表了《资本扩大、增长率和就业》与《扩张和就业》两篇文章。③由于两人的经济增长模型极为相似，后人合称为"哈罗德—多马模型"。

哈罗德—多马模型的关键假设在于生产所使用的劳动和资本不能相互替代，即总量生产函数是固定比例的。假定储蓄率给定，而人口按照固定比率增长，模型反映了不存在技术进步、资本折旧条件下的经济增长率与储蓄率及资本—产出之间的关系。既然资本是模型考察的唯一投入因素，在假定不变的资本—产出比下，储蓄率即资本积累率就成为决定经济增长的唯一因素。这种对资本积累作用的强调，形成了经济增长理论中的"资本决定论"。

学者在探究发展中国家贫困的成因、寻求摆脱贫困的出路过程中形成各种理论，但无论是"大推进理论""低水平均衡陷阱理论"，还是"临界最小努力理论""经济增长阶段理论"都认为要摆脱贫困、实现经济增长，就必须大幅度提高投资率，从而不可避免地凸显出经济增长"唯资本"的特点。④

资本积累（形成）是区域经济发展的关键因素⑤，在一定的技术水平下，资本增量甚至是经济增长的唯一源泉。区域投资（本区资本积累和外区资金流入）创造的需求是当期发展的经济基础，而其产生的有效供给又将成为下期经济增长的前提。"双缺口"理论揭示储蓄缺口和外汇缺

---

① 胡华：《资源诅咒命题在中国大陆是否成立——基于省级面板数据的回归分析》，《经济问题研究》2013 年第 3 期。
② ［英］罗伊·哈罗德：《动态经济学》，黄范章译，商务印书馆 1981 年版。
③ ［美］E. 多马：《经济增长理论》，郭家麟译，商务印书馆 1983 年版。
④ 赵志耘等：《资本积累与技术进步的动态融合：中国经济增长的一个典型事实》，《经济研究》2007 年第 11 期。
⑤ ［美］R. 纳克斯：《不发达国家的资本形成问题》，谨斋译，商务印书馆 1966 年版，第 3 页。

口是制约地区经济增长的重要因素。[1]

三 新古典经济增长与"技术决定论"

由于哈罗德—多马模型的"刃锋均衡"特征,索洛(Robert M. Solow)[2]和斯旺(Trevor W. Swan)[3]不约而同地提出了各自的修正模型,因其经济意义一致被世人合称为索洛—斯旺模型,它为新古典经济增长理论奠定了基础。

索洛—斯旺模型用生产函数具有典型的"新古典"形式假设代替资本—产出比不变假设,联合储蓄率不变的假定构建起简化的一般均衡模型,利用资本—劳动可平滑替代的特性与资本边际产出递减规律实现了经济稳定增长。但模型中储蓄率是外生给定的,而且只说明了人均资本积累的动态过程,并没有用于判断稳定状态的福利标准,特别是没有与帕累托最优相联系的结果。

凯斯(David Cass)和库普曼斯(Tjalling C. Koopmans)分别将消费者最优分析引入新古典经济增长模型,建立了更为一般的经济增长模型——包含家庭效应最大化和生产者利润最大化的均衡模型。由于两人模型的基本思想来源于拉姆齐(Frank P. Ramsey),因此也被称为拉姆齐—凯斯—库普曼斯模型。[4]

新古典增长模型关于经济稳定增长的结论类似,即长期增长率取决于外生的人口增长率和技术进步率,而与储蓄率无关,经济总是向着一个均衡增长路径(或稳态)收敛。劳动者平均产出的增长率仅仅由技术进步决定,技术进步可以在不增加要素投入的情况下通过改变生产函数实现经济长期稳定增长。模型打破了"资本积累决定经济增长"的垄断。

此外熊彼特(Joseph A. Schumpeter)的"创新理论"强调了技术创新与经济增长关系,他视创新为经济增长的主要动力,创新实现的过程就

---

[1] 杨颖:《"双缺口模型"及其对我国外债事务的启示》,《复旦学报》(社会科学版)1992年第4期。

[2] Robert M. Solow, "A Contribution to the Theory of Economic Growth", *The Quarterly Journal of Economics*, Vol. 70, No. 1, 1956, pp. 65–94.

[3] Trevor W. Swan, "Economic Growth and Capital Accumulation", *The Economic Record*, Vol. 32, No. 2, 1956, pp. 334–361.

[4] 高鸿业等:《20世纪西方经济学的发展》,商务印书馆2004年版,第526—533页。

是经济增长的过程。① 这一理论被注重创新的经济学家继承发扬。

四　内生经济增长与人力资本决定论

新古典增长理论把增长托付给外生的技术变化，技术进步好像是上天的施舍。内生增长论的一个显著特点是用内生技术进步、人力资本投资和知识积累等解释长期经济增长。

内生的技术进步之所以能够保证经济长期增长是因为技术进步不仅自身可以带来产出的增加，而且可以通过外部效应使其他要素的收益呈现递增趋势。由于正外部效应并不能通过市场完全发挥出来，因而这一理论强调人力资本和知识生产部门在推动技术进步和经济增长中的重要作用，也暗含着政府应当采取积极有效的措施促进教育和科研开发。技术内生的经济增长研究沿着许多不同的思路展开，大致上可以归为三类。

第一种思路是知识积累模型，以罗默（Paul M. Romer）1986年模型为代表。假定技术进步来自对实物资本的投资，以生产中积累的资本代表当时的技术水平，直接内生化技术进步。

1962年阿罗（Kenneth J. Arrow）在《边干边学的经济含义》中提出知识变化理论，其"干中学"思想是技术进步成为增长模式内生因素的最初尝试，并成为内生增长理论的思想源头。② 罗默继承了这一思想，将知识作为独立的因素纳入模式，认为知识具有"溢出效应"，形成知识积累→技术进步→投资收益→知识积累→……的良性循环，成为促进现代经济增长的重要因素。③

知识积累思路内生了从实践中获得经济增长的机制，却忽略了更通常且对知识积累和技术进步起到更大作用的教育与科研部门。

第二种思路是建立在Uzawa模型基础上的人力资本模型，该模型引入人力资本要素，并指出技术进步取决于非生产性科研开发部门的投入。

"人力资本"概念在人力资本理论形成之间就已经存在，但是未被纳

---

① ［美］约瑟夫·熊彼特：《经济发展理论——对利润、资本、信贷、利息和经济周期的探究》，何畏等译，商务印书馆1991年版，第Ⅲ—Ⅴ页。

② Kenneth J. Arrow, "The Economic Implications of Learning by Doing", *The Review of Economic Studies*, Vol. 29, No. 3, 1962, pp. 155–173.

③ Paul M. Romer, "Increasing Returns and Long-Run Growth", *Journal of Political Economy*, Vol. 29, No. 5, 1986, pp. 1002–1037.

入经济学的研究视野。舒尔茨发表的《人力资本投资》标志着现代人力资本理论的诞生，同时初始化的"人力资本"概念也得以推广，"人力资本是相对于物力资本而存在的一种资本形态，表现为人所拥有的知识、技能、经验和健康等"[①]。

1965 年 Hirofumi Uzawa 将教育部门引入索洛的经济增长模型，为解释内生技术变化提供了一个尝试，被认为是最早的人力资本增长模型。[②] 这一思路成为卢卡斯人力资本积累增长模式以及罗默内生技术变化模式的基础。

卢卡斯（Robert E. Lucas, Jr.）将人力资本作为独立的因素纳入经济增长模型，建立了人力资本溢出经济增长模型（两资本模型与两商品模型），从不同的角度得出了人力资本积累对经济增长的重要作用，解决了如何用人力资本解释经济持续增长问题。[③] 罗默在其内生技术变化模型（第二个内生增长模型）引入了人力资本概念，人力资本是经济增长的主要因素，不仅自身能产生递增收益而且能使其他要素投入产生相似效应，一个拥有大规模人力资本存量的社会经济增长将更快。[④]

人力资本能够促进专业化分工与技术进步、提高生产率，微观上有利于增加个体收入，宏观上能够形成规模效益，克服边际报酬递减甚至实现递增，促进经济增长。[⑤] 人力资本在相当大程度上决定了长期经济表现，成为落后地区经济增长的重要驱动力。

第三种思路是分工演进模型，从专业化和劳动分工角度研究经济增长，以杨小凯发表的《经济增长的一个微观机制》为代表。模型抛弃了生产、消费绝对分离的做法，使用消费—生产者概念，选择何种专业化水平成为个体最重要的决策，这些决策的总结果内生决定了劳动分工水平。

---

① Theodore W. Schultz, "Investment in Human Capital", *The American Economic Review*, Vol. 51, No. 1, 1961, pp. 1–17.

② Hirofumi Uzawa, "Optimum Technical Change in an Aggregative Model of Economic Growth", *International Economic Review*, Vol. 6, No. 1, 1965, pp. 18–31.

③ Robert E. Lucas, Jr., "On the Mechanics of Economic Development", *Journal of Monetary Economics*, Vol. 22, No. 1, 1988, pp. 3–42.

④ Paul M. Romer, "Endogenous Technological Change", *Journal of Political Economy*, Vol. 98, No. 5, 1990, pp. S71–S102.

⑤ [美] 西奥多·W. 舒尔茨：《报酬递增的源泉》，姚志勇等译，北京大学出版社2001年版，第24—25页。

在引入交易成本后，整个社会基于劳动分工与专业化的经济增长和社会福利能到达动态竞争均衡及帕累托最优。①

第三节　财政分权理论

财政分权理论的提出是为弥补新古典经济学缺陷，分析地方政府存在的必要性和合理性，即为什么中央政府不能够按照每个居民的偏好和资源条件供给公共品，实现社会福利最大化。

一　传统的财政分权理论

财政联邦主义理论着眼于如何在政府间合理地配置社会资源，以期更有效率地提供公共产品和服务（即进行政府间权利、责任的划分）。鉴于蒂布特、奥茨、穆斯格雷夫的先驱性贡献，传统财政分权理论又被称为TOM模型。

蒂伯特的《地方公共支出的纯理论》将主流公共物品理论对全国性公共物品需求的分析扩展到地方性公共物品，提出了与一般政府支出相区分的地方公共支出概念，从而引起学界对地方公共财政问题的关注与研究。②

奥茨（Wallace E. Oates）提出了一个分权定理：如果某个公共产品的消费是根据总人口在某个地域上分布的子集确定，同时无论是中央政府还是相应的地方政府向每一个辖区提供该产品在不同产出水平下的成本相同，那么，由地方政府向辖区提供帕累托有效水平的产出总是比中央政府向各个辖区提供任何具体且一致的产出更加有效（或者至少同样有效）。③

穆斯格雷夫（Richard A. Musgrave）"分税分权"思想从资源配置、收入分配与经济稳定三大职能出发分析中央与地方政府存在的合理性与必要性，他认为分权可以以各级政府税种分配的方式固定下来，并提出政府

---

① 李涛：《劳动分工与经济增长——杨小凯的增长模型评介》，《数量经济技术经济研究》1996年第8期。

② Charles M. Tiebout, "A Pure Theory of Local Expenditures", *The Journal of Political Economy*, Vol. 44, No. 5, 1956, pp. 416-424.

③ [美] 奥茨：《财政联邦主义》，陆符嘉译，译林出版社2012年版，第39页。

间税收分配的原则。①

施蒂格勒（George J. Stigle）最优分权模式理论从实现资源配置的有效性和分配的公正性角度来证明地方政府存在的必要性，但这并不否定中央政府在上述两方面的作用，尤其是解决分配上的不平等与地方政府之间的竞争、摩擦这类问题。②

特里西（Richard W. Tresch）针对以往研究的疏漏提出了"偏好误识"分权理论。在完全信息的社会中，是由中央政府还是由地方政府来提供公共产品是没有区别的；现实中，中央政府与社会公众之间的"距离"造成信息传递的不完全，这将造成公共产品供给发生偏差。为规避风险，社会倾向于让"距离"相对较近、更了解本地居民偏好的地方政府来提供公共产品。③

布坎南（James M. Buchanan）的"分权俱乐部"理论研究了外在因素条件下的最优成员数问题。这一理论将提供公共物品的地方政府比作俱乐部，单位运行成本将随着俱乐部成员的增加而递减，但是新成员的加入会产生外部不经济，因此最佳规模就是外部不经济所产生的边际成本正好等于由于新成员分担运转成本所带来的边际节约。④ 马丁·麦圭尔（Martin McGuire）补充解释了最优地方政府管辖范围的问题，区域内人均负担的公共产品成本正好等于新加入成员所引起的边际成本（即公共产品平均成本的最低点）。⑤

二 市场维护型的财政联邦主义

传统财政分权理论的假设前提是存在一个仁慈而又高效的专制政府，

---

① [美]理查·A. 穆斯格雷夫等：《美国财政理论与实践》，邓子基等译，中国财政经济出版社1987年版，第369—392页。

② George J. Stigle, "Tenable Range of Functions of Local Government", *Federal Expenditure policy for Economic Growth and Stability*, Washington D.C.: Joint Economic Committee, 1957, pp. 213-219.

③ 平新乔：《财政原理与比较财政制度》，上海三联书店1992年版，第348—351页。

④ James M. Buchanan, "An Economic Theory of Clubs", *Economica*, New Series, Vol. 32, No. 125, 1965, pp. 1-14.

⑤ Martin McGuire, "Private Good Clubs and Public Good Clubs: Economic Models of Group Formation", *The Swedish Journal of Economics*, Vol. 74, No. 1, 1972, pp. 84-99.

能够自动地按照公众意愿实现资源配置的帕累托效率。这一假设受到公共选择理论和市场维护型财政联邦主义质疑。钱颖一和 Barry R. Weingast 借助厂商理论打开了政府这个"黑箱"①，发展了第二代财政分权理论，即 Montinola、Qian 和 Weingast②、McKinnon 和 Nechyba③ 主张的市场维护型财政联邦主义。

市场维护型财政联邦主义认为传统分权理论只从地方政府的信息优势说明了分权的好处，但没有充分说明分权的机制，特别是政府官员忠于职守的假设存在问题。因此他们将激励理论和机制设计引入分析框架，并认为政府并非无私——政府追求的是自身预算最大化而不是社会福利最大化，主张好的市场效率来自好的政府结构，政府行为既是有效的又是受限制的。

第二代财政分权理论主要关注两个问题，政府本身尤其是地方政府本身的激励机制，政府与经济当事人（辖区居民、企业）之间类似委托—代理的经济关系。这一理论承认政府本身有激励机制，同时认为一个有效的政府结构应该实现官员和地方居民福利之间的激励相容，强调信息不对称在财政分权理论中的核心意义。④ 钱颖一还提出市场维护型财政联邦主义的五大特征。⑤

第二代财政分权理论继承了第一代的核心思想，融入了企业理论和机制设计理论的研究成果，通过为市场效率提供支持性的政治系统突出了政治因素对政府间财政关系的影响；在构造政府治理结构的同时也考虑到相应的激励机制，使中央政府、地方政府各司其职，拥有权利、负有义务；

---

① Yingyi Qian, Barry R. Weingast, "Federalism as a Commitment to Perserving Market Incentives", *The Journal of Economic Perspectives*, Vol. 11, No. 4, 1997, pp. 83-92.

② Yingyi Qian, Barry R. Weingast, "Federalism as a Commitment to Preserving Market Incentives", *The Journal of Economic Perspectives*, Vol. 11, No. 4, 1997, pp. 83-92; Gabriella Montinola, Yingyi Qian, Barry R. Weingast, "Federalism, Chinese Style: The Political Basis for Economic Success in China", *World Politics*, Vol. 48, No. 1, 1995, pp. 50-81.

③ Ronald McKinnon, Thomas Nechyba, "Competition in Federal Systems: The Role of Political and Financial Constraints", *The New Federalism: Can the States Be Trusted?* Hoover Institution Press, 1997, pp. 3-61.

④ 刘薇：《财政分权的经济与社会发展影响研究》，经济科学出版社2009年版，第30页。

⑤ 钱颖一：《现代经济学与中国经济改革》，中国人民大学出版社2003年版，第197—220页。

强调地方政府之间的竞争，竞争能显著影响财政可支配规模、作用于公共产品的供给效率。

三 政府间职能分工

财政分权必然涉及公共部门垂直分工，政府职能在科层政府间进行合理划分，明确中央政府与各级地方政府的治理范围。这实际上是政府间事权与支出的划分问题。

公共产品和服务的层次性是界定范围的重要依据。政府所提供的公共产品和服务应尽量符合受益区域的消费偏好，只有中央政府和地方政府作为不同的供给主体，才能适应需要的多样性、实现配置的帕累托最优。

政府职能的分工层次标准是界定各级政府支出责任的另一个依据。现代市场经济中的政府职能通常包含资源配置、收入分配和经济稳定三个方面，但是不同级次的侧重点有所不同。① 大致上，全国居民享用的公共产品和服务以及宏观经济稳定支出应完全由中央政府来承担，调节地区间和居民间收入分配在很大程度上是中央政府的职责，对具备跨地区"外部效应"的或某一个地区项目受益者却不仅限于本地的公共项目和工程，中央政府根据其外溢效应在一定程度上参与。地区性公共产品和服务的决策权应尽可能地留给本层次的政府。②

第四节 外部性理论

人们普遍认为马歇尔的"外部经济"理论、"庇古税"理论、"科斯定理"以及公共选择学派的政府外部性研究是外部性理论发展的四个里程碑。

一 外部性概念

外部性概念源于马歇尔（Alfred Marshall）在《经济学原理》中提到的"外部经济"这一术语，"我们可把任何一种货物的生产规模之扩大而

---

① 彭健：《地方财政理论架构与体制优化》，中国社会科学出版社 2010 年版，第 50 页。
② 钟晓敏：《地方财政学》，中国人民大学出版社 2006 年版，第 29—32 页。

发生的经济分为两类：第一是有赖于这工业的一般发达的经济；第二是有赖于从事工业的个别企业的资源、组织和经营效率的经济。我们可称前者为外部经济，后者为内部经济"①。

二 外部性理论发展

庇古（Arthur C. Pigou）在"外部经济"概念基础上发展了"外部不经济"，将这一研究转向企业/居民对其他企业/居民的影响效果，并用现代经济学方法从福利经济学的角度进行系统的阐述。庇古认为，由于私人边际纯产值和社会边际纯产值的差异，政府干预成为实现社会福利的必需，政府对污染者征收等于其向社会产生外部成本的税收，即"庇古税"，成为政府干预经济、解决外部性的重要形式。②

萨缪尔森（Paul A. Samuelson）提出了一个较为精致的解说，外部性就是生产和消费过程中当有人被强加了非自愿的成本或利润而产生的，更为精确地讲，外部性是一个经济机构对他人福利施加的一种未在市场交易中反映出来的影响。③

《社会成本问题》问世之前，关于外部效应内部化的讨论一直被"庇古税"所支配。科斯通过损害的相互性、产权、交易成本以及制度选择分析对传统外部性理论进行了革命性的发展。可以说，"科斯定理"是在批判庇古理论的过程中形成的。

由于国家干预的种种弊端，以布坎南、塔洛克（Gordon Tullock）为代表的公共选择学派对政府失灵问题展开深入研究。他们认为，政治制度是一个普通的市场——政治市场，政治家和选民都是追求自己利益最大化的"经济人"，这是政府失灵的根源。以此为据，布坎南和塔洛克实际上分析了政府行为外部性问题。④

在外部性理论与生态经济学、环境经济学接轨后，"外部性"几乎成

---

① [英] 马歇尔：《经济学原理》（上），朱志泰译，商务印书馆2011年版，第314—315页。
② 厉以宁等：《西方福利经济学述评》，商务印书馆1984年版，第54—58页。
③ [美] 保罗·萨缪尔森等：《经济学》（第十六版），萧琛等译，华夏出版社1999年版，第267页。
④ 林成：《从市场失灵到政府失灵：外部性理论及其政策的演进》，吉林大学出版社2011年版，第4—5页。

为环境污染的代名词，外部性以及围绕外部性的上述相关研究成为环境经济学立论基础。

外部性问题的争论始终是与经济福利、市场失灵、政府规制等重大议题密切相关，外部性理论及其政策演进是20世纪经济思想发展的重要线索之一。外部性对经济效率（帕累托最优）会产生何种影响？矫正外部性的手段有哪些？每种手段的效率和适用的情境是什么？为什么会产生公共物品（外部性的极端情况）？采取何种手段来保证公共物品的充足供给？如何化解自然资源和生态环境领域的外部性问题，依靠市场的力量还是政府的力量，或是两种方式的结合？[①] 经济学侧重微观主体的外部性研究卓有成效，特别是在矫正手段及其效率方面，对社会实践产生深远影响。

第五节　区域经济增长理论

区域经济增长理论主要研究区域经济增长的差异及变动规律，从内容上包括两大部分：区域均衡增长理论与非均衡增长理论。

一　均衡增长理论

均衡增长的基本命题是：欠发达地区存在着生产与消费的低水平均衡，这些地区的经济要增长就必须打破这种均衡状态。均衡增长理论又可以划分为两部分，一是对低水平均衡的描述，一是打破低水平均衡战略的理论设计。[②]

（一）低水平均衡的描述

1. 临界最小努力命题理论

赖宾斯坦（Harvey Leeibenstein）认为，不发达经济增长中存在一个临界点，即促进增长作用刚好等同抑制增长作用，只要投入够大且足以突破这一临界点，区域经济就能够增长。

[①] 丁四保等：《主体功能区划与区域生态补偿问题研究》，科学出版社2012年版，第62页。

[②] 孙久文等：《区域经济学教程》，中国人民大学出版社2003年版，第52—54页。

2. 低水平均衡陷阱理论

内尔森（Richard Nelson）从不发达经济中人口和经济增长的关系分析认为，如果不能从制度上进行变革、不能靠国家进行投入，人口的增加将使短期经济增长回落到起始状态，甚至更低。

3. 贫困恶性循环理论

纳克斯（Ragnar Nurkse）从需求与供给的关系方面进行论证。从供给角度看，低收入意味着低储蓄，资本形成不足，生产效率低，低下的生产率又造成低收入；从需求方面看，低购买力无法吸引资本，投资不足生产难以为继，引起低收入，如此形成恶性循环。

(二) 打破低水平循环的增长理论

如何打破存在于落后地区的低水平循环？发展经济学家提出了均衡增长理论。

纳克斯认为，恶性循环植根于资本短缺，其中外来资本的缺乏源于本地有效需求不足。应当造就这种需求，在大范围内、各个部门中均衡地进行投资，使它们互相形成需求。

与上述均衡增长观点一致的还有罗森斯坦—罗丹（Paul Rosenstein-Rodan）"大推进"理论，其贡献在于提出了大推进的理论基础：生产函数的不可分性、需求的不可分性和储蓄供给的不可分性。正由于这三个"不可分性"，在足够大的外部资本作用下，增长在各个部门间推进，造成部门之间的相互需求，促进区域经济增长。

均衡增长并不是指所有的部门按照统一比例、在所有地区按一个速度增长，而是区域内的产业应尽可能地完备，在部门间形成互动，从而获得内生的增长动力。

二 区域非均衡增长理论

1. 缪尔达尔"二元结构"论

"地理上的二元经济"结构理论认为，发达区域和不发达区域并存的原因在于地区经济发展的差异性，发展快的区域发展更快，发展慢的区域发展更慢，逐渐扩大的区域经济差距形成了空间上的二元经济结构。缪尔达尔（Karl G. Myrdal）进一步指出，发达区域与不发达区域的互动存在着"扩散效应"和"回波效应"。①

2. 赫希曼不平衡增长理论

赫希曼（Albert O. Hirschman）认为区域间的不平衡增长是增长本身不可避免的伴生物和条件，增长点或增长极的增长动力源于核心企业家善于发挥聚集经济的优势和"动态增长气氛"。赫希曼也提出了"极化效应"和"涓滴效应"的概念，在发展初级，极化效应占主导地位，区域差异会逐渐扩大；但从长远来看，涓滴效应将逐步缩小差异。②

3. 区域增长极理论

佩鲁（Francois Perroux）认为，经济增长首先出现在具有创新能力的行业，而不是同时出现在所有的部门。这些具有创新能力的行业常常聚集于经济空间的某些点上，于是就形成了增长极。经济的增长率先发生在增长极上，然后通过各种方式向外扩散，对整个经济发展产生影响。学者们把佩鲁的增长极概念和思想引入区域经济研究之中，并且与地理空间概念融合起来，形成了解释区域经济增长过程和机制的区域增长极理论。③

4. 倒"U"理论

威廉姆逊（Jeffery G. Williamson）的《区域不平衡与国家发展过程》将收入分配倒"U"形假说应用到区域经济发展分析中，通过截面分析与时间序列分析证实了发展阶段与区域差异之间的倒"U"形关系，即经济活动的空间集中式极化是国家经济发展初期不可逾越的阶段，但由此产生的区域经济差异会随着经济发展的成熟而最终消失。④

随着研究的深入，还有很多关于非均衡发展的理论，例如梯度推移理论、产业集群理论、现代企业区位选择论、区域收敛和发散理论等。总之，非均衡发展是绝对的，而均衡发展是相对的。对落后地区来说，只有创新才能促进经济发展。

---

① 缪尔达尔：《经济理论与不发达区域》，北京经济学院出版社1991年版。
② [美]艾伯特·赫希曼：《经济发展战略》，曹征海等译，经济科学出版社1991年版。
③ 李小建：《经济地理学》（第二版），高等教育出版社2006年版，第208—209页。
④ Jeffrey G. Williamson, "Regional Inequality and the Process of National Development: A Description of the Patterns", *Economic Development and Cultural Change*, Vol. 16, No. 4, 1965, pp. 1–84.

第三章

中国产权区域制度对经济增长影响的理论分析

本章沿着"产权—事实产权—区域产权"思路,提出产权区域概念、明确行为主体,在此基础上分析了中国产权区域制度的形成及其特殊性,阐述了产权区域制度对经济增长作用机制与具体表现形式。

第一节 中国产权区域制度形成

一 产权、区域产权与产权区域

(一)"产权"的内涵

"产权"概念作为新制度经济学分析的逻辑起点却不是一个确定的范畴。这种不确定性来源于产权在现实生活中存在及运动的复杂性,人们能够从不同的历史前提、在经济生活的不同方面、以不同的研究目的和方法去概括和解释它。

1. 将产权视为主体(人)与客体(物)的关系

法兰西民法规定:"财产权就是以法律所允许的最独断的方式处理物品的权利。"它包括三个要点:产权必须是法律严格规定并允许的;产权是对物的权利;产权所有者的权利在满足上述前提下具有绝对性,并且拥有最终处置权。[①]

在《不列颠百科全书》中也可以找到类似的观点:产权是"政府所

---

① 《新帕尔格雷夫经济学大辞典》(第三卷),经济科学出版社1996年版,第1099页。

认可的或规定的个人与客体之间的关系"①。实际上也承认了两点，即一方面肯定产权必须是政府（国家）规定的，另一方面指出产权是对物（客体）的权利关系。

阿尔钦（A. A. Alchian，又译阿尔奇安）指出产权是一个社会所强制实施的选择一种经济物品的使用权利。② 事实上，许多法学家和法经济学家均是这样理解的，即产权在国家法律认定或规范下形成的人对物的权利，产权即物权。

2. 产权是因物而发生的主体间（人与人）社会关系

西方早期学者欧文·费雪（Irving Fisher）曾指出："一种产权是当它承担享用这些权益所支付的成本时的自由权或是允许享用财产的收益……产权不是物质财产或物质活动，而是抽象的社会关系。一种产权不是一种物品。"③ 菲吕博腾（E. G. Furubton，又译菲吕博顿）和配杰威齐（S. Pejovich，又译平乔维奇）就特别强调，"产权不是指人与物之间的关系，而是由物的存在及它们的使用所引起的人们之间相互认可。产权安排确定了每个人相应于物时的行为规范，每个人都必须遵守他与其他人之间的相互关系，或承担不遵守这种关系成本。因此，对共同体中通行的产权制度可以描述的，它是一系列用来确定每个人相对于稀缺资源使用时的地位的经济和社会关系"④。这种关于产权的定义有两个特点，一是把人与物的关系视为产权发生的直接现象性原因，进而把人与人的关系视为产权的本质所在；二是把产权视为一种经济性质的权利，是人们在使用资产过程中发生的经济、社会关系。

主体关注"产权"不仅在于其具体形态，更源于其所代表或能带来的价值，正因如此产权外延难以确定，甚至无限扩大。巴泽尔（Y. Barzel）认为"划分产权与人权之间的区别，有时显得似是而非，人

---

① 《不列颠百科全书（国际中文版）》，中国大百科全书出版社1999年版，第13卷509页，第12卷486页。

② A. A. 阿尔钦：《产权：一个经典注释》，载R. 科斯等《财产权利与制度变迁——产权学派与新制度学派译文集》，刘守英等译，上海三联书店、上海人民出版社1994年版，第166页。

③ Fisher I., *Elementary Principles of Economics*, New York: Cosimo Classics, 2007, p. 27.

④ E. G. 菲吕博腾等：《产权与经济理论：近期文献的一个综述》，载R. 科斯等《财产权利与制度变迁——产权学派与新制度学派译文集》，刘守英等译，上海三联书店、上海人民出版社1994年版，第201页。

权只不过是人的产权的一部分"①。

3. 功能上定义的产权

产权既然是一个权利体系，其定义就需要从具体功能出发，而不能抽象地定义（如定义为所有权）。张五常以私有产权为对象，从功能上认为其包括私有的使用权（有权私用，但不必然私用）、私有的收入享受权、自由转让权三项权利。②

德姆塞茨（H. Dermsetz）把产权视为一种多方面权利的集合，分别从受益受损、外在性内在化、交易的合理预期等方面定义产权的作用，从功能上分解这一权利束，进而将产权归结为一种协调人们关系的社会工具。③

波斯纳（Richard A. Posner）总结了有效产权体系的标准。一是普遍性，任何有价值的（意味着既稀缺又有需求）资源为人们所有；二是所有权，排除他人使用资源和使用所有权本身的绝对权；三是可转让性，可以自由转让或像法学学者说的是可以让渡的。④

拓展3-1　产权与所有权的争论

——产权即为财产所有权，并将其解释成包含多项权能的权利束

《牛津法律大辞典》作出简单明了却不失权威的表述，产权"亦称财产所有权，是指存在于任何客体之中或之上的完全权利，它包括占有权、使用权、出借权、转让权、用尽权、消费权和其他与财产有关的权利"⑤。

在罗马法中，产权被解释为几种权利的集合，即所有权（在法律限度内使用其财产的权利）、邻接权（穿过他人土地权）、用益权（使用他人的物品，或者将其处所但不是改变其质量或将其出售的权利）、使用权（使用他人物品的权利，但不得将其出租出售或改变质量的权利）以及抵押权（保留他人物品但不使用的权利）。似乎罗马法把所有权仅仅

---

① Y. 巴泽尔：《产权的经济分析》，上海三联书店、上海人民出版社1997年版。

② 张五常：《中国的前途》，香港信报有限公司1989年版，第176页；汪丁丁：《制度创新的一般理论》，《经济研究》1992年第5期。

③ H. 德姆塞茨：《关于产权的理论》，载 R. 科斯等《财产权利与制度变迁——产权学派与新制度学派译文集》，刘守英等译，上海三联书店、上海人民出版社1994年版，第96页。

④ 理查德·A. 波纳斯：《法律的经济分析》，蒋兆康译，中国大百科全书出版社1997年版，第41—42页。

⑤ David Me Walker：《牛津法律大辞典》，光明日报出版社1988年版，第729页。

作为产权的一个内容而不是等同于产权。但配杰威齐进一步指出，罗马法中的"所有权"不过是对自身资产的使用权而已，而使用权是包含在通常所说的所有权范畴之中的。配杰威齐认为所有权包括四方面的权利：一是使用权，使用资产（自有资产和条件约束下的他人资产）权利；二是收益权，获取资产（自有资产和条件约束下的他人资产）收益的权利；三是处分权，改变资产形态和本质的权利；四是交易权，全部或部分让渡资产使用权、收益权、处分权的权利。[①]

——产权是一个比所有权更宽泛，包含一切关于财产权能在内的范畴

许多学者在分析中自觉不自觉地认为产权不等于所有权，产权是对所有权、使用权、管理权、收益权等一系列权利的总称。《不列颠百科全书》特别分别定义了产权和所有权，区分了 property 和 ownership 的不同含义。

P. 阿贝尔说："我所说的产权意思是：所有权，即排除他人对所有物的控制权；使用权，即区别于管理和收益权的对所有物的享受和使用权；管理权，即决定怎样和由谁来使用所有物的权利；分享残余收益或承担负债的权利，即来自对所有物的使用或管理所产生的收益和成本分享以及分摊的权利；对资本的权利，即对所有物的转让、使用、改造和损坏的权利；安全的权利，即免予被剥夺的权利。以上尚未列举的一些权利，即不对其他权利和义务的履行加以时间约束的权利，以及禁止有害使用的权利。产权还是指支配重新获得业已失去的所有权的规则。"[②]

其实，关于产权与所有权争论的焦点不在与产权的界定，而是对所有权的区分。正如马克思区分的狭义所有权与广义所有权，认为产权等同所有权的学者所说的"所有权"正是广义的所有权；而认为所有权不同于产权中的"所有权"是狭义的，即依法占有财产的权利，是产权这个动态的相对静态表达，只是产权的一个组成部分。这种争论与马克思关于所有权权能结构的解释密切相关，说明新制度经济学与马克思主义政治经济学在这一点上有互通。

---

① ［南］斯韦托扎尔·平乔维奇：《产权经济学：一种关于比较体制的理论》，蒋琳奇译，经济科学出版社1999年版，第29页。

② 转引自李会明《产权效率论》，立信会计出版社1995年版，第14页。

尽管"产权"解释存在种种差异，但归纳起来以下四点是共同的。

首先，产权是一种权利，并且是一种排他性的权利。这种权利是可以平等交易的法权，而非不能进入市场的特权，正因为如此，产权才是市场机制的基础和运动内容。尽管在解释其发生的方式、具体内容存在差异，人们不否认它是作为上层建筑而表现的可交易权利。

其次，产权是规范人们相互行为关系的一种准则，是调节人与人之间的利益关系的根本制度。虽然人们对产权是指主体与客体间关系还是指由于物而发生的主体间社会关系存在分歧，但均承认产权源于社会经济生活对权利和责任的规定，核心功能是使权利与责任对称，强调权利使用受到相应责任的严格约束，从而承认产权具有向人们的行为提供合理预期、将外部问题内部化的功能。

再次，产权是一种权利束，它可以分解为多种权利并呈现某种结构状态。无论人们怎样刻画这一权利束的内部结构，在承认产权包含广泛内容这点上是一致的；无论人们怎样以所有权的权能结构来等同产权构造，在产权不能简单地等于狭义所有权（即隶属权）的认识上是共同的。一个趋势是，西方学者对于产权权利束的边界越来越扩大，不仅包括排他性的所有权，排他性的使用权，收入的独享权，自由的转让权，而且还包括资产的安全权、管理权、毁坏权等。

最后，产权是由正式制度（法制体系）约束和保障的、关于财产（即"物"）的一系列排他性权利集合，包括狭义所有权、使用权、让渡权、收益权等，本质上表现为使用有限资源时的经济地位和社会关系。产权同时也规定了财富和政治权力的分配，是调节人与人之间利益关系的根本制度。

（二）区域产权

区域产权是产权的空间表现形式，指附着在特定地域内资源上的排他性权利的集合，既有"事实产权"也有"法律产权"。

1. 事实产权与法律产权

产权的运动及其结构有不同的形式，有法律意义的正式产权制度安排，也有现实经济生活中形成事实上的产权制度安排。事实上的产权（简称"事实产权"），是指客观存在而未被法律制度正式认可的产权，与法律确认的产权（简称"法律产权"）并不总一致。

在一定的社会发展阶段或特定经济条件下，产权主体对客体的权利

（事实产权）是依靠习惯或各方共同认可的行为方式所实现和维护，是经济活动的一种行为性权利，在未来可能被认可，也可能被否定。当这种客观的产权关系得到法律的认可和保护，就成为具有法定意义的权利关系，即产权获得了法权的形式并逐步完善。①

"事实产权"是主体在具体活动中对资源实际利用并获益的权利，是以利益为驱动形成的主体间关系，属于经济范畴上的产权，游离于法律而客观存在。"法律产权"是法律制定、认可和保护的产权，属于法律范畴（上层建筑或意识形态）。事实产权与法律产权是客观的经济权利与其法律硬化形式之间的关系。②

产权在前，法权在后，两者范畴不同，却相连互通。现实中一些产权的产生或建立或明晰，首先作为事实存在（潜产权），以后才上升为正式产权（法权）。③ 我们十分有必要注意"事实产权"这一形式。因为，事实产权是一个普遍的现象，无论资源是否稀缺，既定产权是否明晰，这种客观产权都可能存在。另外，事实产权有经济价值，权利所有者会因此而收益得利，在制度改革研究中不容忽视。

2. 科层结构下的区域产权

西方自然资源产权结构的描述理论经历了 20 世纪 70 年代前"非私（私有产权）即共（共有产权）"的两分法，八九十年代的国有产权、私有产权、共有产权和开放利用的"四分法"；90 年代以来，涌现出以"产权科层"④ 为代表的更为准确和接近真实世界，也更具有实用价值的产权结构，下文将进行详细说明。

首先，以持有资源利用权力的决策实体性质取代主体的性质，划分产权为私有产权（单一实体）、共有产权（有限的联合实体）、国有产权（政府实体）、开放利用（缺乏实体）。

其次，交易成本的存在使得完全界定非私有资源产权边界成本十分昂贵，这些法律上规定共同体内所有成员拥有的资源，其产权归属有多层次性。从国家政府广泛控制资源利用的力量，到个体资源使用者对资源开采

---

① 王亚华：《水权解释》，上海人民出版社 2005 年版，第 30 页。
② 黄少安：《产权经济学导论》，山东人民出版社 2004 年版，第 72—80 页。
③ 黄少安等：《从潜产权到产权：一种产权起源假说》，《经济理论与经济管理》2003 年第 8 期；吴宣恭：《产权所有权法权》，《学术月刊》1993 年第 4 期。
④ 王亚华：《水权解释》，上海人民出版社 2005 年版，第 38—39 页。

和利用做出投资和生产决策的力量,而在这两者之间可能会有许多产权层次,包括所有个人或者联合实体对资源的产权。每一层的决策实体有其自身资源管理的目标以及管理制度(配额体系、初始分配与再分配机制),可以做出不同的决策,同一层面的决策实体拥有相同的决策目标和决策内容,因而持有的产权性质相同;反之亦同。但下一层的行为受制于上一层确立的规则。

最后,所有的产权层次叠加构成"产权科层"(a property-right hierarchy)。这是一个"嵌套性规则体系","产权科层"嵌套在"制度科层"之中,是这个规则体系的一部分。①

> **拓展 3-2 科层的解释**
>
> "科层"(hierarchy)一词是来自西方学术界的"舶来品"。对于这个术语的理解,通常来自马克斯·韦伯的科层制理论。
>
> 科层(hierarchy)在新制度经济学中是与市场相对的一种资源配置形式,其代表的层级结构源于却不限于组织经济学中的企业治理结构,是最适于行使法制型权威的理性的组织制度,强调等级制及伴随而来的权威,对组织和上级的服从,组织中的任务分工;依法则规章行事,公事公办的非人格化关系。

3. 区域产权属性

区域产权首先是一种"事实产权"。空间因素对经济活动的影响被传统经济学忽视,在其分析框架中也未将区域作为明确的利益主体,因而也就不存在区域产权这一概念。但区域是一个实体,拥有事实上的产权,区域产权是产权科层结构中的重要一环。

区域产权是一个"嵌套的规则体系"。通过法律方式形成的产权科层被"嵌入"行政科层之中,使得区域产权总是通过法律、政府管制等表达,其内容与形式取决于不同制度科层在区域上的交叉,不同环境中会发生变化。

区域产权是不完备的,交易成本的存在造成产权界定并不完全清晰。对于产权界定交易成本较低的非跨界性(或者说可以明确界定)资源,区域产权有明显的排他性;对于成本较高、具有跨界性质的资源,排他性

---

① 王亚华:《水权解释》,上海人民出版社 2005 年版,第 109—111 页。

几乎不存在，比如河流流经的任何地区都可以利用水资源，又如地下矿产资源开采过程中的越界"侵权"情况。即使在条件不变的情况下也会受到上一产权层级的制约，因而区域产权不是完整的权利束。当约束机制不健全时，区域产权就会相互影响，产生利益冲突。

区域产权是一种"共有产权"，其主体可以是对该资源进行开发/保护的政府及其行政主管部门/派出机构，也可以是企业或个人。本书将政府及其行政主管部门与派出机构视为区域产权的宏观主体（区域层面决策实体），而将企业或个人视为微观主体（最终用户层面）。

(三) 产权区域

产权区域是区域产权的所有人，区域政府的固有特质使其成为产权区域的行为主体。

在配置资源用途的决策权力以适应新的经济环境上，产权同时也规定了财富和政治权力的分配。[①] 通过决策权配置，产权决定了在一个经济体系中谁是主体，规定了社会中的财富分配制度，包括正式安排如宪法条款、成文法、法庭判决以及与财富配置/使用有关的非正式惯例和习俗。

根据决策实体的性质将当代中国产权持有者概括为不同层面的四类。①中央决策实体，是国家级产权持有者，包括国务院及其行政主管部门与派出机构；②地方决策实体，是区域级产权持有者，包括各级地方政府及其行政主管部门与派出机构；③社团决策实体，是社团层面的产权持有者；④最终用户层面的产权持有者。[②]

国家作为全民所有制产权的主体，因其本身是"虚拟"的，故必须通过委托—代理来行使权利。产权科层中的区域产权，体现了国家在自然资源管理方面的制度安排，是一种"政府角色"，表现出浓厚的行政和管制色彩，是在"自上而下"的力量驱动下形成的；而事实上的区域产权，则表现出鲜明的"草根"性，更多地体现了"自下而上"驱动力量。两种力量在空间交汇，政府、企业、个人等主体在利益上融合，使区域产权的现实效应越发明显。

区域中只有政府拥有全面管辖区域性事务的权力，因此在利益争夺中

---

① Gary D. Libecap：《产权合同中的分配问题》，载埃瑞克·G. 菲吕博顿等《新制度经济学》，孙经纬译，上海财经大学出版社1998年版，第257—258页。

② 地方决策实体和社团决策实体不一定存在于每种资源开发利用的过程中。有的可能需要中间层的过渡（如水资源），而有的则可以直接到最终用户。

区域政府必然会参与，而且所起的作用也往往大于其他组织：政府可以主动调动区域内各种现有或潜在的力量，进行全方位整合，追求最好综合效果；也可以通过自身的努力从区域外部，包括其他区域和中央政府手中获取各种有利于本区的资源，实现其利益最大化的目标。① 政府具有明确的利益取向和清晰的利益边界，且利益边界与区域边界一致，同时社会传统、经济模式、法制模式和政府管制模式等认同其主体身份，拥有行政边界内的事实产权，政府的固有特质使其成为区域产权最适宜主体。

作为事实区域产权主体的地方政府，对上而言已经不再是"宏观"概念，而是"微观"领域的个体，一个追求利益最大化的"理性经济人"：保证本区域能够得到合理充足的资源供给，开发这些资源获得最大收益，并为实现此目标重新配置区域资源。但这个理性经济人是受限制的，即在上级科层授权范围内的经济人。

二 中国产权区域制度的形成与发展

从产权角度出发，"区域"在社会经济生活中的存在形式是"产权区域"即行政区域或主权国家，中国强盛的行政—经济区域体系正是"产权区域"的体现。② 我国各级行政区在社会经济生活中以授权下③的"产权区域"形式下存在。

（一）中国产权区域制度形成的历史积淀

地方政权自"诸侯"时代就与地方经济相联系，秦统一后的中国一直是中央集权国家，历朝历代沿袭划区管理的做法。

部分朝代的行政区与自然地理区大致相符，"山川形便"的行政区划分培育了各具特色但又自成一体的地方体系。有些朝代为了抑制地方政权实行"犬牙相入"的区域划分，打破完整的自然地理单元，限制区域内

---

① 吕康银：《区域开放动力机制与区域经济协调发展研究》，博士学位论文，东北师范大学，2004年。

② 丁四保：《主体功能区划的生态补偿机制研究》，科学出版社2009年版；《我国的地方经济：制度特征与发展不平衡》，《经济地理》2007年第1期。

③ 上级政府授权，新中国成立后学习苏联行政既按职能进行管理又按属地进行管理的"条块"经济方法，《宪法》《地方各级人民代表大会和地方各级人民政府组织法》等法律体系无论是财政体制的历次调整——从财政包干制到分税制，还是官员考核体制的变化——从出口创汇到唯GDP论再到维护稳定的"一票否决"，无不体现了中央政府的意志。

部经济与文化的相对一致性。与第一级的行政区频繁、复杂的变化特点相反，作为基层政区的"县"却表现出长期稳定的特点。①

行政划区管理使得中央—地方关系呈现这样一种模式：朝廷（中央）无所不包，一切政令出自朝廷（中央），具体实施全部由地方负责。这种模式在维护国家独立、发展经济与稳定社会方面发挥巨大作用的同时，培养了经济、社会、文化甚至语言上自成体系的区域性政府组织②，特别是上至中央下到地方对"区域"的认同感。③

第一，虽然政策法令出自中央，但地方在执行上具有较大的自由裁量权。"普天之下，莫非王土；率土之滨，莫非王臣"，虽然物质资产所有权最终都属于皇帝，但是地方在具体配置方面拥有直接决定权，在收益分配上享有剩余控制权，从而形成了一种特殊的"产权激励"。第二，地方拥有事实上的人事控制权和资产支配权，并形成一种逐级控制的局面，强化了"产权激励"。每个辖区均是自给自足的经济和社会单元，各自为政、横向联系较少。虽然官员的任命权在中央，但地方官员可以对辖区内人事变动施加重要影响，形成实质上"下管一级"的人事管理格局与物资控制格局。第三，即使中央政府派驻地方的机构，其人员、经费、后勤等在很大程度上依赖地方，极易弱化垂直管理的效应，进一步加强地方政府的"隐性权力"。

（二）当代政治经济环境与产权区域制度的形成

1. 当代政治环境与产权区域制度的形成

根据《宪法》规定，人民代表大会是国家权力的机关，人民政府是国家权力机关的执行机关与行政机关。全国人民代表大会作为最高国家权力机关与其常务委员会行使国家立法权；省、直辖市的人民代表大会及其常务委员会，可以制定不与上位法抵触的地方性法规（报全国人民代表大会常务委员会备案）；县级以上的地方各级人民代表大会及其常务委员会有权讨论、决定、审查本行政区域内各方面工作的重大事项。

国务院即中央人民政府，作为最高国家权力机关的执行机关与最高国家行政机关，统领全国地方各级人民政府。县级以上地方各级人民政府依照法律规定的权限，管理本行政区域内经济社会等行政事务。基本法赋予

---

① 刘君德等：《中国政区地理》，科学出版社1999年版，第144—145页。
② 区域性政府组织：本书指1949年新中国成立前的地方性政权与地方政府。
③ 蓝勇：《中国历史地理学》，高等教育出版社2002年版，第172—179页。

了各级政府对辖区进行行政、经济管理等方面的职能。

《地方各级人民代表大会和地方各级人民政府组织法》规定，地方各级人民政府是地方各级人民代表大会的执行机关，是地方各级国家行政机关。地方各级人民政府对本级人民代表大会和上一级国家行政机关负责并报告工作。县级以上的地方各级人民政府在本级人民代表大会闭会期间，对本级人民代表大会常务委员会负责并报告工作。全国地方各级人民政府都是国务院统一领导下的国家行政机关，都服从国务院。地方各级人民政府必须依法行使行政职权。

在这样的法律体系保障下，中国各级政府形成了横向与纵向关系，也产生了一套完整的自上而下权力与行政管理体系，从而为区域产权体系建立了政治基础。

2. 当代经济制度与产权区域制度形成

新中国成立后，学习苏联行政职能管理与属地管理相结合的"条块"经济方法，区域产权得到强化，最终构建了由中央政府与地方政府①组成的产权区域体系。

在我国，绝大部分公共产权资源的"产权科层"与"行政科层"相对应②，即产权沿着行政层级逐级分配。根据《宪法》，矿藏、水流、森林、山岭、草原、荒地、滩涂等自然资源，都属于国家所有，城市的土地属于国家所有。所有权属于国家，但使用权以及由使用权带来的转让、获益等属于地方政府。③

宪法还规定，国有经济是国民经济中的主导力量。在区域的公共服务领域，如城市管理、基础设施等方面，国有经济占据主导地位，地方政府是开发建设、管理的主体。地方政府通过财政掌控着一大批"事业单位"，从而掌握了地方经济中的高层次服务业。同时，在行政审批制度下，如果生产经营活动违背国家或地方的产业、环境等政策，都可能被驳回。

---

① 地方政府，在本书中并非特指"相对于中央人民政府（国务院）而言的各级人民政府"，而是"同一区域内同级党委、人民政府、人大、政协在内的集体"，是一个泛指。

② 按照自然要素自身的功能属性来组织"产权科层"会避免一些空间冲突问题的出现，但即便是这样，产权科层中也会明显的带有行政科层的痕迹，如我国对水资源、矿产资源的管理。

③ 其中，"林权"的一部分为农村集体所有，"国有林区"的使用权归属国有林业企业。

(三) 财政分权与产权区域制度形成

中国的财政体制走过了一条从集权向分权转变的道路，以财政分权为核心的行政性分权大致经历了三个阶段并取得了截然不同的成果。改革开放前，中国实行高度集中的财政体制，尽管也进行过分权，但存活期短、权力下放十分有限。改革开放后，中央政府逐步开始放权，以1994年分税制改革为标志，中国开始实行真正意义上的财政分权体制。

1. 计划经济体制与财政统收统支阶段：1949—1980年

基于多方面考虑，新中国在较长的一段时间内实行高度集中的计划经济——一种权力经济。中央通过行政命令配置整个社会资源，地方政府对资源的控制权和支配权只是中央政府的"剩余"，至于大小完全取决于中央政府对整个经济发展形势的判断和计划平衡的需要。

在中央、地方及企业"责权利"关系的调整过程中有多次简短的分权，但这种分权是在计划体制下而非市场体制框架内，最终导致了严重的失调，不得不以收权作结。这一时期，管理体制及其对应的财政体制波动于集权与分权间。[1][2]

2. 混合经济体制与财政分级包干阶段：1980—1993年（比较分权阶段）

为调动地方发展积极性，中国实施以放权让利为特征的财政分权，在划分收支的基础上分级包干、自求平衡，变相地承认了中央和地方各自的利益与财政地位。市场经济在这一阶段开始萌芽，但计划经济的影响并未完全消除，加之"行政性分权"模式的延续，制度安排在1980年、1985年和1988年经历三次重大的调整。

在局部试点后，全国从1980年起开始实行"划分收支、分级包干"的财政管理体制（除北京、天津、上海），将"一灶吃饭"改为中央和省级地方政府"分灶吃饭"。按照经济管理体制规定的隶属关系，明确划分中央和地方财政的收支范围；计算包干基数，制定"总额分成、一年一定""划分收支、分级包干""固定比例包干"[3]"划分收支，定额上缴或定额补助""民族自治财政体制（划分收支和补助递增包干）"财政包干

---

[1] 杨之刚：《财政分权理论与基层公共财政改革》，经济科学出版社2006年版，第10—11页。

[2] 关山等：《块块经济学》，海洋出版社1990年版，第1—7页。

[3] 这一方法仅江苏实行，1981年改为"划分收支、分级包干"办法。

办法，分区域实施。①

为适应利改税的需要，1985年开始实施"划分税种、核定收支、分级包干"财政管理办法，1985—1986年作为过渡期实行除中央财政固定收入不参与分成以外的总额分成。"以税挤利"只能作为经济体制改革还没有全面展开时调节供求与分配的一个权宜之计，而非长远的税收方针。②

1988年开始施行全面"包干"体系，采取差异化财政包干体制（广州、西安预算仍与广东省、陕西省联系），"收入递增包干""总额分成""总额分成加增长分成""上解额递增包干""定额上解""定额补助"六种实施办法。新的收入分享制度，提高了地方政府的分成比例，特别是那些对中央财政贡献大的富裕地区。

3. 市场经济体制与财政分税制：1994年至今

为了扭转包干体制造成的过度分权、提高中央预算占总预算比重，全国自1994年起统一实行分税制财政体制。"按照中央与地方政府的事权划分，合理确定各级财政的支出范围；根据事权与财权相结合的原则，将税种统一划分为中央税、地方税和中央地方共享税，并建立中央税收和地方税收体系，分设中央和地方两套税务机构分别征管；科学核定地方收支数额，逐步实行比较规范的中央财政对地方的税收返还和转移支付制度；建立和健全分级预算制度，硬化各级预算约束。"

分税制在事权划分上更符合公共财政原则，中央政府承担全国性公共事务、地方政府则负责地方性公共事务，从制度上理顺了中央和地方的财权关系，"活—乱"循环模式就此中断。一般来说，中央政府规定地方政府的职责同样适用于地方各级政府③，各省（自治区、直辖市）"上行下效"，仿照中央对省分税制财政体制的原则和模式，因地制宜地推行省级以下政府间财政体制。

分税制的核心在于打破按企业行政隶属关系组织各级财政收入做法，代之以划分税种和税权为主要方式确定各级政府的财力范围和管理权限，

---

① 李萍：《中国政府间财政关系图解》，中国财政经济出版社2006年版，第15页；钟晓敏：《政府间财政转移支付论》，立信会计出版社1998年版，第135—136页。

② 汤暑葵：《我国近期税制改革的构想》，《财政研究》1988年第4期。

③ 刘薇：《财政分权的经济与社会发展影响研究》，经济科学出版社2009年版，第92—94页。

构建起处理中央与地方以及地方各级政府之间财政分配关系的分级财政管理制度;建立以分税制为主要内容的政府间财政体制和以流转税、所得税为主体的新税制,实行税收返还、体制补助(或体制上解)、财力性转移支付和专项转移支付制度。① 改变了中国财政体制变动频繁、多种形态并存的局面,实现了从"行政性分权"转为"经济性分权"的根本性变革,既确定了中央财政在财政体系中的主导地位,又赋予了地方财政充分的权力;既符合政府间财政关系的规范要求,又体现了市场经济的一般原则。②

(四) 经济核心地发展与产权区域制度形成

无论是行政区域还是经济区域都要求存在一个核心构造,即一个行政中心城市或一个经济中心城市。世界上其他国家的行政中心往往并不是其经济中心,但在中国完全不存在这样的情况,行政中心必定是经济中心。

计划经济体制是一个政府配置资源的集权型体制。政府经济职能部门全部集中在行政中心城市,政府职能部门管辖、领导着全省(或其他级别政府)的国营企业,行政中心承担资源计划配置的核心地职能。

新中国成立之初国家经济建设的主要目标是实现工业化,所有的行政中心无论其原有的城市功能如何都必须成为工业化的领导者。许多过去工业薄弱的城市,如北京、呼和浩特、长春、成都、南京、南昌等,在成为首都/省会以后迅速成为工业中心。与城市工业化进程相联系的交通运输、外贸、电力、物资、商业等产业和设施亦高度集中于行政中心城市,不断地强化和完善其经济中心的功能。区域人口也向行政中心城市集聚,行政中心几乎都是区域人口规模最大的城市。

改革开放以后,尽管实行了社会主义市场经济,政府不再是资源配置的唯一力量,政府的经济职能部门也不再是企业管理者,但是行政中心城市的人口规模、经济发展积累、城市建设水平、交通通信条件以及教科文卫等资源的集中分布,使得政府经济职能依然强大,核心地构造不可能发生改变。即使出现了辽宁的大连、山东的青岛、浙江的宁波、福建的厦门和广东的深圳这样几个非省会城市的经济核心,但并没有从根本上动摇行政—经济核心地城市的地位。

---

① 刘薇:《财政分权的经济与社会发展影响研究》,经济科学出版社 2009 年版,第 95—102 页。

② 李炳鉴等:《比较财政学》,南开大学出版社 2005 年版,第 189—192 页。

(五) 政府角色转变与产权区域制度形成

"以经济建设为中心"的指导方针确定了以市场经济为取向的经济体制改革，时至今日，就中央和地方的关系来看，改革不断推进和深化的过程，也是地方政府控制、支配资源权限不断增强的过程。

中国是一个地区差异明显、发展不均衡的大国，管理幅度大的政府科层和差别化的经济政策将不可避免地增加配置成本（包括信息和实施成本），这也决定了我国的地方政府在社会经济发展过程中必定会被中央政府委托大量权力。

统收统支财政体制下，地方政府负责组织收入并全部上缴中央，地方政府所有开支均须中央统一审核、逐级拨付。这一体制保证了中央政府有能力调动各类资源，针对性地解决经济社会发展中的重要问题。但从某种意义上来说，没有相应事权和财权的地方政府只是中央政府的派出机构，基本不存在的独立经济利益使得地方政府没有发展的动力，只能高度依赖中央政府。

无论是财政包干制分权改革还是分税制分权改革，都对中央政府与地方政府的事权与财权进行了分配。"分灶吃饭"仍未摆脱集权型的财政分配模式，在一对一的谈判下确定中央与地方承包关系，上解补助与分成比例带有明显的随意性和主观性，较大的上解比例造成地方政府组织收入积极性差。以缺乏明确事权划分为前提的财政支出分级包干使得地方的支出事权不规范、不完整，结果是"包而不干"。

"自负盈亏"的财政承包制重新激活了地方政府自我意识。为了更高的利润留成，地方政府通过扭曲真实信息，隐藏企业利润或减税来规避中央对地方利税的争夺，或者将预算内收入转为预算外收入甚至是体制外收入，"放水养鱼"、藏富于企业和地方。[1] 占据信息优势地位的地方政府实际上已成为剩余收入索取者，财政能力不断增强，因为几乎百分之百的边际收入都归了地方[2]。中央政府无法享受地方经济增长带来的财政增量收益，财政能力不断弱化，唯有频繁变更财政合约，用名目繁多的硬性贷款

---

[1] 李齐云：《分级财政体制研究》，经济科学出版社 2003 年版，第 219 页。

[2] Montinola G., Y. Qian, B. Weingast, "Federalism, Chinese Style: The Political Basis for Economic Success in China", *World Politics*, Vol. 48, No. 1, 1995, pp. 50–81; Jean C. Oi, "Fiscal Reform and the Economic Foundations of Local State Corporatism in China", *World Politics*, Vol. 45, No. 1, 1992, pp. 99–126.

和摊派从地方回收资金。然而中央的这些做法损失了分权式财政体制的稳定性,地方政府对体制信心的缺乏更加剧了中央政府的收入流失。

分税制为地方政府相对独立的财政运行和政府间转移支付的建立奠定了制度基础。地方政府一方面得到了相当部分的事权,另一方面又获得足够多的财政自主权,其掌握的经济资源甚至超过中央政府,如土地资源。

地方政府除依靠财政转移弥补财政短缺之外,更会加大对财源的税收征管力度,扩大财力;将上级政府控制的预算内收入转为本级的预算外收入,提高自身财政实力;实施政府主导的城市化,依靠土地出让增加财政收入。地方政府职能不断增加,不仅负责非竞争(弱竞争性)领域的基础设施、教育、医疗等公共产品和服务的提供,还涉及竞争领域的行业和企业管理/干预。可以说,目前我国地方政府职能涵盖了除国防、外交、国家立法等之外的绝大多数领域。

独立的经济利益促使地方政府经济角色转变,由过去代表中央政府的企业监管者变为本地企业的代理者,由过去中央政府的派出机构变为具有独立行为目标(对本地区利益负责)的经济主体。

第二节 中国产权区域制度的特殊性

一 产权区域特殊的制度模式

(一) 独有的政治制度环境

中国实行民主集中制与行政首长负责制相结合的政治制度。人民代表大会是国家权力机关,由民主选举产生,对人民负责、受人民监督,体现民主集中制原则。全国人民代表大会是最高国家权力机关,地方各级人民代表大会是地方国家权力机关,用一种不规范的说法"人民代表大会是通过层层的下级代表/选民选举产生的,代表人民行使国家权力"[1]。各级人民代表大会之间不存在领导与被领导的关系,但有法律上的监督和工作上的指导关系。

---

[1] 全国人民代表大会的代表,省、自治区、直辖市、设区的市、自治州的人民代表大会的代表,由下一级人民代表大会选举。不设区的市、市辖区、县、自治县、乡、民族乡、镇的人民代表大会的代表,由选民直接选举。

各级人民政府由同级人民代表大会产生，是国家行政机关，同时也是国家权力机关的执行机关。国务院即中央人民政府，统领全国地方各级人民政府；地方各级人民政府负责本行政区域内的经济、教育、科学、文化、卫生、体育等工作，实行首长负责制。

地方各级人民政府对本级人民代表大会及其常务委员会负责并报告工作，同时对上一级国家行政机关负责并报告工作，并服从国务院统一领导；地方各级人民政府工作部门受本级人民政府领导，并且受国务院主管部门或上级人民政府主管部门的领导或业务指导，从两个方面体现"双重领导"的特点。

中国地方国家机构要接受中国共产党的领导，中国共产党在地方设立的各级组织，对地方国家机构实行政治领导、组织领导和思想领导[①]。

（二）特殊的经济制度环境

1. "国有资源"及其区域代表制度

法律上的产权所有者将相关权利按政府科层分配，不同层级的政府对资源享有以行政界线为边界的权属，即产权区域代表中央政府行使国家对土地、矿山、森林等非流动性的国有自然资源和社会设施的不动产权，控制着本级国有资源市场，参与资源的开发、收益。这与资源私人所有、仅管理社会经济事务的其他国家地方政府具有很大不同。

2. "国有经济"制度

产权区域既能够通过国有资产管理机构对授权范围内的国有资产行使出资者权利，以控股方式从事资产经营活动对国有资产的安全和增值负责，影响整个产业的发展，也能够通过地方财政掌控的教育、医疗、科研、文化和传媒等"事业单位"，从而掌握了地方经济中的高层服务业。

3. "行政审批"制度

产权区域拥有一定的行政审批权，行政审批即建设项目投融资中的政府（或其他行政主管部门）审批、核准或备案制度。在这个制度下，无论是外资、港澳台资还是各种经济成分的内资，其投资行为都必须符合国家或地方的产业政策、环境政策等，否则将被行政拒绝而不能进行生产经营活动。

（三）特殊的职能分工体系

1. 中国的地方国家机构是整个国家机构的组成部分，其职权都由宪

---

① 中央政府和党组织针对民族区域和港澳台地区的"领导"与普通地区略有差异。

法以概括或列举方式授予,中央和地方之间也存在职权划分,但仅是管理权限上的分工。这与欧美国家采用宪法划分职权或特许方式服务地方的各种职权划分体系区别明显。

2. 中国地方政府的主要工作不限于管理和服务,其更重要的职能是实行政治领导和经济建设。领导和组织经济建设,促进社会发展是中国地方政府的法定职能,而且存在着科层结构下的领导与被领导及层层节制的关系。西方国家地方政府的等级关系不明确,或无隶属(平等)或仅有监督权,同时其主要活动是管理和服务。

3. 中国地方政府是处理地方经济事务的主要机构,有着强大经济管理职能。尽管近些年来的若干改革削弱了其直接管理经济的能力,但组织和领导经济发展仍是整个职能结构的重要组成部分。相比之下,西方国家有多种除地方政府外的组织机构参与经济事务管理,地方政府的经济职能有限。

二 中国产权区域复杂的利益格局

(一)基于委托—代理理论的中央—地方关系分析

笼统地说,委托—代理的产生原因在于委托人受到一定限制(如自身能力不够),亲自实施某项行为所带来的利益,还不如委托给其他人(代理人)办理获得的多。[1] 因此,委托人授予代理人某些服务于目标的权利。委托—代理本质上作为一种契约关系存在于任何包含有两人或两人以上的组织和合作努力中。[2] 基于对我国政府间组织关系的理解,通过图3-1可以明显看出人民代表大会与政府、中央政府与地方政府间的委托—代理关系。

产权区域处于双重委托—代理链条中—上下级科层产权区域的纵向链、辖区公众与产权区域的横向链。但是在实践过程中产生两个问题:一是各级地方人大尚未对同级政府形成有效的监督和制约;二是上级政府对下级政府行政首脑的任免有较大的发言权,下级政府接受上级政府的领导。

---

[1] 刘伟等:《产权通论》,北京出版社1997年版,第226页。
[2] 胡乐明等:《真实世界的经济学——新制度经济学纵览》,当代中国出版社2002年版,第127—129页。

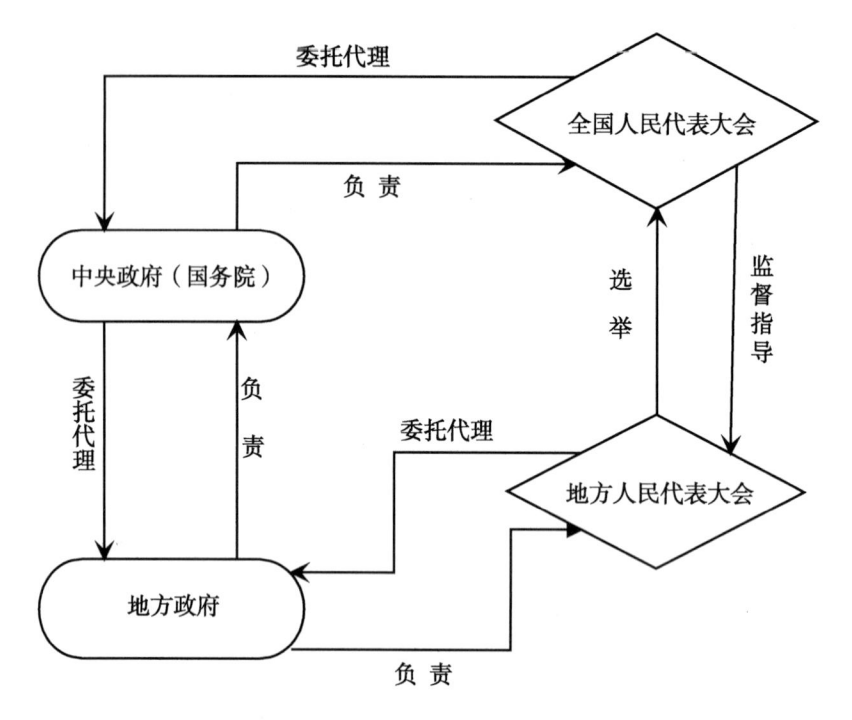

图 3-1　中国地方政府双重委托代理示意

中央—地方的委托—代理关系与中国式分权改革有着密切的联系。新中国成立后到改革开放前，地方政府没有财政收支出自主权，只是中央政府实现发展目标的一个派出机构而非"理性经济人"，此时中央地方之间不存在委托—代理只是单纯的行政隶属。改革开放后到分税制改革前，以放权让利为特征的财政分权，变相地承认了地方的利益和地位，中央地方之间的委托—代理关系在此期间开始形成，但不完善，地方利益并没有得到有效的保障。分税制改革之后，下级政府作为事实区域产权主体成为一个相对上级政府的"微观"理性经济人，中央地方的委托—代理关系相对成熟。

（1）从效用目标看，中央政府作为委托人，以实现公共产品/服务的有效配置与社会福利效用的最大化为目标，并为实现这一目标设置了激励措施，使得代理人尽职尽责、控制利益偏差。作为代理人的地方政府根据"报酬"（激励措施）选择行为，以求得自身利益最大化。

（2）从信息掌控看，中央政府制定一系列服务于目标函数的政策，进行全国性宏观管理，地方政府作为操作者负责具体实施。显然地方政府比中央更了解本地实际状况，拥有更多的隐蔽信息，因此中央与地方政府存在信息不对称。

（3）从契约关系看，中央本级财政支出在一定程度上缓解了地方财政在某些领域的压力，同时中央对地方政府通过税收返还、体制补助（或体制上解）、财力性转移支付和专项转移支付等制度拨给地方一定的资金、完成特定的专项，并对此形成契约关系。

从委托—代理的角度来看，当代中国的政治与组织管理制度符合信息非对称、契约关系与利益结构三个要件，但是又与普通的委托—代理有着明显的区别。

首先委托人（人民）将全部权力赋予代理人（人民代表大会），其次委托人与代理人追求的是同一个最大利益，关于这种关系学界并没有明确阐述，本书姑且称为特殊的"初始委托"。

同时中央—地方政府委托—代理关系与普通的委托—代理有着很大的区别——这种关系不会轻易发生变动。虽然纳税人和公共产品受益人往往不能对地方政府进行有效的监督和约束，代理人（地方政府）有足够的能力利用过长的政府间信息传递链条控制"私人信息"和辖区"自然状态"信息。[①] 每个地方政府首先要完成其代理的目标任务，因为一旦上级政府终止委托—代理关系，那通常就意味着下级政府生涯的终结，而撤销一级政府的影响往往是深远且巨大的。

（二）中国产权区域利益格局

"国家的存在是经济增长的关键，然而国家又是人为经济衰退的根源"[②]，这是由于政府（这里将前文中的国家泛化为政府）具有"经济人"追求最大利益的本质。"一切政治组织及其制度都是围绕着特定的利益而建立起来的，同时也是为其所由以建立的社会成员的利益服务的"[③]。

中国产权区域的管理人是代理人模式，区域产权是一种事实产权、一个嵌套体系，同时也是不完备的；区域内资源产权主体又是极其复杂的，既有归属于区域政府的也有公共的，还有个人的。因此产权区域利益具有

---

① 李军杰等：《中国地方政府主导辖区经济增长的均衡模型》，《当代经济科学》2005 年第 2 期。

② ［美］道格拉斯·C. 诺斯：《经济史中的结构与变迁》，陈郁等译，上海三联书店、上海人民出版社 1994 年版，第 20 页。

③ 王浦劬：《政治学基础》，北京大学出版社 2006 年版，第 71 页。

多重性，仅"将地方政府利益和目标函数划分为辖区和政府官员集体的最大化利益"① 是不全面的。

双重委托—代理构成了现阶段中国产权区域的基本利益结构——上级科层利益、辖区公众利益、领导层自身利益，三种不同的利益导向有时候是一致的，有时候则发生偏离。产权区域的最大利益也就取决于这三方面关系能否处理好，即三者的交集部分 $U_{officer} \cap U_{local} \cap U_{country}$。

1. 作为科层代理人的行为目标与利益导向

作为上级代理人（省级代表国家利益，地市级代表省级利益，以此类推），产权区域担负着完成上级指令、实现上级目标的压力，区域利益须与上级科层及国家整体利益保持一致，即利用可获得的要素资源，完成委托—贯彻执行上级关于社会、经济发展的宏观目标，实现地方社会民众的利益，为地方提供公共产品/服务。

产权区域彼此之间会为履行其责任展开激烈竞争。在把握辖区现有要素资源的前提下，产权区域发挥"政府企业家"才能，在与上级科层乃至中央政府的纵向博弈中索要政策及资源，并与同级单位为争夺资源发生横向竞争。因此，上级科层的目标偏好和考核激励制度会明显地影响产权区域的目标和行为。

2. 作为辖区公众代理人的行为目标与利益导向

辖区居民需要产权区域为辖区争取更多的资源以及福利，而企业要求产权区域为其争取更大的产品销售市场、提供更好的制度环境。作为辖区公众代理人，产权区域的一切行为都指向这一目标实现并维护辖区公众最大利益——通过公共产品/服务的供给实现辖区公众的效用最大化、提高辖区公众的福利及满意度，这是产权区域赢得辖区公众拥护和支持的重要因素。

产权区域首要解决的是辖区经济增长，经济增长可以增加辖区就业岗位，提高居民收入，增多可消费的物品和服务种类（主要是由市场提供的非公共物品）。此外，辖区可享用公共品效用的更大化也依赖于地区经济的增长。因此产权区域广泛地参与经济活动，不仅充分利用自身所拥有的资源，还会采取各种手段谋求新的资源——通过完善基础性设施，改善交通、通信等条件，直接参与辖区综合实力提升，或者间接干预企业行为

---

① 周伟林：《中国地方政府经济行为分析》，复旦大学出版社1997年版，第40页。

扩大市场份额，创造更有利的竞争条件。

3. 领导层（政府官员）自身行为目标与利益导向

"政府机构有其自身的利益，这些利益不仅存在，而且还相当具体。"① 地方政府作为产权区域利益代表是由各级官员组成的实体而非虚体，这些官员都具备市场经济条件下"经济人"的特征，因而其不仅关心任期内地方利益的实现程度如何，更在意自身的利益是否能够得到最大化。同时政府官员又是一个"政治人"，其追求的不仅仅是物质上的满足（薪水的增加、待遇条件的改善等），还有精神（也可以说是政治）上的满足（上级乃至中央的嘉奖、民众的支持、职务晋升等）。② 官员对权力的追求和商人对利润一样无可厚非。官员对物质利益和政治地位的需要在很大程度上决定了其行为取向，导致产权区域行为目标发生改变。

产权区域的代理人角色使得其在追求自身利益的同时必须以委托人最大化利益为前提，但是双方效用函数的不一致性、信息分布的非对称性、环境的不确定性以及契约的不完全性，使得代理人往往通过降低努力水平或实施机会主义行为来实现自己最大效用。现行制度安排下的层级产权区域效用函数或者说整体利益与局部利益并不是完全一致的，一地福利的最大化可能要以上级区域福利的减少为代价，这使得双重代理人频繁地在委托人利益之间进行权衡取舍。或者对利益诉求格局做出调整，或者选择符合自身利益最大化的利益诉求，同时受到民主制度、规则和程序的约束，代理人还必须"自觉地"从整个社会的福利出发最大限度反映普通选民和消费者的意愿。③ 这些因素集中在一起使得产权区域利益更为复杂。

三 中国产权区域的双重属性与双重职能

（一）产权区域的双重属性分析

由于我国这种特殊的产权体系以及政府管企业等一系列原因，致使我国的政府在经济活动中扮演与一般市场经济政府不完全相同的角色。"产权区域"承担着"政府"和"私人"的双重性质。④

---

① ［美］亨廷顿：《变化社会中的政治秩序》，王冠华等译，生活·读书·新知三联书店1989年版，第23页。

② 方福前：《公共选择理论—政治的经济学》，中国人民大学出版社2000年版，第148页。

③ 盛斌：《贸易保护的新政治经济学：文献综述》，《世界经济》2001年第1期。

④ 刘瑞超等：《中国产权区域双重属性与职能研究》，《经济体制改革》2013年第5期。

1. 产权区域的"政府"属性

产权区域的"政府"属性即其"公共"属性。我国的社会主义市场经济,既具有自己的特色,也具有一般市场经济的共性,同样存在市场失灵。产权区域作为一般意义上的"政府",与市场经济制度国家一致代表公共利益,承担"社会职能",面临着"政府与市场"关系。

产权区域既要对宏观经济总量进行调节,保持社会总供给和总需求的基本平衡,又要实现产业结构调整和优化的目标。[①] 市场经济条件下的产权区域利用经济政策、经济杠杆、经济立法和行政手段来调控经济,实现宏观层面的资源优化配置。

产权区域必须以社会福利水平最大化为目的,实现并维护一定的公共目标。这里指的主要是三大公共目标:提供关系国计民生的公共物品和准公共物品以及国家安全的特殊产品;鼓励和保护有益的外部效应,预防和制止有害的外部效应;调节收入分配,避免个人收入差距过分拉大。[②]

产权区域需要超越于各个经济主体之上,对私人经济部门的活动进行某些限制和规定,协调、处理经济主体之间的利益冲突,一是防止自然垄断,二是防止过度竞争。[③] 通过立法手段和竞争政策确立竞争秩序和规则,为市场公平竞争、良性竞争创造和保持必需的制度环境。

2. 产权区域的"私人"属性

科斯认为,政府在某种意义上是个超大型企业,具有"企业"的性质。[④] 中国的产权区域对外代表"私人",面临区域与区域的关系,具有排他性和竞争性。

Breton 指出,那种认为只有美国的联邦体制才有分权与制衡的认识是一种误解。实际上,在有不同的自治或半自治的权力中心时,为了追求各自选民的预期同意的最大化,这些权力中心之间会有制衡,从而会产生竞争。我国是单一制国家,不存在联邦制下的"三权分立"式的分权与制衡,这使得在分析我国的政府行为时,往往忽略了在我国政府中存在的不

---

① 王朝全等:《政府经济学》,电子科技大学出版社 2008 年版,第 90—91 页。
② 卢洪友:《政府职能与财政体制研究》,中国财政经济出版社 1999 年版,第 34—48 页。
③ 郭小聪:《政府经济学第二版》,中国人民大学出版社 2008 年版,第 29 页。
④ 胡乐明等:《真实世界的经济学——新制度经济学纵览》,当代中国出版社 2002 年版,第 91 页。

同于"三权分立"式的其他分权与制衡问题。①

中国产权区域在同级单位中独立享有法律内规定的动产产权和不动产产权，管理社会经济发展等各项事务的事权，以及获得财政收入、实现财政支出的财权，从而构成了区域的发展权。发展权的获得使得产权区域成为具有独立利益目标的个体，具有追求本地利益的强烈意愿。

区域产权规定了提供的公共产品/服务严格限定在本行政区域之内，区域的公共财政收入只来源于本区域（经济）与公共物品。产权区域不仅争夺来自上级的公共资源，而且在资金、人才、技术等可流动的生产要素方面展开激烈的竞争，以提高本区域的竞争力。中国的区域/地方竞争在很大程度上是辖区政府间的竞争。

（二）产权区域的双重职能分析

对现代国家的政府来说，经济职能与社会职能是其推动国家发展的不同维度基本职能，任何一个现代国家的政府都必须承担这两种职能。然而在实际的职能履行过程中，受国家发展的阶段目标和政府资源的限制，在特定的历史时期内，政府只能相对地偏重于行使某一维度的职能，以有效地达成阶段目标。

中国地方政府作为产权区域的宏观主体，其承担的职能是一体多面，各自都有其独特的价值与意义。

1. 产权区域的竞争排他性与经济发展职能

我国的政府之间不仅存在上级与下级的领导与被领导关系，在政府内部存在着各种各样的权力中心。权力中心之间也有激烈的竞争，区域的归属感和认同感都使得区域和政府有强烈的发展欲望。只有有了发展成果，才能得到上级的认可，才能为辖区提供更多的公共产品和公共服务，提高居民的福利待遇，得到居民的认可。

区域政府总是试图比别的区域做得更好，我国自计划经济时期就存在着"兄弟"之争。改革开放以后，为了争夺项目、优惠政策与市场，地方政府之间上演了各种各样的大战。因为一开始各种经济社会资源都掌握在政府手里，这使政府长期充当了经济建设主体和投资主体，当前地方政府投资范围不仅大量涵盖公共产品和服务领域，在营利性和竞争性领域也没有完全退出。"发展才是硬道理"的口号说明了经济建设在我国政府工

---

① 刘剑雄：《财政分权、政府竞争与政府治理》，人民出版社2009年版，第1—2页。

作中的重要位置。在发展面前资源永远是短缺的,对于产权区域而言,无论是来自上级的公共物品(财政的和各个职能部门的)还是来自市场的资源(投资、人才等资源要素和市场份额等)都必须通过竞争来获得。①

激烈的区域竞争变现为 GDP 增速及规模、财政收入、投资等指标上的相互攀比。一段时期以来,由于多种原因,官员的考核依据以 GDP 为中心,一些地方将"发展才是硬道理"错误地理解为"增长率才是硬道理""GDP 增长才是硬道理",将政府的经济建设性无限扩大,造成政府的行为偏好集中表现在 GDP 增长上,其他一切都可以放在次要位置,"GDP 崇拜"现象泛滥。这种考核体系助长了政府官员片面的政绩观,加之软约束的预算管理体制,地方政府在看到 GDP 有可能下滑的情况下,往往忘记了自己"裁判员"的角色,直接冲到前线充当"运动员",为追求一时的经济增长速度盲目搞投资、上项目、办企业。

2. 产权区域的公共服务性与社会服务职能

将经济建设置于各项工作之首的"GDP 崇拜"暴露出诸多问题。政府经济建设行为忽视了经济增长的可持续性,忽视了经济社会的协调发展,忽视了民生问题,造成低效率,发展质量和效益低下,甚至有增长无发展的情况。同时,经济社会发展失衡,大量悬而未决的社会问题成为政府的巨大压力。

地方政府应当充分认识到自己不是经济建设的主体,将注意力和公共资源更多地投向公共产品和公共服务领域,适应市场经济的需要把自己从微观经济建设和投资中解脱出来,做一个规则制定者与实行监督者,为社会发展提供更多更好的支撑和保障。

随着地方经济的发展,社会财富不断增加,人们维持最低生活需要的部分在总财富中所占比重相对下降,由政府集中更多社会财富用于满足当地公共需要的可能性不断提高。人民群众对物质文化生活的需求日益增加,并呈现多元化的趋势。人们已经不满足于衣食住行质量的提高,还要求政府在教育、就业、生产经营、医疗卫生、社会保障、体育、娱乐、信息等方面能够提供更多更优质的服务。

第十届全国人民代表大会第三次会议通过的《政府工作报告》指出:"公共服务,就是提供公共产品和服务,包括加强城乡公共设施建设,发

---

① 丁四保:《我国的地方经济:制度特征与发展不平衡》,《经济地理》2007 年第 1 期。

展社会就业、社会保障服务和教育、科技、文化、卫生、体育等公共事业，发布公共信息等，为社会公众生活和参与社会经济、政治、文化活动提供保障和创造条件。"这是对政府公共服务范围的新概括，是对建设公共服务型政府内涵的新界定。公共服务型政府不仅是对政府公共服务职能和社会管理职能的强调，更是一种政府管理的目标模式，是对社会主义市场经济条件下政府管理本质、政府职能作用和政府管理方式的一种实质性概括。

产权区域的公共服务性要求作为主体的地方政府为经济社会发展创造良好的环境，不仅要保证区域内公众基本生存权利的均等化，而且要为区域科教文卫、区域基础设施建设、区域资源环境保护和生态治理等公共事业的发展筹集供应资金，保证区域内公众发展权利的均等化。

当前地方政府正处于从经济建设型向公共服务型转变，由投资型财政转向公共型财政转变的关键阶段。我们强调政府公共服务建设，并不意味着要政府放弃其经济建设性。即使地方政府彻底转变成"公共服务型"政府，甚至完成了从传统发展到科学发展的价值目标转变，在真正独立取代政府发展经济的主体产生之前，只要存在着区域政府作为经济行为的主体，存在发展愿望与资源稀缺之间的矛盾，区域之间的竞争就不可避免。① 政府要实现社会服务的职能，就必须进行经济建设，并且掌握一定的财政分配权力。经济发展职能与社会服务职能是政府的两条腿，缺一不稳。

第三节 中国产权区域制度对经济增长的作用机制

制度就是一个社会的有些规则，更规范地说，是为决定人们的相互关系而人为设定的一些制约。② 经济增长的出现取决于人们是否从事合乎社会需要的、促进经济增长的活动，制度作用经济增长是通过影响人们行为、影响人们参与各种经济活动的积极性来实现。

---

① 王昱：《区域生态补偿的基础理论与实践问题研究》，博士学位论文，东北师范大学，2009年。

② ［美］道格拉斯·C.诺斯：《制度、制度变迁与经济绩效》，刘守英译，上海三联书店1994年版，第3页。

一 制度促进经济增长的路径分析

(一) 制度促进经济增长的静态分析

制度与经济增长的静态分析，是某个特定时间点上不存在变化的制度对经济增长作用分析。

1. 非正式制度（非正式约束）与经济增长

非正式制度，指人们在长期的社会生活中逐步形成的对行为的不成文限制，意识形态居于核心地位，是与法律等正式制度相对的概念。[①]

新制度经济学认为意识形态能产生重大的外部效应，并形成了关于其经济功能的认识。较大的意识拥有量能减少消费虔诚的影子价格，是一种节约信息费用的工具；对当前制度安排合乎义理的意识信念能减少机会主义行为，有效地克服任何大组织与生俱来的"搭便车"问题，同时降低某些正式制度的执行费用，将资源更多地集中到生产领域。

"习惯"是非正式制度的一项主要内容，可以理解为由文化过程和个人经验积累而决定的标准行为。一种行为若能成功地应对反复出现的某种环境，就可能被人类理性（工具理性）地固定下来，诺斯称之为"习惯性行为"，并据此认为"制度"的功能在于告诉人们关于行为约束的信息。

价值观念和伦理道德也是非正式制度的另一个重要部分。非正式制度是人们依据价值观念蓝图构建的，这种观念不一定正确但一定是自觉的。不同的伦理精神和道德规范约束着现行经济制度下的利益追求机制与方式，当它与经济制度相符时起推动作用，反之会导致混乱与无序。所以，经济增长只有在物质条件（技术因素的制度硬件）和人文因素（经济伦理和道德规范）都具备时才能出现。

2. 正式制度（正式约束）与经济增长

正式制度，指人们有意识建立起来的并以正式方式加以确定的各种制度，包括政治规则、经济规则和契约等，以及由这一系列规则构成的一种等级结构。[②]

在亚当·斯密的经济思想中，分工和专业化是促进经济增长的主要原

[①] 卢现祥：《新制度经济学》，武汉大学出版社2004年版，第116页。
[②] 同上书，第118页。

因。正式制度在界定分工"责任"方面作用重大，能够切实保证分工和专业化有序进行，从而促进经济增长。专业化和劳动分工降低了生产成本，却增加了业务交易量、增强了交换的复杂性，产生了更多的交易费用。正式约束是减少交易费用、降低交易成本的重要保证，在克服资源使用的"外部性"方面作用巨大。

经济活动具有高度复杂的关联性，因此获悉他人（也包括政府）的行为信息显得尤为重要。正式制度作为行为主体权、责、利的明确划分和强制规范，构成行为目的、手段及结果之间的客观因果关系，形成对行为最大限度的合理、稳定预知性信息，规定主体能否做什么以及如何做。人们可以据此确定自己的行为，一般来说，只要是符合规则的行为，其预期目的都能实现。

3. 实施机制与经济增长

欺骗、违约等行为会阻碍经济活动正常进行，实施机制是对违反约束的行为做出相应惩罚、保证制度得以实施的条件和手段，也可以从一个方面认为是对遵守约束的激励。①

交换越复杂，实施机制就越需要。人的有限理性与机会主义行为动机促使制度实施机制的建立，合作方信息不对称容易导致契约的偏离。因此必须建立强制性的实施机制为合作者提供足够的信息、监测对契约的偏离、保证契约的实施，而标准则是违约成本的高低。如果违约成本远远超过违约的预期收益，那么市场必然稳定有序；反之亦然。

上述分析只是在假定其他两项不变的前提下某一项对经济增长的作用，在实际生活中这三项往往是交织在一起的，作用激励也更为复杂。若是搭配得当，三者产生的交互作用对经济增长的效应将更加巨大。

（二）制度促进经济增长的动态分析

制度与社会进步和经济快速增长相伴随也一定是个动态的过程，一成不变的制度因素不可能始终是经济增长的原动力。诺斯将制度变迁定义为"制度创立、变更及随时间变化而被打破的方式"②，制度创新③往往起始

---

① 卢现祥：《新制度经济学》，武汉大学出版社2004年版，第119页。
② ［美］道格拉斯·C.诺斯：《经济史中的结构与变迁》，陈郁等译，上海三联书店、上海人民出版社1994年版，第225页。
③ 文章持有这样一种基本倾向：制度创新是一种高效率制度代替低效率的变化，不是制度的任何一种变化都可以称为制度创新。

于局部,通过新的制度安排而获取现有安排下不可得的额外收益。一旦新的制度安排得到广泛认可并在一段时期内保持相对稳定,意味着一轮制度变迁的最终完成。

短期上,制度变迁意味着后一种制度安排对前一种安排的替代(有可能是高效率的替代低效率的,如从垄断到竞争,也有可能是相反的),在这个意义上积极的制度变迁与制度创新没有太大区别;从长期看,现有的制度安排既是上一轮制度创新的结果,又将成为下一次制度创新的前提,即制度变迁是从制度创新到稳定(均衡)到再创新的过程。从而制度动态的经济功能通过成功的制度创新所体现,即高效率制度替代低效率制度促进经济增长。

1. 制度创新可以实现资源的优化重组

资源匮乏虽然是造成落后的原因,却不是根本的,因为既存在资源匮乏地区发展起来的例证,也存在资源丰沛地区却依然贫穷的现象,资源稀缺是各种社会面临的共同问题,关键是能否把资源配置到高效率的生产部门。[1]

制度创新虽然不能改变一个国家资源禀赋的条件,但可以实现资源配置的变革,引导资源从非生产性领域转移到生产性领域、从生产领域的低效益区流动到高效益区,实现资源的合理配置。制度创新在不改变资源总量的情况下提高边际产出,将生产推进到其可能边界,实现社会财富的增加,甚至可以把社会关注点从财富分配引领到创造财富的有序竞争中。[2]

2. 制度创新可以改变激励机制

任何制度都有激励功能,不同的制度安排形成不同的激励机制,通过提倡、鼓励或反对、抑制的形式传达,借助奖惩的强制力量得以监督实施。制度构造了政治、社会或经济方面的激励结构,可以规划行为的方向、改变人们的偏好、影响人们的选择,激励程度和导向的差异对经济主体发挥能动性或本质力量至关重要。

激励机制一方面反映了个人工作努力程度和报酬的关系,另一方面反映了个人目标和社会目标的关系。制度激励的有效性决定着个体选择的有

---

[1] 许永兵等:《制度与经济增长》,《河北经贸大学学报》2002年第6期。
[2] 孔令宽:《制度变迁中的中国经济增长潜力释放研究》,博士学位论文,兰州大学,2008年。

效性（本书认为是个体行为效率），从而引发经济绩效差异。① 制度创新是建立有效激励机制的重要途径，通过建立新的交易规则、重塑微观经济主体发展动力，把个体能动性与个体利益、个体目标与社会整体目标紧密联系起来，把个人的经济努力不断引向一种社会性的活动，使个人的收益率不断接近社会收益率，个体利益的逐步满足会产生一种持续激励驱动整体利益的实现（如经济增长）。②

3. 制度创新能够提高交易效率

交易费用包括了一切不直接发生在物质生产过程中的成本。③ 在法制不健全、政治不稳定的制度背景下，交易风险的增加与机会主义的盛行在无形中增加本就不为零的交易费用，打击个体追求有效率产出的热情，因此既定产出下的交易费用反映了不同制度安排的经济活动效率。根据交易成本理论，制度的建立源于交易摩擦以及交易费用的客观存在，制度创新及其有效运行能够提供一个稳定有效的交易框架，降低市场交易风险、抑制机会主义行为倾向，为专业化和劳动分工提供更广阔的发展空间，有效地促进产出的增长。没有制度约束，斯密"看不见的手"带来的可能不是繁荣，而是社会经济活动的混乱。

正如马克思主义政治经济学所坚持的"生产力决定生产关系，生产关系反作用生产力"，制度对经济增长的促进作用也是受制于生产力水平。当制度安排与生产力水平相适应时，其对经济增长的作用就会弱化，效果也不如技术进步明显；当其不能适应生产力时，制度就通过一次次创新、变迁满足生产力需求，这一过程会极大地促进经济增长，同时制度变迁产生的激励效应也会促进技术创新，实现生产力进步。

二 产权区域行为与区域间博弈

产权区域作为一个理性经济人其发展欲望是无穷的，发展同时需要资源。在既定的资源（成本）下，经济物品的数量、质量和种类总是不足

---

① 何增科：《新制度主义：从经济学到政治学》，载刘军宁《公共论丛：市场社会与公共秩序》，生活·读书·新知三联书店1996年版，第346页。
② [美] 道格拉斯·诺斯等：《西方世界的兴起》，厉以平等译，华夏出版社1999年版，第177页。
③ 黄新华：《中国经济体制改革的制度分析》，博士学位论文，厦门大学，2002年。

的，此外劳务及生产经济物品的资源也是有限的。① 在发展面前资源永远是稀缺的，产权则是排他的，产权区域必须与对手争夺资源。

产权区域行为指为实现一定目标和职能所实施的一系列造成当前状态改变的活动。经济主体行为不是主观随意的，而是由主体的本质属性决定，产权区域的宏观主体是政府，政府行为构成了产权区域行为的主要内容。

（一） 上下级产权区域之间的博弈

计划经济时期，中央与地方是简单的"决策—执行""命令—服从"关系，几乎不存在博弈；产权区域制度下，上下级政府由传统的单向依赖等级规则演变为委托—代理关系。

不同层级的产权区域都有各自的最大化利益，目标不一致是市场经济体制下的正常现象。下级应当积极配合上级宏观调控、协助完成任务目标，同时又存在着为自身最大化利益实施逆调控行为的倾向，正可谓"上有政策，下有对策"，直接后果是上级权威的弱化，最终造成等级制经济被双向依存经济代替。

1. 服从上级宏观调控，积极落实相关政策

宏观调控是产权区域的一个重要职能，调控目标实现与否不仅受调控体系完善程度的影响，更受调控措施实施情况的作用。

产权区域作为政策的最终实施者，其行为直接关系到宏观调控的效率。当代中国在进行经济分权的同时依然保持政治上的集中，宏观调控作为一项重要任务，上级的战略意图必须落实。我国区域差异明显，上级掌握的实际信息与最终实施者相比终归有限，因而针对每个地区制定调控政策既不可能也不现实，同时这种"越俎代庖"行为也弱化了下级的职能。

综上所述，上级的宏观调控政策只能作为一项原则，不可能也无法照亮每一个角落，这就需要最终实施者根据现实情况灵活制定适合本区的政策。下级区域出于自身利益而设计实施某些制度，既调动了本区发展的积极性，也分担了上级的调控压力，增加了调控的广度和深度，有力地保证了上级目标的实现。

2. 与上级产权区域博弈，实施逆调控行为

承上所述，下级产权区域作为最终实施者对上级政策的拥有"修正"

---

① 厉以宁：《西方经济学》，高等教育出版社2000年版，第1—2页。

权。当上级调控政策有利于本区利益时，下级区将会积极推动；对"危害"到本区利益的政策，下级区则会"充分"利用上级授权，在自身利益最大化的限度内理解和贯彻上级要求，实施逆调控行为，抵消不利影响。

（1）利用信息不对称，变通执行

层级产权区域之间存在信息非对称性，在上级区域确定发展目标之前，下级区域会拼命争资金、抢项目，谋取较高的经济增长速度。在明知"短平快"（花钱少、周期短、见效快）的项目会被上级削减的情况下增加申报量，实现"大面积撒网小面积捕获"；利用资金预算（减少预算内投入、增加预算外投入）或延长周期等手段降低年均投入以期立项或保住项目，在获得批准后则通过各种理由追加投资，尤其是来自上级的。

（2）对调控政策选择性执行

在上级与本级政策间首选本级的，上级政策更多的是针对"共性"问题，而"个性"问题只能寄希望于实施者"灵活变通"，这就造成下级产权区域为自身利益"层层截留"，优先执行本地政策。在若干上级政策中首选利于本地的，如在产业政策和环保政策的实施过程中，产权区域总是偏重执行产业政策。对于单项政策，"用足用活"有益本地的部分而将不利部分束之高阁，甚至通过"曲解规则"或"补充文件"的形式规避、抵消上级调控。

（3）钻政策的空子，打"擦边球"

每一项政策都有其明确的界限，但当它们有重叠时"交集"部分的执行边界将会模糊，产权区域就利于这一特性实施逆向调控。"改头换面"将现行政策发挥到极致，而避免政策空窗；在政策交替的特殊时段，利用新旧政策间矛盾，取新政策优惠，享旧政策福利；根据上级容忍的范围超前运用政策，寻求利益突破口。凡是作为政策执行方的各种组织，相对于中央政府制定的政策，都会有打政策"擦边球"的策略行为。[①]

层级产权区域博弈也并非一无是处，这些行为在一定程度上为上级提供了"试错权"，能够以较小的改革成本获取较大的制度创新收益。以局部的"诱致性创新"引领整体的"强制性创新"是中国社会经济得以健

[①] 周振华：《体制变革与经济增长——中国经验与范式研究》，上海人民出版社1999年版，第194—196页。

康和稳步发展的成功经验。①

(二) 同级产权区域之间的博弈

中国财政分权体制是建立在政府委任制基础上，一级政府往往同时下辖多个政府，上级对官员晋升选拔拥有较大话语权，官员有追求自身经济和政治利益的合理需求即对上负责，加之辖区公众的"用手投票"（政治投票）和"用脚投票"机制，领导层会不可避免地陷入一种"锦标赛"式的"零和博弈"②，寄希望于比同级（通常同属于上一级政府）以及往届政府掌握更多的资源、创造更高的"产出"。

1. 产权区域竞争的方式

利益最大化与理性有限化使得产权区域经济增长目标空前扩张，以数量增长为核心的相对绩效考核起到了"推波助澜"的作用，使得产权区域与其他区域在同一时点展开横向竞争。

任何一个地区的发展都不可缺少经济要素，没有要素支撑的发展只能是空中楼阁。在要素总量有限和自由流动的背景下，可控要素的"质"和"量"将改变区域禀赋与优势分布，直接关系到一地的经济增长和财富规模，也关系到产权区域最大化利益的实现。

为了在竞争中获得优势，产权区域在生产、交换和消费过程的竞争形式多样，总体上可以划分成两种方式。一是着眼于本地的资源禀赋提升辖区企业实力，通过蕴含在产品中的竞争力驱动区域经济增长，是一种内涵式竞争。二是吸引区外生产要素，通过集聚资源实现经济总量增长，相对而言是一种外延式竞争。

（1）内涵式竞争，主要是通过政府直接干预企业生产经营的方式实现。地方政府通过扶持和保护政策干预重点行业、企业发展，并根据结果和外部经济环境变化进行循环调整。最常见的手段是降低企业运营成本，利用政府投资、财政补贴、政府担保贷款等具体手段改善成本—收益结构，推动企业发展。其次可以利用各种"规制"影响企业的经营，主要是市场准入与退出制度以及产品标准等行政指令和计划。这里的"规制"有双重作用，促使辖区企业沿着设定路线发展的激励和约束，限制区外同

---

① 丁四保：《从区域规划看中国的区域制度》，《地理科学》2013年第2期。
② 周黎安：《晋升博弈中政府官员的激励与合作——兼论我国地方保护主义和重复建设问题长期存在的原因》，《经济研究》2004年第6期。

类产品进入的地方保护。

(2) 外延式竞争,地方政府提供成本更低、数量更多、质量更高的公共产品/服务,间接达到挽留本区可流动性资源、争夺区外资源的目的。以招商引资为例,利用税收优惠、土地优惠等政策降低投资成本、提高预期收益;改善公共物品供给与公共服务质量,提升区域形象、改善经济运行环境。当然,并非对所有资源都实行积极的政策,以劳动力为例,各地对专业人才或高层次人才一般提供较多优惠的条件,对于普通劳动力通常持一种听之任之甚至实施流入控制的态度,除非出现大规模缺口。

2. *同级产权区域博弈特征*

(1) 创新与模仿行为。通过制度创新或效仿成功案例,营造有利于本地经济发展的环境。产权区域间的相互学习使成功经验和做法"私下"扩散开来,为正式改革的推动积攒力量,但也会造成落后地区盲目照搬。"有条件要上,没有条件也要创造条件上",不仅不能达到预期效果,还有可能劳民伤财。

(2) 政府行为企业化。产权区域作为一个理性经济人(虽然是受限的),主动运用政治力量追求本地利益最大化,争夺发展所需的各种资源,实现超常规发展,也有人称之为"政府即厂商"[①]。这种企业化行为会造成税收和公共服务的"两难选择",由于担心对资源的吸引力降低及后续影响,产权区域更多地表现出对公共资源的攫取,可能提高企业进入成本的地方自然、文化、环境等社会事业和公益事业管制标准常常被降低,乃至废弃。

(3) 行为短期化与政绩化。所有地方政府都有在任期内充分利用资源取得短期最大回报的内在动机,有意无意地造成成本—收益不对称。因为他们相信,一旦抢占先机、占据发展高位,就会站在时代的浪头上,通过"马太效应"实现强者恒强。同时很少有新一届政府愿意萧规曹随、沿袭上届政府的工作思路,这也加强了政府行为短期化。短期化行为的伴随产物就是行为政绩化,没有政绩"制造政绩",没有收入"创造收入",把有限的资源用于政绩工程,不顾当地实际情况向上级示好以获得政治收益。

---

① Andrew G. Walder, "Local Governments as Industrial Firms: An Organizational Analysis of China's Transitional Economy", *American Journal of Sociology*, Vol. 101, No. 2, 1995, pp. 263-301.

第四节　中国同级产权区域间竞争行为

产权区域竞争是指产权区域为实现最大利益，在资源总量有限且可自由流动的前提下，为追求更多要素尤其是可流动性要素而采取的行为。竞争行为有广义与狭义之分，狭义的竞争仅仅指政府直接参与的竞争行为，广义的竞争则还包括政府通过改善公共物品供给等方式间接参与活动。

尽管存在要素区际流动的诸多障碍和干扰，经济要素在区域发展过程中终归会从低收益率区域流向高收益率区域，并产生多种效应。[①]

区域竞争是我国区域制度中的重要内容也是必然结果，这种竞争有时候是相当激烈的，而且对经济增长的贡献并不亚于现代市场制度下的企业。产权区域参与竞争对整体经济产生不同形式的影响。

一　流动性资本竞争

现代经济增长理论认为，技术进步是经济增长的重要源泉。但对中国而言，经济增长最重要的源泉不是技术进步，而是资本等要素投入。吸纳资本就成为影响经济增长的最重要手段，这也使得资本要素竞争成为流动性要素竞争的首要内容。

在利益驱动下，产权区域千方百计地增强本区财政实力，热衷于上项目、办企业、争资金，这是招商引资竞争形成的外部激励；官员业绩考核与招商引资成果（"引得进，留得住，养得大"）挂钩，更加形成了招商引资竞争的内部激励。[②] 在示范效应下，产权区域作为最大的赢家自然将这一工作当成重点，对资本这一流动性较强的稀缺要素有着近乎本能的兴趣。

（一）资本竞争两种形式

现实经济，经济增长的速度取决于有多少资金投入到经济运行中，即取决于实际有效投资。无论是在发展中国家，还是在发达国家，都主要依

[①] 张秀生等：《区域经济理论》，武汉大学出版社2005年版，第270—275页。
[②] 周黎安等：《相对绩效考核：中国地方官员晋升机制的一项经验研究》，《经济学报》2005年第1期；徐现祥等：《区域一体化、经济增长与政治晋升》，《经济学（季刊）》2007年第4期。

赖两种方式将储蓄转化为现实经济中的投资，即直接融资和间接融资。[①]

资本具有典型的趋利性，资本利润率的变化会引导资本的流动发生变化，据此可以将资本竞争分成间接投资竞争和直接投资竞争两种形式。

1. 间接投资竞争

间接投资作为资产经营的一种手段，主要通过金融市场聚集大量零散的资金并投放出去从而实现资本流动，一般不参与企业具体生产经营行为，更多意义上是服务活动。虽然整体上来看，间接形式的资本流动规模似乎更大些，但产权区域也只能望洋兴叹。因间接投资自身不涉及实业项目，资金流向更多是由金融市场根据区域企业的运营状况、发展预期及信用条件等信息决定，具有明显的灵活性。市场经济条件下，产权区域即便付出再大的努力也无法掌握金融市场，非不为也实不能也。

2. 直接投资竞争

产权区域在不能有效干预金融市场的情况下，转而追求以直接投资形式的资本流入，通过媒体、经贸洽谈会、招商会以及文化体育活动等平台对外宣传、推介项目，甚至对投资人展开的游说或使用行政手段等针对区外资金、企业（项目）展开的直接性竞争活动。

实际上，直接投资对一个试图改变资本流向的产权区域而言更有意义，也更值得关注。因为直接投资不仅弥补了本区经济增长投资的不足，还在于它可以带来新的技术与商业管理实践经验。[②]

现行的税收制度下，产权区域缺乏独立主体税种，财政收入较多地依赖营业税[③]、增值税等以商品、劳务的销售额和营业收入为计税依据的流转税税收，只要有商品生产、交换和商业性劳务行为就会产生税收；企业运营也会形成财政收入的另一个重要组成部分——企业所得税，这就在财政收入规模与生产经营性企业数量之间产生了密切联系。此外，生产经营性企业对缓解就业压力也大有裨益。

(二) 产权区域对两种资本的干预

产权区域对间接投资的干预手段较少，主要表现为政府不遗余力地推

---

① 沈坤荣等：《投资效率、资本形成与宏观经济波动——基于金融发展视角的实证研究》，《中国社会科学》2004年第6期。

② 姚树洁等：《中国经济增长、外商直接投资和出口贸易的互动实证分析》，《经济学》（季刊）2007年第1期。

③ 2011年，经国务院批准，财政部、国家税务总局联合下发营业税改征增值税试点方案。2013年8月1日，"营改增"范围推广到全国试行，营业税已经逐步退出中国税种舞台。

动本地企业上市融资，其中的个别优惠政策和措施可能超越了当地政府的权限，当然也可以通过一些手段筛选间接投资，但效果不明显。与此形成对比，产权区域对直接形式资本流动有着强大的干预能力、丰富的干预手段。

产权区域可以通过提供"'N+1'特权"（即在竞争对手提供的 N 项特权基础上再累加 1 项）或利用人脉关系同投资人面对面直接"谈判"，给予项目优先土地出让、体制内企业低价转让、高素质的劳动力供给等优惠条件，同时降低其社会保障标准、为企业融资提供协调与政府担保，甚至利用行政权威解决企业原材料需求与产品销路（如政府采购）等问题。除此之外，还可以通过其他间接手段如税收、财政支出等手段影响投资者决策。

此外，中央职能部门还掌握着一些重大项目的投资审批权，这些项目安置在哪里、某些申报项目批不批等回旋空间较大。"会哭的孩子有奶吃"，地方政府设立或明或暗的"驻京办""驻京联谊会"争相疏通关系，跑项目、争资源，也就是通常所说的"跑部钱进"。

同时产权区域也可以对直接投资行为与资金来源进行筛选，如限制污染型或低水平重复性的直接投资，对符合某种特征的直接投资表现更多的"诚意"。相对国内资本，产权区域更青睐可以绕过金融体制束缚的外商直接投资，不少地方曾有"赶走外资，摘掉帽子"的口号。

二 人才资源竞争

现代经济增长最重要的特点在于，经济增长主要不是资本和其他资源的投入，而是靠人力资本（人的知识和能力）的激励和效率提高实现的。[1] 人力资本是一种生产要素，由于经济的不断增长，人力资本在各种要素间相比较，其补充和替代作用已经变得越来越重要了。[2]

但是产权区域并非全面争夺这些移动人口，而是具有一定的选择性。这里有必要进行一下区分，将人才资源从劳动力中剥离开来。本书中提到

---

[1] 林荣日：《制度变迁中的权力博弈：以转型期中国高等教育制度为研究重点》，复旦大学出版社 2007 年版，第 171—217 页。

[2] 魏文彪：《破除重点高校招生本地化不能寄望于地方自觉》，《北京青年报》2008 年 1 月 26 日第 A5 版。

的人才资源特指经过大量专业训练或培训（教育），拥有高等学历（学位）、高级职称或高级技能等能够进行创造性劳动专业型人员，如高级管理人员、高级技术研发人员、高级技工；而一般劳动力则是指仅拥有基本/简单技能或说仅经过初级培训（教育）、人力资本较低的普通人员。[①]

在"长江学者奖励计划"示范效应的带动下，产权区域围绕人才的培养、引进和使用等竞相出台了若干政策，近乎每个省级政府都有一个类似的"学者计划"或"特聘教授计划""千人计划"，甚至一些地级市也有类似的人才计划，如深圳"鹏城学者"、泉州"桐江学者"、宁波"雨江学者"、十堰"武当人才支持计划"。

表3-1　　　　　　　　中国区域性人才计划（部分）

北京"长城学者计划""北京学者计划"	福建"闽江学者计划"
广东"珠江学者计划"	安徽"皖江学者计划"
黑龙江"龙江学者计划"	广西"八桂学者计划"
山东"泰山学者攀登计划"	上海"东方学者计划"
湖南"芙蓉学者计划"	辽宁"攀登学者支持计划"
河北"燕赵学者计划"	河南"中原学者计划"
湖北"楚天学者计划"	江西"井冈山学者"
四川"天府学者计划"	江苏"江海学者计划"
重庆"两江学者计划""巴渝学者计划"	浙江"钱江学者人才引进"
陕西"三秦学者"	青海"昆仑学者"
新疆"天山学者高层次人才特聘计划"	吉林"振兴学者"、"长白山学者"
山西"三晋学者支持计划"	云南"云岭学者"工程
甘肃"飞天学者特聘计划"	贵州"黔灵学者计划"
内蒙古"自治区草原英才工程""草原学者奖励计划"	宁夏"高层次专业技术人才建设暨人才高地建设计划"

注：表格材料由笔者根据各地公示资料整理形成。

由于人才的总和在短期内是固定的，面对人才短缺情况，产权区域有着两种选择——"实干行为"与"投机行为"。

（一）人才竞争之实干行为

实干行为就是通过辖区各种教育、培训机构，挖掘一般劳动力潜力、

[①] 下文若无特别说明，人才资源简称人才，一般劳动力简称劳动力。

提升其素质，通过人力资源开发形成人才资源库为长远发展提供保障。舒尔茨认为，教育能发现和培养人们潜在的能力，提高人们适应因为经济增长带来的工作机会的改变的能力。① 教育②是人力资本积累和增长的最基本的途径之一。

"国家兴盛，人才为本；人才培养，教育为本"。教育部门是人才资源生产的主要部门，教育资源区域差异是形成人力资本空间差异的最主要因素③，一个地方的教育水平，在很大程度上反映了一个地区的人才供给结构和效率。

高等教育是正规教育的最高等级形式，在人力资本的形成过程中肩负着重要使命。如果说在基础教育阶段④，个人通过大量学习具备基本行为规范、读写算等基本能力与谋生技能（职业教育可能更侧重技术培训），为人才资源奠定了基础。

高等教育则是通过提供系统的思维方式和学习技巧，深入分工、专业化地培养人的高级知识和技能，而且还塑造人的道德修养、心理素质、科学素养与配置能力等，使人具有一定的创新能力，系统地促进人力资本的存量上升与人才资源增加。⑤ 高等教育成为当今社会进行人力资本投资的重点领域，其发展水平可以从一定程度上衡量一个国家或地区人力资本投资的水平。

中央虽然下放了高等教育领域的诸多权限，但仍把持着多项核心权力。⑥ 为实现高等教育规模扩张，产权区域竞相竭力促进专科学校升本，

---

① 李会娟：《从人力资本投资看我国农民工受教育问题》，《教育探索》2006年第1期。

② 这里的教育是广义教育，包含：学校正规教育，参加者通常是尚未开始职业/工作生涯的青（少）年；非学校正规教育，参加者大多具有已经有一定工作时间，他们在非学校的正规教育机构（如培训中心等）接受短期的专门训练；非正规教育，参加教育机构以外的学习，如"干中学"。狭义的教育只包括学校正规教育，它是发展中国家开发人的知识和技能的典型教育形式。

③ 乔观民等：《1982—2000年版中国人力资本受教育程度空间变化研究》，《人文地理》2005年第2期。

④ 文章将幼儿教育、小学教育、普通中学教育（初中、高中）、职业中等教育合称为基础教育。

⑤ 范先佐：《教育经济学》，人民教育出版社1999年版，第112—123页；赖德胜：《教育与收入分配》，北京师范大学出版社2001年版，第58—61页。

⑥ 林荣日：《制度变迁中的权力博弈：以转型期中国高等教育制度为研究重点》，复旦大学出版社2007年版，第171—217页。

有了本科的则要创办研究生教育,哪些专业"热门"就申报/设置什么;"学院"晋升"大学",争相创建研究型大学和综合性大学。

长久以来,重点高校生源本地化、招生计划长期向所在地严重倾斜①,导致一些全国性重点大学沦为属地"后花园",入校门槛的人为抬高进一步拉大发达、欠发达地区间原本存在的人才资源差距。20 世纪 90 年代,高等教育领域开展的"211 工程"和"985 工程"直接推动了产权区域重点高校竞争。

除一些老牌名校,一般单位尤其是地方高校很难达到"211/985"工程软硬件建设要求。与其凭一己之力不如借众人之力,产权区域促进高校合并重组、加大地方性财力投入、举全区之力建设一所入围高校是竞争"211""985"工程的重要举措。② 部分区域在竞争失利之后,转而引进区外名牌高校建立分校或校区实施异地办学,珠海市在"珠海大学"计划失败后,引进多家外地高校、创建大学园,通过联合办学建立了"大学珠海"。

随着部属院校划归地方与教育大众化政策实施,形成"两级管理,以省为主"的新型高等教育管理体制。地方高等教育在学校数量、总体规模和校均规模等方面发展迅速,高等职业教育迅速发展成为地方高等教育发展的主力军,同时各个省市区已建立起数量更多、类型更复杂、布局更广泛、功能更多样的高等教育系统。③ 地方高等教育已经成为整个高等教育系统的基座。

(二) 人才竞争之投机行为

由于实干行为耗时长、投入大,"远水解不了近渴",产权区域难以在较短的时期内实现战略赶超,挖掘区外"成型"人才的"投机行为"成为实现本区人才资源短期显著增加的重要手段。

在不同的教育背景和生活习俗下,外进人才形成各种不同的观念,甚至是不同的意识形态,可以带来新的工作思想、方法和技能,已有人

---

① 魏文彪:《破除重点高校招生本地化不能寄望于地方自觉》,《北京青年版报》2008 年 1 月 26 日第 A5 版。

② 马榆祥:《"211 工程"建设的作用和意义——兼评云南大学"211 工程"建设的成效》,《云南高教研究》1999 年第 4 期。

③ 张应强:《精英与大众:中国高等教育 60 年版》,浙江大学出版社 2009 年版,第 179—182 页。

才可以通过"干中学/看中学"实现地区人才质量更上一层楼（当然这也受制于双方技能水平差距与现有人才吸收能力等外在因素影响）。外进人才能够间接地节约社会资本，新进人才作为沟通网络的新桥梁和新节点为以后的人才引进提供信息，降低交易风险、节约交易成本。随着人才资源的增多，人才之间的竞争逐步激烈，"长江后浪推前浪，前浪死在沙滩上"，人才会主动增加人力资本投资为自己"充电"，一旦这种个体行为演化成社会整体行为必将极大促进整个区域人力资本的积累、人才资源的提升。

产权区域制定专项政策、搭建技术平台，"筑巢引凤"吸引各类人才及团队，在人才选拔上讲究"能力"而不是论资排辈，做到人尽其才、才尽其用。对外进人才给予丰厚奖励，通过工作环境与生活条件的改善、精神层面的满足实现"事业留人、感情留人"；通过身份和户籍政策解决随迁家属就业、入学问题，消除新进人才后顾之忧；对眼前极缺而又一时无法引进的人才，实施"不求所有，但求（为）所用"的"柔性引智"措施。但是纯粹依赖投机行为存在后期人才储备不足以及引起区域冲突的风险。

三 技术竞争

现代经济增长依靠的是资源高效利用，科技实力作为利用水平的间接反映对区域经济增长影响越来越大，成为经济和社会发展的主导力量。一个社会要维持较高的平均增长速度、就必须要不断地进行反减速斗争，现代科学技术提出了这种潜力，它抵抗着李嘉图的收益递减规律。[①]

科技水平的迅速提升意味着要素投入—产出效率的改进，较高的科技水平既可能改变现有经济资源禀赋，也能组合闲置或无经济效益的资源进行有效经济活动，还有可能通过规模效应等提高其他生产要素的边际产出，实现同等要素投入水平下产出的增加（或是同样产出水平下要素投入的减少），从而加快区域经济增长速度。

更为重要的是，科技水平的提升能够细化产业分工与社会分工。采

---

① W. W. 罗斯托：《从起飞进入持续增长的经济学》，贺力平等译，四川人民出版社1988年版，第11页。

用了先进技术的生产部门降低了成本、扩大了市场、增加了利润，增大其对原料（这可能是其他一系列部门的产品）的需求。[①] 牵一发而动全身，前述改变会带动现有相关部门发展或形成新的生产部门，促进产业结构优化与社会结构变迁，最终提高经济系统均衡水平，推动经济的增长。技术进步推动经济增长的解释还有助于认识中国经济增长方式的转变。[②]

根据联合国经济合作与发展组织的解释，技术进步通常被看作技术发明（有关新的或改进的技术设想）、技术创新（技术发明——全新技术或改进技术，首次商业化应用）、技术扩散（技术创新随后被众多使用者采用）三种要素互相重叠又相互作用的综合过程。[③]

这样看来，一个地区的科技水平和科技进步主要取决于两个方面的因素，即自身科技实力和接受技术转移的数量与效率，同时也就形成了各自的路径——自主创新和技术引进。

（一）自主创新道路

狭义的技术创新是指新产品和新工艺以及产品和工艺的显著技术变化。[④] 如果在市场上实现了创新（产品创新），或者在生产工艺中应用了创新（工艺创新），那么就说创新完成了。

经济学家把阿罗所说的重大技术发明叫作"跳跃性技术进步"（熊彼特意义上的"创新"），而把每一次重大技术发明带来的"溢出效应"视为一种"连续性技术进步"（所谓的"日本式"不断改进）。[⑤]

技术创新是创新主体通过研发活动实现技术进步而获取相关收益的过程，技术领先主体为了保持已有优势，必须不断研发新技术。产权区域为促进本地整体创新能力的提升不遗余力地加强科研投入，业绩较好的企业能保证其对创新投入水平的稳定性，从而政府自觉行为与企业自发行为相

[①] 赵放：《论技术和制度在经济增长中的关系》，《吉林大学社会科学学报》2002年第6期。

[②] 王玉刚等：《大力增强自主创新能力以科技进步推动增长方式转变》，《科学与管理》2007年第2期。

[③] 王泽填：《经济增长中的制度因素研究》，博士学位论文，厦门大学，2007年。

[④] 国家统计局科技统计司：《技术创新统计手册》，中国统计出版社1993年版，第28—29页。

[⑤] 汪丁丁：《制度分析基础——一个面向宽带网时代的讲义》，社会科学文献出版社2002年版，第85页。

互结合。

自主创新固然能够带来巨大的社会经济效益，但是创新过程存在诸多不确定因素，同时这一过程需要大量的人力、财力以及时间成本。因此，创新活动受制于投入成本与获得收益的权衡，如果成本高于收益，那么跳跃性技术创新就会停止，只进行一些连续性创新；反之，跳跃性创新则会顺利进行。因此，自主创新一般由有实力的主体承担，他们担负研发的高成本、享有新技术带来的高收益。这也是我国区域发展过程中"自主创新口号遍地喊，自主创新主体不常见"的重要原因。

（二）技术引进道路

任何技术都会依次经历创新、发展、成熟、衰退这个亘古不变的生命周期。由于自然、社会、历史、经济等原因，区域间科技水平必然存在一定的差异，每一个阶段形成的技术、产品、部门都能在空间上寻找到最合适的"位置"，这构成科技传播与引进的前提。

技术进步会沿一定的经济梯度扩散开来，就像接力赛那样，从高水平的地区向低水平的地区层层传递下去。引进先进技术提高要素利用率，并实现技术消化吸收与再创新，这是创新能力薄弱地区（技术接收区）节约成本、实现跨越式发展的捷径。依靠技术引进可以赶上技术领先区的脚步，却永远无法超越它们。

技术引进的方式分成市场化和非市场化两种。市场化的又有不同形式：商品交换形式，通过对领先产品的研究反推技术（设计），这是最原始和最低等的引进；通过引进投资和人才实现技术引进，比上一形式更为直接和迅速，尤其是前者，当然人才引进也有帮助，但是很少会有机构让人才携带研究成果"跳槽"；技术交易，技术成果（如设计专利）作为一项独立的商品，通过市场化的产权交易实现成果引进。非市场化技术引进则是各种技术交流活动，如会议、传媒、科技期刊以及技术援助等实现。

除去引进新技术，产权区域也可能在同级技术上相互引进。假设存在创新能力差异较小两个区域 A 和 B，他们同时引进了某种技术（不考虑知识产权纠纷等问题）并在此基础上实现了再创新，由于非技术差异形成两种不同的优势，这两个区域之间有可能就对对方的技术产生兴趣而互相引进，图 3-2 表达得更为直观。

部分学者的研究证实，中国的技术进步更多表现为资本体现型，或称

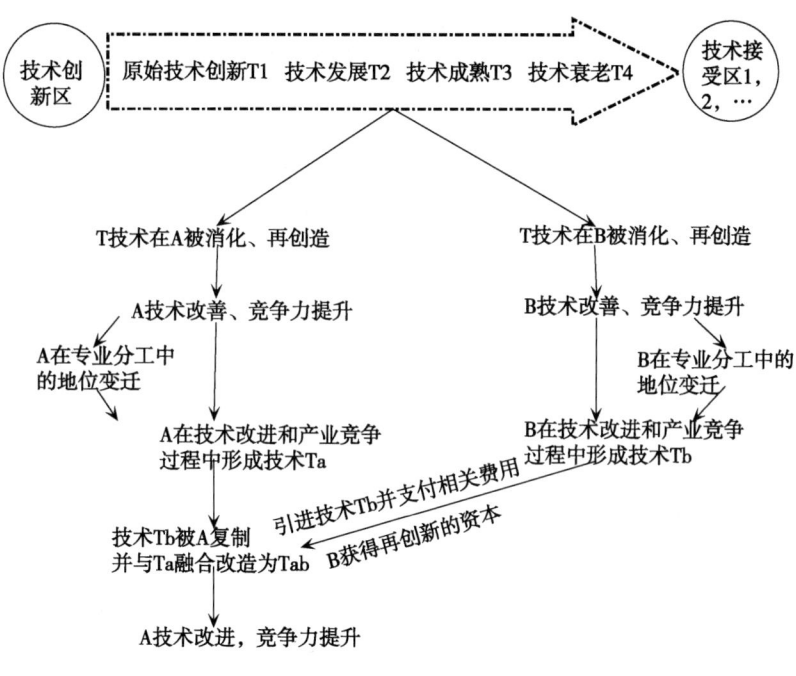

图 3-2　产权区域技术引进方式

偏向资本的技术进步，而不是自主技术创新。① 中国的技术进步并不是通过创新、研发或改进获得生产工艺优势，而是更多地体现在资产上（机器设备等）、以新的生产要素形式进入生产过程，不含技术的资产带来的只是利息，而不是利润与实质性经济增长。

虽然产权区域有发展经济的私人冲动，但是随着我国经济的市场化发展，政府办企业已经成为历史，产权区域只能通过辖区企业发展实现经济增长。同时，技术竞争与产权区域间的人才竞争、资本竞争保持着千丝万缕的联系。因此本书只对产权区域的技术竞争进行定性的描述，不进行计量分析。

四　税收优惠竞争

流动性资源的配置不仅取决于本地条件，还受到其他地区影响，在其他条件相差不大的情况下，总是会流向税负相对较低的地区。

---

① 戴天仕等：《中国的技术进步方向》，《世界经济》2010 年第 11 期；宋冬林等：《资本体现式技术进步及其对经济增长的贡献率（1981—2007）》，《中国社会科学》2011 年第 2 期。

据 Wilson 的观点，税收竞争可以定义为"为社会福利最大化而对其他政府税基产生影响的政府独立税收选择或补贴政策"[①]。随着研究的深入逐渐形成了两种不同的税收竞争观，即"行为论（手段论）"与"目的论"[②]。

> **拓展 3-3　税收竞争行为论与目的论**
>
> "行为论"：税收竞争是指各地区通过竞相降低有效税率或实施有关优惠政策等途径，以吸引其他地区财政资源流入的政府自利行为。税收是一种手段，但是这种观点不能涵盖以非税手段进行的竞争，如国内对税收返还基数的中央地方"讨价还价"，关于税收立法的争执，以及"税改费"行为等。
>
> "目的论"：税收竞争是指辖区政府或通过税式支出吸引其他辖区资源的流入实现税基张进而增加政府收入，或通过输出税负使得在不增加本辖区居民实际税负的前提下尽可能地从其他辖区获取收入的做法。获取税收收入为目的观点同样存在类似问题，有时候政府吸引经济资源的首要目的可能是增加就业岗位或者是政绩需要，而并非为了获取更多的税收。

本书认为，税收竞争主要是利益独立性政府通过各种手段降低纳税人的税收负担，吸引有价值资源的流入本区或阻止其流出本区，以提高本地经济实力和综合竞争力、实现利益最大化一种自利行为。虽然综合了"手段论"和"目的论"，但仍然难以描述其全貌。

根据竞争对象的不同可以划分成纵向竞争和横向竞争。纵向主要体现为一级政府对税基征税而对其他层级政府造成的外部性，横向则是同级政府竞争的外部性与地方保护的体现。根据竞争产生的原因可以分成制度内竞争（利用依法享有的税收自主权和财政政策展开的竞争）和制度外竞争（突破现行税收制度和财政制度安排，采取违法或变通方法进行的）。

（一）产权区域横向税收竞争

依据 Goodspeed 观点，税收竞争的原始起点是税收政策及其产生的外

---

① John Douglas Wilson, "Theories of Tax Competition", *National Tax Journal*, Vol. 52, No. 2, 1999, pp. 269-304.

② 颜晓玲：《各级政府间税收竞争问题分析》，硕士学位论文，西南财经大学，2003 年。

部性。① 这就意味着发生税收竞争首先要拥有完整税权，同一税法制度下的区域之间不应该存在税收竞争，但在我国的产权区域之间却产生了这本不该存在的竞争。

1. 税收竞争的目的：区域利益最大化

前文所述，中国产权区域之间存在着复杂的利益冲突，它们会为实现区域最大化利益而吸引资源并产生竞争，税收竞争是政府间经济竞争的重要手段，自然也服务于这一目的。

2. 税收竞争的主体：拥有税收处置权的政府

现行制度下的税收立法权高度集中于中央政府，地方没有税种开征权与税率设定权。此前虽有部分税种开征权由地方掌握（如筵席税），但均已取消或停征。理论上区域性税收竞争只能在中央政府的经济发展战略中得以体现。

产权区域虽然没有税权，但在税收征管属地管辖原则下拥有较大的自由裁量权，能够在中央政策规定的幅度和范围内按照自身利益对辖区税收政策进行弹性处置，"便宜行事"。

3. 税收竞争的手段：差异化税收政策

税收竞争的核心是税负竞争，即实际税率不断降低的过程。产权区域主要以差异性税收政策为基本工具，采取各种经济和非经济手段对资源展开争夺和控制。当区域间税负趋同后，税收竞争对资源争夺不再有显著的激励作用。

(二) 产权区域税收竞争表现形式

产权区域税收竞争主要以税收优惠的形式体现，依照现行规定，除中央授权的税收减免之外，地方政府无权制定减免政策。但在现实中地方政府出于多种目的争相开展税收优惠，突破国家对外商投资企业"两免三减半"政策底线，"五免五减半"的政策已经暗地在一些地方执行，甚至个别地区执行"十免十减半"②。还有一些地方擅自放宽审批标准、降低认定门槛，扩大享受优惠的对象，或改头换面享受国家税收优惠政策。

---

① 葛夕良：《国内税收竞争研究》，中国财政经济出版社 2005 年版，第 15—16 页。
② 王擎：《国税调查减免税内幕　与地方博弈为税改铺垫》（http://www.people.com.cn/GB/jingji/1037/2676623.html）。

除这些可观察的做法，产权区域还进行变相税收竞争。产权区域按照协议以财政补贴或政府奖励等形式返还企业已缴纳的部分税收，变"减免税"为"先征后返"，规避监管；利用"红头文件""会议纪要"等形式延长纳税期限或免予稽查，故意放松管制，以权代法干预税收征缴。①

产权区域税收竞争就变成，为实现区域利益在权限范围内根据自身情况承诺对纳税人执行低于法定税率的实际税率，或者减少或免除其一定期限内应缴税款行为，既有制度内也有制度外的。

产权区域税收竞争可以降低区域税负，削弱政府对市场的干预和扭曲作用，客观上加快了资源与经济活动在地区间的横向流动。税收竞争在一定条件下会拉大区域差异，为恶性竞争提供了温床，过度的税收竞争将导致政府寻租行为与宏观调控弱化，对经济增长产生负面影响。

除了采取比较原始的优惠政策竞争，地方政府已经意识到，优化投资环境，包括硬环境（基础设施等硬的公共物品）和软环境（制度等软的公共物品），不仅对资源聚集具有重要意义与明显效果，同时有利于启动民间经济的发展。于是，地方政府在提供公共产品/服务、行政效率等方面展开了激烈竞争。

五 基础设施竞争

"基础设施"是一个涵盖很多活动的术语，世界银行发展报告将其分成经济基础设施与社会基础设施两大类。前者指永久性的工程建筑、设备、设施和提供居民所用和用于经济生产的服务，是通常意义上的基础设施；后者包括文教、医疗保健。② 本书所涉及的为狭义基础设施，即经济基础设施。

地方政府通过完善辖区基础设施，创造便捷、高效的经济发展环境和良好的生活环境，提高劳动生产效率；通过"硬环境"建设形成资源吸引优势，达到挽留及吸引稀缺要素（人才、资本等）、推动地方经济快速发展的目的；基础设施容易度量且具有业绩信号传递功能和纪念意义，从而更好地迎合地方官员的"政绩"需求。

---

① 蒋荣富等：《税收法治：规范我国税收竞争的利器》，《税务研究》2006年第6期；熊冬洋：《对税收竞争中地方政府行政权力滥用的思考》，《税务与经济》2009年第3期。
② 世界银行：《1994年世界发展报告：为发展提供基础设施》，毛晓威等译，中国财政经济出版社1994年版，第2、13页。

(一) 基础设施建设与要素流动

基础设施对要素流动、空间结构变化具有先导性作用。作为提供公共条件和公共服务的社会综合体，基础设施是生产和再生产正常进行的重要条件，也是公众生产生活的共同物质基础。

基础设施服务是生产的中间投入，任何这种投入都会降低成本（时间成本、资金成本等），提高生产效益；基础设施可以产生集聚效应，通常其越完善，人才、资本的密集度越高，从而为社会经济长期稳定发展发挥重要作用。从这种意义上讲，基础设施完善与否是影响地区经济增长的一个重要因素，也是体现一个区域经济增长支撑能力和经济发展后劲的重要标志。

基础设施承载能力与经济产出是同步增长的——基础设施存量增长1%，GDP就会增长1%，各国都是如此。日本通商产业省统计研究证实日本基础设施建设与经济的快速增长高度相关，Holtz和Lovely则认为基础设施的地区差异能够部分解释产出增长率差异。[1]

不同的基础设施部门对经济增长有不同的影响。中国二级以上公路比重、电话普及率和城市煤气普及率每提高1个百分点，将诱致制造业产值比重分别增加0.339个、0.162个和0.135个百分点，人均制造业产值分别增加572.0元、629.7元和282.8元。[2] 基础设施建设的高边际收益使得产权区域完善硬环境成为一种理性选择。

(二) 基础设施对经济发展影响的案例分析

交通运输基础设施领域中，高速公路是发展重点，它对物质和非物质生产部门都产生深刻影响。[3]

本书以山东省为案例，利用运费—时间模型建立"轴线—轴心"缓冲带，以县/市为单元划分现状影响区与潜在影响区，采用集成算法构建包括经济、社会、环境26个指标在内的评价体系，分析高速公路对区域发展影

---

[1] 蔡玉胜：《地方政府竞争与地区经济协调发展》，博士学位论文，吉林大学，2006年。
[2] 中国社会科学院工业经济研究所课题组：《基础设施与制造业发展关系研究》，《经济研究参考》2002年第13期。
[3] 刘瑞超等：《高速公路对区域城市群职能结构的影响分析——以山东半岛城市群为例》，《湖南师范大学自然科学学报》2011年第1期；王成新：《高速公路对城市群结构演变的影响研究——以山东半岛城市群为例》，《地理科学》2011年第1期。

响的态势与差异。① 本部分主要阐述高速公路对区域经济发展影响差异。

（1）高速公路对区域经济影响评价结果表明，高速公路对现状区的影响总体上要强于其对潜在区的影响，而且就中西部地区而言，对北侧区域经济影响力要强于南侧，但是并非所有指标都是如此。

（2）高速公路对区域经济发展速度评价中，对潜在区的影响要高于现状区，但是在各区内部也存在着明显的差异，这主要是由于区域经济基数不同造成的。高速公路现状影响区大都是经济较发达的地区，经济基数大；而潜在区相对落后、基数小，因此造成影响差异。在潜在区内部的这一指标评价结果中，德州、东营等西北地区要高于菏泽等西南地区，东部地区最低；在现状区内部则规律性不强，影响较大的县（市）主要是集中在潜在区附近，整体上西部强于中部和东部地区。

（3）高速公路对区域经济发展效益影响评价中，其对现状区的效果要明显高于潜在区。两区内部差异分布规律类似：胶东地区最高，德州、东营等西北部地区次之，菏泽、聊城等西南部地区、临沂等东南部地区大致相当，影响最弱。

（4）从高速公路对区域经济结构影响上看，其对现状区的影响略高于潜在区。在两区内部，高速公路对各县（市）影响大致相当，差异分布规律不显著。高速公路对区域经济效益、产业结构的影响现状区大于潜在区，对经济发展速度的影响小于潜在区大于。这一对比说明，高速公路虽然对区域经济发展主要影响区域的经济效益与产业结构调整，对经济发展速度有一定影响，但作用相对弱于前两项。

六 财政支出竞争

随着市场化进程的不断深入，经济资源会"自动"驻扎到能实现最大效用的区域，我国地方政府将逐步从争夺生产要素转向发展环境建设竞争。税收竞争的作用将会淡化，而通过财政支出体现的公共物品/服务供给竞争越发显得重要。②

---

① 刘瑞超：《高速公路对区域发展影响的评价体系研究——以山东省为例》，《地理科学》2012年第7期。

② 钟晓敏：《市场化改革中的地方财政竞争》，《财经研究》2004年第1期；逢旭东等：《地方政府竞争发展趋势及完善建议分析》，《当代经济》2012年第12期。

财政支出是影响长期经济增长的一个重要因素已是不争的事实,如何更好地提供本级公共物品/服务成为产权区域横向竞争的重要内容。不同的支出结构(相同财政资源下)体现着不同的行为意图,对经济增长的作用亦不同,这已经得到巴罗(Robert J. Barro)早期的研究[1]以及基于其文献的大部分后续研究支持。地方政府既可以通过公共支出来提高公共产品供给数量和质量吸引资源流入,也可以通过资本品支出和教育等来增加物质资本和人力资本的积累。[2]

公共产品/服务对"产出"有着强烈的正外部性,作用大小取决于供给水平,一个不能有效提供公共产品/服务的产权区域,终究会造成地区经济资源流失、产出下降。提供公共产品/服务是政府的重要职责,不同层级拥有不同的优势,这也是政府科层产生的一个缘由。地方政府相对中央更直接面对受众群体、更好地了解本地区需求,它不仅仅要提供优质的公共产品/服务,还需将供给保持在最优状态。

产权区域一方面通过财政支出竞争获取足够的经济资源和税收资源,另一方面利用经济资源和税收资源提供优质的公共产品/服务。按照缪尔达尔的循环累积因果思想[3],若能形成良性循环将极大地促进本地经济发展;一旦形成恶性循环,除非有壮士断腕的决心和行动,否则地区经济将日渐衰落。

> **拓展 3-4　中国财政支出结构与经济增长研究**
>
> 杨友才认为经济建设总支出、基本建设支出和其他经济建设支出对经济增长有不显著的积极作用,提高文教科卫、农业、部门事业费和城市维护建设费等比重能促进经济增长,而提高行政管理费和社保支出比重则是负效应。[4] 贾俊雪等人的研究同意这一观点,并对影响的显著

---

[1] Robert J. Barro, "Government Spending in a Simple Model of Endogenous Growth", *Journal of Political Economy*, Vol. 98, No. 5, 1990, pp. 103-125.

[2] 李涛等:《财政分权视角下的支出竞争和中国经济增长:基于中国省级面板数据的经验研究》,《世界经济》2008年第11期。

[3] 魏后凯:《现代区域经济学》,经济管理出版社2006年版,第284—286页。

[4] 杨友才:《地方财政支出结构与经济增长》,《山东大学学报》(哲学社会科学版)2009年第2期。

性进行区分。① 张颖发现经济建设、社会保障、文教科卫以及农业支出的增加都对经济增长呈显著正效应，公共管理支出对全国和中西部地区经济增长呈显著负效应。② 王新军等认可增加支农支出利于经济增长，同时指出行政管理费支出促进经济增长、偏重基本建设支出则产生不利影响。③

胡琨等得出购买性支出水平和经济总产出存在长期正向均衡，支出增长速度提高对经济增长贡献要比支出规模大的结论。④ 戴振华⑤、周光亮⑥也发现了地方经济增长与公共支出结构间的长期稳定均衡关系，增长社会文教费用支出能显著促进经济增长、增加维持性支出对经济增长不利，但在经济建设性支出对经济增长作用在两个研究区相反。朱迎春认为公共投资性支出、政府行政支出短期有利于经济增长、长期抑制经济增长，文教科卫支出具有可持续的经济增长效应。⑦

高大伟等指出基本建设、抚恤救济费、行政管理费、科技三项费用、城市维护等支出对地区经济发展作用立竿见影，此外前三项还能提升地区的经济发展潜力。⑧ 杜宏宇等揭示了各类政府支出都会以大致相同的方向影响地方经济增长，但边际贡献具有递减倾向，适当提升社保类支出比例、降低发展建设类支出比重有利于经济增长加速。⑨

---

① 贾俊雪等：《地方政府支出规模、支出结构与区域经济收敛》，《中国人民大学学报》2011年第3期。

② 张颖：《财政支出结构对经济增长影响的实证检验》，《郑州大学学报》（哲学社会科学版）2012年第1期。

③ 王新军等：《财政分权、地方公共支出结构与区域经济增长——基于1979—2006年版省际面板数据的分析》，《山东大学学报》（哲学社会科学版）2010年第5期。

④ 胡琨等：《中国财政支出与GDP动态均衡关系实证研究》，《天津理工大学学报》2005年第2期。

⑤ 戴振华：《中部地区公共支出结构与经济增长——基于VAR模型的实证分析》，《经济问题》2011年第5期。

⑥ 周光亮：《公共支出结构与经济增长的关联性研究——以山东省为例》，《经济问题》2011年第10期。

⑦ 朱迎春：《我国公共支出结构经济增长效应的实证研究》，《经济经纬》2013年第4期。

⑧ 高大伟：《地方财政支出结构与经济增长实证研究》，《哈尔滨工程大学学报》2010年第6期。

⑨ 杜宏宇等：《金融发展、政府支出结构与地区经济增长》，《财经问题研究》2012年第4期。

1. 财政支出性质区分

财政支出可以按照财政支出功能、政府职能进行分类，反映政府执行其职能的物质需要。本书参考傅勇关于财政支出生产性和消费性的区别[①]，根据支出职能将当前产权区域财政支出分为服务性公共支出、建设性公共支出。

（1）服务性公共支出竞争

以非增值为首要目的，提供面向日常生活类纯/准公共产品/服务的财政支出竞争行为，支出主要用于地方公共管理、地方安全、教育、文化娱乐、公共卫生、社会保障、环境保护等方面，保证区域内居民享有均等化的基本条件。

（2）建设性公共支出竞争

地方政府从社会发展、经济繁荣以及财政收入增长的角度，以干预经济为首要目的而提供纯/准公共产品与服务的财政支出竞争行为，受益群主要为生产性部门，如农林水事务、交通运输、工业商业金融等事务支出，对财源建设项目提供规划上的参考、资金上的支持、政策上的倾斜以及环境上的保证。

地方政府既可以通过建设性支出来改善经济发展环境吸引资本流入，也可以通过建设性支出实现人才和技术的汇集，以资金引导人才和技术，不仅建立了经济发展的必要环境，加速了地区间要素的横向流动，而且提高了私人生产部门的投资回报率，为当地经济增长提供强劲动力。

2. 财政支出竞争与产业发展

财政支出竞争对产业配套和产业对接有重要影响。区域经济竞争力看企业，企业竞争力的提升需要配套工程，产权区域除了可以提供一定的优惠政策，还需要通过财政支出提供那些投资大、回收期长（见效短）的公共产品/服务。生产者无法左右公共产品/服务供给，但可以视供给情况进行合理的区位选择，即产业配套和产业对接的实施结果受供给水平影响。良好的配套工程能够吸引或引导高关联度企业的聚集，发挥规模效应与集聚优势，加速或延缓产业转移梯度，促进经济增长。

3. 财政支出竞争与公众收益

为了聚集更多的优质经济资源（吸引区外的、留住本地的），产权区

[①] 傅勇：《财政分权、政府治理与非经济性公共物品供给》，《经济研究》2010年第8期。

域尽最大可能地增加地方公共产品/服务供给数量、改善供给质量,这是财政支出竞争的初衷。

财政支出能够增加纳税者剩余,所谓纳税者剩余,是指居民愿意并且能够支付的公共产品的税收与其实际支付的公共产品的税收价格之间的差额。[①] 地方政府的行政效率会影响理性生产者和消费者的最优决策,从而直接或间接地影响资源集聚,地方政府在支出竞争之下必然转变工作作风、提高办事效率,规范和抑制对地区经济发展干预行为,约束"掠夺之手",使得公众可以多元化地选择公共产品的收益水平及其税收价格,享受到"纳税者剩余",并实现转移支付需求最小化[②]。

本章小结

1. 通过对产权、事实产权与法律产权以及区域产权等相关概念的解释,本书提出了以地方政府为行为主体的"产权区域"。产权区域是区域在社会经济生活中的存在形式,借此将"地方产权制度"系统为产权区域制度,从中国社会发展的历史积淀、当代政治经济环境、财政分权、经济核心地和政府角色转变等方面分析产权区域制度的形成与发展。

2. 中国独有的政治制度环境、特殊的经济制度环境与职能分工体系使得产权区域制度与联邦制下的地方制度模式差异迥然。特殊的制度造就复杂的利益格局,地方政府是上级政府和本级公众的双重代理人,其所追求的最大利益由上级科层利益、辖区公众利益、领导层自身利益组成。

在不同利益需求的指引下,产权区域具有"公共—私人"双重属性与"公共服务—经济建设"双重职能。作为一般意义上的"政府",代表公共利益面临着"政府与市场"关系,承担公共服务职能;对外代表"私人"处理区域间关系,具有排他性和竞争性,承担经济建设重担。

3. 制度作用经济增长通过影响人们行为完成,产权区域制度则是通过影响行为主体积极性,以上下级和同级区域间博弈来实现。产权区域间竞争是我国区域制度的必然结果也是题中之义。

---

① 谭祖铎:《浅论税收竞争》,《税务与经济》2000年第2期。
② 安德烈·施莱弗等:《掠夺之手——政府病及其治疗》,赵红军译,中信出版社2004年版,第3—4页。

本书重点分析了同级博弈活动，将产权区域追求要素增加的行为分成两大类。一是产权区域化身为"私人"，在众多的"私人竞争"中，通过企业式运作为自身谋取更多、更好的流动性资源，主要表现为以招商引资为形式的资本竞争，人才引进与培养表现出的人才竞争，以及附着在前两项上的技术竞争。产权区域也可选择税收优惠（补贴）、基础设施建设和政府财政支出等手段，通过改变外部环境作用个体决策，间接地聚集流动资源，这是竞争的第二类表现形式。

第四章

中国产权区域制度对经济增长影响的实证与分异研究

上一章从产权区域的利益需求出发,在理论上分析为什么产权区域行为具有竞争性以及具体表现。在本部分中,本书将采用规范化的经济学分析方法,构建理论模型,选取适当的表征变量,利用中国省级产权区域数据从态势变化与差异性角度分析产权区域制度对经济增长的影响效应,阐述造成差异的原因。

第一节 产权区域制度对经济增长影响的理论模型

假设存在一个由政府、厂商、无限存在的消费者构成的封闭经济体。

——政府征收一次性非累积税,由财政分权下的多级政府分别提供公共物品。

——厂商是同质的而且组成一个完全竞争市场,为最大化利润而雇佣劳动与租赁资本进行生产。

——消费者是无限寿命的,以消费获得效用(不考虑闲暇对劳动的替代)并以效用最大化为目标,所有消费者都是参与经济生产的有效劳动者。

一 两部门结构增长模型

Rati Ram 把 Gershon Feder 两部门生产函数引入政府支出与经济增长分析框架中,将经济划分为政府(G)和非政府(C)两个部门,整个产出则为两部门的加总（假设政府部门也是社会生产的部门）。① 刘金涛等进一步将公共部门按层级划分，其产出自然由各级公共部门的产出构成，从而经济体的产出变为不同层级公共部门与私人部门（分别对应上述政府与非政府部门）产出加总。②

政府部门除了是生产者，在经济活动中还有一项重要任务——非政府部门发展的重要环境因素，这是不容置疑的。政府部门进行宏观经济调节，收入分权通过改变财力科层配置，影响政府政策、行为，改变现有非政府部门发展的外部环境，最终作用社会总产出③。

1. 政府部门产出

政府部门产出 Y_G 来自各层的政府部门的产出量 Y_F 和 Y_S（为了表述方便本书假设仅存在中央和地方两个层级），

$$Y_G = Y_F + Y_S \tag{4-1}$$

各个层级产出来自其投入的要素，根据 C-D 函数简化为技术要素 A，资本 K 和有效劳动 Q。

$$\begin{aligned} Y_F &= f(A_F, K_F, Q_F) \\ Y_S &= s(A_S, K_S, Q_S) \end{aligned} \tag{4-2}$$

财政支出分权确定了两层级投入要素的分配情况，那么

$$\begin{aligned} Y_F &= f[A_F, K_G \cdot (1 - FD_K), Q_G \cdot (1 - FD_Q)] \\ Y_S &= s(A_S, K_G \cdot FD_K, Q_G \cdot FD_Q) \\ Y_G &= f[A_F, K_G \cdot (1 - FD_K), Q_G \cdot (1 - FD_Q)] + \\ & \quad s(A_S, K_G \cdot FD_K, Q_G \cdot FD_Q) \\ &= g(A_G, K_G, Q_G, FD_Z) \end{aligned} \tag{4-3}$$

FD_K 和 FD_Q 分别是资本投入和有效劳动投入的分权水平

---

① Rati Ram, "Association Government Size and Economic Growth: A New Framework and Some Evidence from Cross-Section and Time-Series Data", *The American Economic Review*, Vol. 76, No. 1, 1986, pp. 191–203.

② 刘金涛等：《财政分权对经济增长的作用机制：理论探讨与实证分析》，《大连理工大学学报》（社会科学版）2006 年第 1 期。

③ 这里采用刘金涛非政府部门生产函数中用财政分权制度代替政府产出做法。

$$FD_K = \frac{K_S}{K_S + K_F} \quad FD_Q = \frac{Q_S}{Q_S + Q_F} \quad (4-4)$$

$$FD_Z = FD(FD_K, FD_Q) \quad A_G = A(A_F, A_S)$$

对时间 t 求导，就可以得出公共部门经济增长速度

$$\frac{\partial Y_G}{\partial t} = \frac{\partial Y_G}{\partial K_G} \cdot \frac{\partial K_G}{\partial t} + \frac{\partial Y_G}{\partial Q_G} \cdot \frac{\partial Q_G}{\partial t} + \frac{\partial Y_G}{\partial FD_Z} \cdot \frac{\partial FD_Z}{\partial t} \quad (4-5)$$

财政支出分权对经济增长的影响就是 $\frac{\partial Y_G}{\partial FD_Z} \cdot \frac{\partial FD_Z}{\partial t} \cdot \frac{1}{Y_G}$。

2. 非政府部门产出

设定非政府部门生产函数

$$Y_C = c[A_C, K_C, Q_C; IN(FD_S)] \quad (4-6)$$

$IN(FD_S)$ 表征制度环境，这里主要是指由于财政收入分权引起的政府行为（如税收减免等）对非政府部门产出的影响。同样对时间 t 求导，那么非政府部门经济增长速度就可以得出

$$\frac{\partial Y_C}{\partial t} = \frac{\partial Y_C}{\partial K_C} \cdot \frac{\partial K_C}{\partial t} + \frac{\partial Y_C}{\partial Q_C} \cdot \frac{\partial Q_C}{\partial t} + \frac{\partial Y_C}{\partial IN(FD_S)} \cdot \frac{\partial IN(FD_S)}{\partial t}$$

$$(4-7)$$

其中 $\frac{\partial Y_C}{\partial IN(FD_S)} \cdot \frac{\partial IN(FD_S)}{\partial FD_Z} \cdot \frac{\partial FD_Z}{\partial t} \cdot \frac{1}{Y_C}$ 就是财政收入分权对经济增长的影响。

而经济总产出等于政府产出和非政府产出之和，即

$$Y = Y_G + Y_C = g(A_G, K_G, Q_G, FD_Z) + c[A_C, K_C, Q_C; IN(FD_S)]$$

$$(4-8)$$

总产出受财政收入—支出分权水平的共同影响，根据前述，经济增长亦受到两者的共同影响，增长率为

$$\frac{\partial Y_G}{\partial FD_Z} \cdot \frac{\partial FD_Z}{\partial t} \cdot \frac{1}{Y_G} + \frac{\partial Y_C}{\partial IN(FD_S)} \cdot \frac{\partial IN(FD_S)}{\partial FD_Z} \cdot \frac{\partial FD_Z}{\partial t} \cdot \frac{1}{Y_C}$$

$$(4-9)$$

财政分权对经济增长的作用既包含财政支出分权的也包含收入分权的，作用大小取决于公式（4-9）结果：若大于0，财政分权总体促进经济增长；若小于0，总体阻碍经济增长；等于0则总体无作用，即收入—支出分权对经济增长正负效应恰好抵消或两者都无作用。

二 财政支出分权对经济增长影响模型

1. 包含财政分权的 C-D 模型

Barro 模型将资本划分为私人资本（K）和公共资本（G），Davoodi 和 Zou 进一步划分 G 为联邦（F）、州（S）、地方（L）三级支出，直接得到了财政分权与经济增长的函数关系。[①] 考虑到国内实际，本书将三级支出改为中央和省级地方政府两级支出，即

$$G = F + S \quad 人均支出关系\ g = f + s \tag{4-10}$$

公共支出来源于政府收入，假设政府按照一定的比例 τ 向厂商收取一次性非累进税收，总产出为 Y，人均产出水平为 y，则

$$G = \tau \cdot Y \quad g = \tau \cdot y \tag{4-11}$$

按照 Barro 的 C-D 生产函数模型扩展开来

$$y = k^{\alpha} f^{\beta} s^{\gamma} \tag{4-12}$$

在这一模型中，劳动变量简化为 1，其他变量为人均值，y 为人均产出。α、β、γ 分别为人均私人资本 k、中央政府人均支出 f 和地方政府人均支出 s 的产出弹性，并且在规模收益不变情况下

$$\alpha + \beta + \gamma = 1,\ 0 < \alpha、\beta、\gamma < 1 \tag{4-13}$$

2. 厂商与消费者的最大化利益

厂商租借资本的利率为 r，雇佣劳动的人均工资率 w，在比例税率 τ 下的最大化税后利润

$$\max[(1 - \tau) y - w - rk] \tag{4-14}$$

完全竞争市场达到均衡状态时厂商的税后利润为 0，即

$$(1 - \tau) y = w + rk \tag{4-15}$$

消费者在预算约束下最大化由人均消费水平 c 产生的无限期折现效用，效用函数为拉姆齐无限期家庭效用函数

$$U = \int_{0}^{\infty} u[c(t)] \cdot e^{-\rho t} dt \tag{4-16}$$

U 是效用，c 是人均消费，ρ 是消费者的时间偏好率（$\rho > 0$），也称折现系数。函数 $u[c(t)]$ 是把人均效用流与人均消费流联系在一起瞬时

[①] Hamid Davoodi, Heng-fu Zou, "Fiscal Decentralization and Economic Growth: A Cross-Country Study", *Journal of Urban Economics*, No. 43, 1998, pp. 244–257.

效用函数，也称幸福函数，通常有如下假设：①它是递增凹函数，即 $u'(c) > 0$，$u''(c) < 0$。直观含义是个体偏好相对平均的消费模式，而不是某一时期消费非常多，在另一时期又消费特别少的消费模式；②它满足稻田条件：$\lim_{c \to 0} u'(c) = \infty$，$\lim_{c \to \infty} u'(c) = 0$。[①]

在经济增长理论中，下述函数是一个被经常用到的瞬时效用函数的特例

$$u(c) = \frac{c^{1-\sigma}}{1-\sigma}, \ 0 < \sigma < 1 \tag{4-17}$$

这一函数的最大特点是跨时期替代弹性恒定，因此就被称为不变跨时期替代弹性效用函数。消费替代弹性等于 $1/\sigma$，边际效用关于消费的弹性为 $-\sigma$。

消费者面临的预算约束反映了这样的事实：收入要么用于消费，要么用于储蓄，即收入总是等于消费加上储蓄。储蓄主要以各种资产形式存在，那么消费者收入只能来自其资产收益 $r \cdot k$ 和劳动所得 w，因此资本的动态积累方程

$$\dot{k} = w + rk - c \tag{4-18}$$

消费者的预算约束等于厂商的税后收入，因此还可以写成

$$\dot{k} = (1-\tau)y - c = (1-\tau)k^{\alpha}f^{\beta}s^{\gamma} - c \tag{4-19}$$

3. 最大化问题求解

在初始资本 $k(0)$ 约束下，通过对消费水平的选择来最大化式中的总效用 U

$$\begin{cases} \max U = U = \int_0^{\infty} u[c(t)] \cdot e^{-\rho t} dt \\ \dot{k} = w + rk - c \\ k(0) \text{ 给定且大于 } 0\text{，即不能无限借款以至产生无限效用} \end{cases} \tag{4-20}$$

求解这类动态最大化问题常常借助汉密尔顿方程，就目前我们所讨论的问题而言，可以被写为如

---

① 沈佳斌：《现代经济增长理论与发展经济学》，中国财政经济出版社 2004 年版，第 96 页。

$$H = u(c) \cdot e^{-\rho t} + \lambda \cdot [(1-\tau)k^{\alpha}f^{\beta}s^{\gamma} - c] = \frac{c^{1-\sigma}}{1-\sigma}e^{-\rho t} + \lambda \cdot$$
$$[(1-\tau)k^{\alpha}f^{\beta}s^{\gamma} - c] \tag{4-21}$$

最大化现值汉密尔顿函数的一阶条件

$$\frac{\partial H}{\partial c} = 0, \text{ 即 } \lambda = c^{-\sigma} \cdot e^{-\rho t} \tag{4-22}$$

根据拉姆齐储蓄最优规则

$$\dot{\lambda} = -\frac{\partial H}{\partial k} = -\lambda[(1-\tau)k^{\alpha}f^{\beta}s^{\gamma}] \tag{4-23}$$

对公式 (4-23) 两边取对数并对时间求导，得

$$\frac{\dot{\lambda}}{\lambda} = -\left(\rho + \sigma \cdot \frac{\dot{c}}{c}\right) \tag{4-24}$$

联合公式 (4-23)、(4-24) 可得消费增长率

$$\frac{\dot{c}}{c} = \frac{1}{\sigma} \cdot [(1-\tau)\alpha k^{\alpha-1}f^{\beta}s^{\gamma} - \rho] \tag{4-25}$$

如果用 θ_f、θ_s 分别表示人均总公共支出中中央和地方支出的比例，则他们可以用来表征财政分权程度，则有

$$\begin{cases} f = \theta_f \cdot g \\ s = \theta_s \cdot g \\ \theta_f + \theta_s = 1 \\ 0 < \theta_f、\theta_s < 1 \end{cases} \tag{4-26}$$

将公式 (4-13)、(4-26) 代入 (4-25) 中

$$\frac{\dot{c}}{c} = \frac{1}{\sigma} \cdot [(1-\tau)\alpha k^{\alpha-1}\theta_f^{\beta}\theta_s^{\gamma}g^{\beta+\gamma} - \rho] = \frac{1}{\sigma} \cdot$$
$$\left[(1-\tau)\alpha\left(\frac{k}{g}\right)^{\alpha-1}\theta_f^{\beta}\theta_s^{\gamma} - \rho\right] \tag{4-27}$$

通过公式 (4-11)、(4-12)、(4-13)、(4-26) 之间相互变换，最终可以得到

$$\frac{k}{g} = (\tau\theta_f^{\beta}\theta_s^{\gamma})^{\frac{-1}{\alpha}} \tag{4-28}$$

将公式 (4-26)、(4-28) 代入 (4-27)，可以得到长期的人均经济增长率（消费增长率、资本增长率、经济增长以同一比率增长）

$$\frac{\dot{y}}{y} = \frac{1}{\sigma}[(1-\tau)\tau^{\frac{1-\alpha}{\alpha}}\alpha(1-\theta_s)^{\frac{\beta}{\alpha}}\theta_s^{\frac{\gamma}{\alpha}} - \rho] \qquad (4-29)$$

长期人均产出增长率不仅是比例税率 τ 的函数，同时还是财政分权水平 θ_s 的函数，即人均支出水平的不同配置会影响经济增长的速度。

三 财政支出结构对经济增长影响模型

现在我们将政府各项支出引入生产函数中，仍然 Barro 的 C-D 生产函数模型扩展开来

$$Y = K^\alpha \prod_{i=1}^{n} Z_i^{\omega_i} \qquad \text{人均产出 } y = k^\alpha \prod_{i=1}^{n} z_i^{\omega_i} \qquad (4-30)$$

这一模型与公式（4-12）类似，劳动力变量为1，进入生产函数的其他变量均为人均值，y 为人均产出；Z_i ($i=1,2,3,\cdots,n$) 为各类财政支出；α、ω_i 为对应变量人均私人资本 k 和人均各项财政支出 z_i 的产出弹性，并且在规模收益不变情况下

$$\alpha + \sum_{i=1}^{n} \omega_i = 1, \quad 0 < \alpha、\omega_i < 1 \qquad (4-31)$$

假设政府财政支出的总量为 G，通过税收收入来维持其支出，即

$$G = \sum Z_i = \tau Y = \tau K^\alpha \prod_{i=1}^{n} Z_i^{\omega_i} \qquad (4-32)$$

假设各类财政支出 Z_i ($i=1,2,3,\cdots,n$) 对应的占财政总量的比例为 ξ_i ($i=1,2,3,\cdots,n$)，则

$$Z_i = \xi_i G \text{ 且 } \sum_{i=1}^{n} \xi_i = 1 \qquad (4-33)$$

到目前为止的这些分析都没有触及消费者，因此先前对消费者的有关分析在这里同样适用。

据此公式（4-19）变换成

$$\dot{k} = (1-\tau)y - c = (1-\tau)k^\alpha \cdot \prod_{i=1}^{n} z_i^{\omega_i} - c \qquad (4-34)$$

汉密尔顿方程随之变为

$$H = \frac{c^{1-\sigma}}{1-\sigma} \cdot e^{-\rho t} + \lambda \cdot [(1-\tau)k^\alpha \cdot \prod_{i=1}^{n} z_i^{\omega_i} - c] \qquad (4-35)$$

最大化现值汉密尔顿函数的一阶条件与公式（4-22）相同，根据拉姆齐储蓄最优规则

$$\dot{\lambda} = -\frac{\partial H}{\partial k} = -\lambda \left[(1-\tau)\alpha k^{\alpha-1} \cdot \prod_{i=1}^{n} z_i^{\omega_i} \right] \tag{4-36}$$

联合公式 (4-24)、(4-36) 可得消费增长率

$$\frac{\dot{c}}{c} = \frac{1}{\sigma} \cdot \left[(1-\tau)\alpha k^{\alpha-1} \cdot \prod_{i=1}^{n} z_i^{\omega_i} - \rho \right] \tag{4-37}$$

根据公式 (4-33),上式可以写作

$$\frac{\dot{c}}{c} = \frac{1}{\sigma} \cdot \left[(1-\tau)\alpha k^{\alpha-1} \cdot \prod_{i=1}^{n} (\xi_i g)^{\omega_i} - \rho \right] = \frac{1}{\sigma} \cdot$$

$$\left[(1-\tau)\alpha k^{\alpha-1} \cdot \left(\prod_{i=1}^{n} \xi_i^{\omega_i} \right) g^{\sum_{i=1}^{n}\omega_i} - \rho \right] \tag{4-38}$$

将公式 (4-31) 代入上式得到

$$\frac{\dot{c}}{c} = \frac{1}{\sigma} \cdot \left[(1-\tau)\alpha \left(\frac{k}{g} \right)^{\alpha-1} \cdot \prod_{i=1}^{n} \xi_i^{\omega_i} - \rho \right] \tag{4-39}$$

通过公式 (4-30)、(4-31)、(4-32)、(4-33) 之间相互变换,可以得到

$$\frac{k}{g} = \left(\tau \prod_{i=1}^{n} \xi_i^{\omega_i} \right)^{\frac{-1}{\alpha}} \tag{4-40}$$

将公式 (4-40) 代入 (4-39) 可以得到长期的人均经济增长率(消费增长率、资本增长率、经济增长以同一比率增长)

$$\frac{\dot{y}}{y} = \frac{1}{\sigma} \left[(1-\tau)\tau^{\frac{1-\alpha}{\alpha}}\alpha \cdot \prod_{i=1}^{n} (\xi_i)^{\frac{\omega_i}{\alpha}} - \rho \right] \tag{4-41}$$

长期人均产出增长率不仅是比例税率 τ 的函数,同时还是各项财政支出比重 ξ 的函数。换而言之,人均支出结构的不同配置会影响经济增长的速度。

四 产权区域制度对经济增长影响模型

1. 包含财政支出结构的支出分权与长期经济增长

首先根据科层政府在经济和社会活动中的职责将各项支出 Z_i 拆分成中央支出和地方支出并分别占 η_{fi}、η_{si}。中国财政分权划分的是支出权限,而不是支出项目,通俗的解释就是每一项支出中央应该支出中央层级部

分、地方支出地方层级部分①*。

$$\begin{cases} Z_{fi} = \eta_{fi} \cdot Z_i \\ Z_{si} = \eta_{si} \cdot Z_i \\ \eta_{fi} + \eta_{si} = 1 \\ 0 < \eta_{fi}、\eta_{si} < 1 \end{cases} \quad (4-42)$$

按照 Barro 的 C-D 生产函数模型扩展开来

$$Y = K^\alpha \prod_{i=1}^n Z_{fi}^{f\omega_i} \prod_{i=1}^n Z_{si}^{s\omega_i} \text{ 人均产出 } y = k^\alpha \prod_{i=1}^n z_{fi}^{f\omega_i} \prod_{i=1}^n z_{si}^{s\omega_i} \quad (4-43)$$

对公式（4-43）需要说明的是，如果某项政府财政支出为0，进入生产函数是其值等于1，用数学式表达，如果 $Z_{fi} = 0$ 则 $Z_{fi}^{f\omega_i} = 1$，对 Z_{si} 同样成立。

这一模型与公式（4-12）类似，劳动力变量为1，生产函数中其他变量为人均值，y 为人均产出；Z_{fi} 和 Z_{si} ($i=1, 2, 3, \cdots, n$) 为中央和地方各类财政支出；α、$f\omega_i$、$s\omega_i$ 为对应变量人均私人资本 k、人均中央各项财政支出 z_{fi} 和人均地方各项财政支出 z_{si} 的产出弹性，并且在规模收益不变情况下

$$\alpha + \sum_{i=1}^n f\omega_i + \sum_{i=1}^n s\omega_i = 1, \ 0 < \alpha、f\omega_i、s\omega_i < 1 \quad (4-44)$$

假设政府财政支出的总量为 G，通过税收收入来维持其支出，即

$$G = \sum_{i=1}^n Z_i = \tau Y = \tau K^\alpha \prod_{i=1}^n Z_{fi}^{f\omega_i} \prod_{i=1}^n Z_{si}^{s\omega_i} \quad (4-45)$$

$$F = \sum_{i=1}^n Z_{fi} \ S = \sum_{i=1}^n S_{fi} \quad (4-46)$$

先前对消费者的有关分析在这里依旧适用，据此公式（4-34）变换成

$$\dot{k} = (1-\tau) y - c = (1-\tau) k^\alpha \prod_{i=1}^n z_{fi}^{f\omega_i} \prod_{i=1}^n z_{si}^{s\omega_i} - c \quad (4-47)$$

汉密尔顿方程为

$$H = \frac{c^{1-\sigma}}{1-\sigma} e^{-\rho t} + \lambda \cdot \left[(1-\tau) k^\alpha \prod_{i=1}^n z_{fi}^{f\omega_i} \prod_{i=1}^n z_{si}^{s\omega_i} - c \right] \quad (4-48)$$

最大化现值汉密尔顿函数的一阶条件与公式（4-22）相同，根据拉

---

① 当然这种通俗解释不够严谨，也可能不够科学。

姆齐储蓄最优规则

$$\dot{\lambda} = -\frac{\partial H}{\partial k} = -\lambda \left[(1-\tau)\alpha k^{\alpha-1} \cdot \prod_{i=1}^{n} z_{fi}^{f\omega_i} \prod_{i=1}^{n} z_{si}^{s\omega_i}\right] \quad (4-49)$$

联合公式（4-24）、(4-49) 可得消费增长率

$$\frac{\dot{c}}{c} = \frac{1}{\sigma} \cdot \left[(1-\tau)\alpha k^{\alpha-1} \cdot \prod_{i=1}^{n} z_{fi}^{f\omega_i} \prod_{i=1}^{n} z_{si}^{s\omega_i} - \rho\right] \quad (4-50)$$

将公式（4-42）代入 (4-50)，上式可以写作

$$\frac{\dot{c}}{c} = \frac{1}{\sigma} \cdot \left[(1-\tau)\alpha k^{\alpha-1} \cdot \prod_{i=1}^{n} (\eta_{fi} \cdot z_i)^{f\omega_i} \prod_{i=1}^{n} (\eta_{si} \cdot z_i)^{s\omega_i} - \rho\right]$$

$$(4-51)$$

沿用公式（4-33），上式改写成

$$\frac{\dot{c}}{c} = \frac{1}{\sigma} \cdot \left[(1-\tau)\alpha k^{\alpha-1} \cdot \prod_{i=1}^{n} \eta_{fi}^{f\omega_i} \prod_{i=1}^{n} \eta_{si}^{s\omega_i} \prod_{i=1}^{n} (\xi_i g)^{f\omega_i + s\omega_i} - \rho\right]$$

$$= \left\{(1-\tau)\alpha k^{\alpha-1} \cdot \left[\prod_{i=1}^{n} \eta_{fi}^{f\omega_i} \prod_{i=1}^{n} \eta_{si}^{s\omega_i} \prod_{i=1}^{n} \xi_i^{f\omega_i + s\omega_i}\right] \cdot g^{\sum_{i=1}^{n} f\omega_i + s\omega_i} - \rho\right\}$$

$$(4-52)$$

将公式（4-43）代入上式得到

$$\frac{\dot{c}}{c} = \frac{1}{\sigma} \cdot \left[(1-\tau)\alpha \left(\frac{k}{g}\right)^{\alpha-1} \prod_{i=1}^{n} \eta_{fi}^{f\omega_i} \prod_{i=1}^{n} \eta_{si}^{s\omega_i} \prod_{i=1}^{n} \xi_i^{f\omega_i + s\omega_i} - \rho\right]$$

$$(4-53)$$

通过公式（4-42）、(4-43)、(4-44)、(4-45) 之间相互变换，可以得到

$$\frac{k}{g} = \left(\tau \prod_{i=1}^{n} \eta_{fi}^{f\omega_i} \prod_{i=1}^{n} \eta_{si}^{s\omega_i} \prod_{i=1}^{n} \xi_i^{f\omega_i + s\omega_i}\right)^{\frac{-1}{\alpha}} \quad (4-54)$$

将公式（4-42）、(4-54) 代入 (4-53) 可以得到长期的人均经济增长率（消费增长率、资本增长率、经济增长以同一比率增长）

$$\frac{\dot{y}}{y} = \frac{1}{\sigma} \cdot \left[(1-\tau)\tau^{\frac{1-\alpha}{\alpha}} \alpha \prod_{i=1}^{n} \eta_{fi}^{\frac{f\omega_i}{\alpha}} \prod_{i=1}^{n} \eta_{si}^{\frac{s\omega_i}{\alpha}} \prod_{i=1}^{n} \xi_i^{\frac{s\omega_i}{\alpha}} - \rho\right]$$

$$= \frac{1}{\sigma} \cdot \left[(1-\tau)\tau^{\frac{1-\alpha}{\alpha}} \alpha \prod_{i=1}^{n} (1-\eta_{si})^{\frac{f\omega_i}{\alpha}} \prod_{i=1}^{n} \eta_{si}^{\frac{f\omega_i}{\alpha}} \prod_{i=1}^{n} \xi_i^{\frac{s\omega_i}{\alpha}} - \rho\right]$$

$$(4-55)$$

长期人均产出增长率不仅是比例税率 τ 的函数，同时还是各项财政支出比重 ξ 与部门支出分权度 η_s 的函数。

根据公式（4-26）、（4-33）、（4-46）得到下式

$$\theta_s = \frac{s}{g} = \frac{\sum_{i=1}^{n} z_{si}}{g} = \frac{\sum_{i=1}^{n} \eta_{si} z_i}{g} = \frac{\sum_{i=1}^{n} \eta_{si} \xi_i g}{g} = \sum_{i=1}^{n} \eta_{si} \xi_i \theta_f = \sum_{i=1}^{n} \eta_{fi} \xi_i$$
(4-56)

财政支出分权度 θ_s 也是各项财政支出比重 ξ 与部门支出分权度 η_s 的函数，而且公式（4-29）证实 θ_s 与长期人均产出增长率存在函数关系，那么它是否会掩盖长期人均产出增长率与 ξ、η_s 的关系呢？本书对此进行如下验证。假设政府财政支出只有经济建设性支出和社会服务性支出两大类，这样将公式（4-56）代入（4-55）得到

$$\frac{\dot{y}}{y} = \frac{1}{\sigma} \cdot [(1-\tau)\tau^{\frac{1-\alpha}{\alpha}} \alpha (\xi_1 + \xi_2 \eta_{s2} - \theta)^{\frac{f\omega_1}{\alpha}}$$

$$(\xi_2 + \xi_2 \eta_{s2})^{\frac{f\omega_2}{\alpha}} (\xi_1 \eta_{s1})^{\frac{s\omega_1}{\alpha}} (\xi_2 \eta_{s2})^{\frac{s\omega_2}{\alpha}} - \rho]$$
(4-57)

公式中很明显的依然存在 ξ、η_s。

推广开来：只要财政支出不是一项（$n>1$），这种关系就不会被掩盖。要想多项的乘积与和相等即 $\sum_{i=1}^{n} x_i = \prod_{i=1}^{n} x_i$，即便 x_i 都相等（$nx = x^n$），那么 $x = 0$ 或 $x = \sqrt[n-1]{n}$，而这两种情况在公式中是不存在的；如果只有一项则是公式（4-29）。

2. 增加劳动因素、技术进步和折旧后的财政分权与经济增长关系

到目前为止，所有的模型推导都假定消费人口等于劳动人口。这里本书改变假设，将消费人口等于整个经济体中的存活人口；劳动人口则指从事一定社会劳动并取得报酬或经营性收入的人员，它反映了一定时期内人口资源的实际利用情况。

假设能够完全准确地预期人口增长率，并假设其为 n。为不失一般性，把 0 时刻的人口单位化为 1，任意 t 时刻的总人口为 $L(t) = e^{nt}$，那么参与经济生产的有效劳动人口为总人口函数即为 $Q[L(t)]$，在 t 时刻的效用水平为 $L(t) u[c(t)]$。

消费者在预算约束下最大化由人均消费水平 c 产生的无限期折现效用，效用函数为拉姆齐无限期家庭效用函数

$$U = \int_0^\infty u[c(t)] \cdot e^{(n-\rho)t} dt \qquad (4-58)$$

决策者通过选择人均消费水平和储蓄水平使总效用水平最大化，即通过选择 $c(t)$ 最大化。为了保证家庭总效用函数的收敛性，假设 $\frac{A}{\theta} + \rho - A - n > 0$ 其中 A 表示技术进步率。

消费者所面临的预算约束变换为

$$\dot{k} = wq + rk - c \qquad (4-59)$$

将希克斯中性技术进步因素 A 和劳动力 L 引入公式（4-43）

$$Y = AQ^m K^\alpha \prod_{i=1}^n z_{fi}^{f\omega_i} \prod_{i=1}^n z_{si}^{s\omega_i} \quad \text{人均产出 } y = Aq^m k^\alpha \prod_{i=1}^n z_{fi}^{f\omega_i} \prod_{i=1}^n z_{si}^{s\omega_i}$$
$$(4-60)$$

$$m + \alpha + \sum_{i=1}^n f\omega_i + \sum_{i=1}^n s\omega_i = 1, \ 0 < m、\alpha、f\omega_i、s\omega_i < 1 \qquad (4-61)$$

考虑到资本折旧（折旧率 δ）及参加劳动的实际人口，厂商最大化税后利润为

$$\max[(1-\tau)y - wq - (r+\delta)k] \qquad (4-62)$$

完全竞争市场达到均衡状态时厂商的税后利润为 0，即

$$(1-\tau)y = wq + (r+\delta)k \qquad (4-63)$$

消费者的预算约束等于厂商的税后收入，因此还可以写成

$$\dot{k} = (1-\tau)y + \delta k - c = (1-\tau)Aq^m k^\alpha \prod_{i=1}^n z_{fi}^{f\omega_i} \prod_{i=1}^n z_{si}^{s\omega_i} + \delta k - c$$
$$(4-64)$$

汉密尔顿方程为

$$H = \frac{c^{1-\sigma}}{1-\sigma} e^{(n-\rho)t} + \lambda \cdot \left[(1-\tau)Aq^m k^\alpha \prod_{i=1}^n z_{fi}^{f\omega_i} \prod_{i=1}^n z_{si}^{s\omega_i} + \delta k - c\right]$$
$$(4-65)$$

最大化现值汉密尔顿函数的一阶条件

$$\frac{\partial H}{\partial c} = 0 \text{ 即 } \lambda = c^{-\sigma} e^{(n-\rho)t} \qquad (4-66)$$

$$\dot{\lambda} = -\frac{\partial H}{\partial k} = -\lambda\left[(1-\tau)Aq^m \alpha k^{\alpha-1} \prod_{i=1}^n z_{fi}^{f\omega_i} \prod_{i=1}^n z_{si}^{s\omega_i} + \delta\right] \qquad (4-67)$$

对公式（4-64）两边取对数并对时间求导，得

$$\frac{\dot\lambda}{\lambda} = -\left(\rho - n + \sigma \cdot \frac{\dot c}{c}\right) \tag{4-68}$$

联合公式（4-65）、（4-66）可得消费增长率

$$\frac{\dot c}{c} = \frac{1}{\sigma}\left[(1-\tau)Aq^m\alpha k^{\alpha-1}\prod_{i=1}^n z_{fi}^{f\omega_i}\prod_{i=1}^n z_{si}^{s\omega_i} + \delta + n - \rho\right] \tag{4-69}$$

将公式（4-42）代入（4-69），上式可以写作

$$\frac{\dot c}{c} = \frac{1}{\sigma}\left[(1-\tau)Aq^m\alpha k^{\alpha-1}\prod_{i=1}^n (\eta_{fi}\cdot z_i)^{f\omega_i}\prod_{i=1}^n (\eta_{si}\cdot z_i)^{s\omega_i} + \delta + n - \rho\right] \tag{4-70}$$

沿用公式（4-32）、（4-33），上式改写成

$$\frac{\dot c}{c} = \frac{1}{\sigma}\left[(1-\tau)Aq^m\alpha k^{\alpha-1}\prod_{i=1}^n \eta_{fi}^{f\omega_i}\prod_{i=1}^n \eta_{si}^{s\omega_i}\prod_{i=1}^n (\xi_i g)^{f\omega_i+s\omega_i} + \delta + n - \rho\right]$$

$$= \left\{(1-\tau)Aq^m\alpha k^{\alpha-1}\left[\prod_{i=1}^n \eta_{fi}^{f\omega_i}\prod_{i=1}^n \eta_{si}^{s\omega_i}\prod_{i=1}^n \xi_i^{f\omega_i+s\omega_i}\right]\cdot g^{\sum_{i=1}^n f\omega_i+s\omega_i} + \delta + n - \rho\right\} \tag{4-71}$$

将公式（4-62）代入上式得到

$$\frac{\dot c}{c} = \frac{1}{\sigma}\cdot$$
$$\left[(1-\tau)A\left(\frac{q}{g}\right)^m\alpha\left(\frac{k}{g}\right)^{\alpha-1}\prod_{i=1}^n \eta_{fi}^{f\omega_i}\prod_{i=1}^n \eta_{si}^{s\omega_i}\prod_{i=1}^n \xi_i^{f\omega_i+s\omega_i} + \delta + n - \rho\right] \tag{4-72}$$

通过公式（4-42）、（4-46）、（4-60）、（4-61）之间相互变换，可以得到

$$\frac{k}{g} = \left(\tau Aq^m\prod_{i=1}^n \eta_{fi}^{f\omega_i}\prod_{i=1}^n \eta_{si}^{s\omega_i}\prod_{i=1}^n \xi_i^{f\omega_i+s\omega_i}\right)^{\frac{-1}{\alpha}} \tag{4-73}$$

将公式（4-42）、（4-63）代入（4-72）可以得到长期的人均经济增长率（消费增长率、资本增长率、经济增长以同一比率增长）

$$\frac{\dot y}{y} = \frac{1}{\sigma}\cdot\left[(1-\tau)(\tau Aq^m)^{\frac{1-\alpha}{\alpha}}\alpha\prod_{i=1}^n \eta_{fi}^{\frac{f\omega_i}{\alpha}}\prod_{i=1}^n \eta_{si}^{\frac{s\omega_i}{\alpha}}\prod_{i=1}^n \xi_i^{\frac{f\omega_i+s\omega_i}{\alpha}} + \delta + n - \rho\right]$$

$$= \frac{1}{\sigma}\cdot\left[(1-\tau)(\tau Aq^m)^{\frac{1-\alpha}{\alpha}}\alpha\prod_{i=1}^n (1-\eta_{si})^{\frac{f\omega_i}{\alpha}}\prod_{i=1}^n \eta_{si}^{\frac{s\omega_i}{\alpha}}\prod_{i=1}^n \xi_i^{\frac{f\omega_i+s\omega_i}{\alpha}} + \delta + n - \rho\right] \tag{4-74}$$

公式（4-57）已经说明，当存在两个或两个以上的财政支出项目时，财政支出分权度与部门支出分权度不能相互替代。那么可以这样认为，长期人均产出增长率不仅是比例税率 τ 的函数，同时还是各项财政支出比重 ξ、部门支出分权度 η_s、财政支出分权度 θ、有效劳动 q、折旧率 δ、人口增长率 n 和其他控制性变量[①]的函数。

上述公式都是 Davoodi 和 Zou 模型的不断演化，虽引入了财政支出结构等因素，但从根本上说仍然属于内生经济增长理论模型。模型在最终表现形式解释了分权对经济增长的影响，但强调的重点在支出分权。

第二节 模型变量解释与数据来源说明

根据财政分权与经济增长关系的模型推导，建立经济增长与制度性因素、税赋、资本、劳动力、基础建设和财政支出等竞争因素的模型，设定如下

$$\ln y_i = \alpha_i e + \beta_i \ln X_i + \gamma_i \ln CON_i + u_i \quad i = 1, 2, \cdots, n \qquad (4-75)$$

式中，e 为单位向量，β_i、γ_i 分别为对应解释变量矩阵 X_i 和控制变量矩阵 CON_i 的系数向量，α_i、u_i 分别为截距向量、扰动向量。

中国内地政治结构包含五级政府，但是省级以下的统计数据难以获取，即便是有，也无法涵盖竞争的多个方面。因此实证研究中的产权区域若无特别说明均指省一级，而非更基层的，即便如此想要构建一套完整的变量数据库也非易事。承前所述，本书认为中国产权区域制度真正形成于 1994 年的财政分税制，那么实证研究的起始时间理应也是从这一年开始，但本书实际上利用 1995 年可比价格数据自 1998 年展开分析。

其中一个原因在于省级行政区划调整。1997 年原四川省重庆市、万县市、涪陵市、黔江地区合并为重庆直辖市，原始统计数据不可得，现有数据又无法完全剥离，造成重庆市 1994—1996 年统计资料缺失严重、四川省数据前后不可比。针对这一问题，多数做法是将重庆直辖市与四川省的数据合并成一个有效的数据链，但因三五年的数据而改变两个样本信息对本书来说得不偿失。另一个重要方面是统计资料的口径调整问题，如

[①] 既然我们可以假设 A 为技术进步，那么也同样可以将 A 扩展到其他情况，实际上在 C-D 函数中的 A 包含的内容就非常广泛。

1998年以前税收统计资料只有"工商税收类、农牧业税和耕地占用税、企业所得税、国有企业上缴利润"四个大项，至于里面的详细情况完全没有提及，这对表征税收竞争变量的影响是致命的。

一 被解释变量

"经济增长"是指一国的总产出、国民生产总值或国民收入的增长，特别是人均意义上的增长，或者说，一国的商品和服务增加了即是经济增长。[①] 基于对中国经济体制改革以来经济增长与现行政府业绩考核体系的综合考虑，本书对中国区域经济发展的研究局限在人均国民生产总值这一狭义的经济增长指标上。

现有文献在实证分析时或采取人均 GDP 的对数值这一存量指标，或采用增长率指标。从要素投入的角度来看，如果是对增长要素进行核算，那么存量指标可能较为理想，但是在分析政府竞争对经济增长的影响时，增长率指标能有效去除区域异质性。因此我们采用增长率的指标，以人均 GDP 增长率表征经济增长。

二 解释变量

1. 制度性变量——产权区域制度

中国产权区域制度成形于财政分税制，"按照中央与地方政府的事权划分，合理确定各级财政的支出范围；根据事权与财权相结合的原则，将税种统一划分为中央税、地方税和中央地方共享税，并建立中央税收和地方税收体系，分设中央和地方两套税务机构分别征管；科学核定地方收支数额，逐步实行比较规范的中央财政对地方的税收返还和转移支付制度；建立和健全分级预算制度，硬化各级预算约束"。

分税制的核心在于用划分税种和税权的方式取代按企业行政隶属组织各级财政收入的办法，处理中央与地方以及地方各级政府之间财政分配关系，确定各级政府的财力范围和管理权限，也就是通常说的"财权"与"事权"。

因此制度性变量由财政分权度（FD）表征，并分为财政收入分权度（FDS）与财政支出分权度（FDZ），参考前人经验，其计算公式如下

---

① 谭崇台：《发展经济学辞典》，山西经济出版社 2002 年版，第 301—302 页。

$$FDS(Z) = \frac{人均本级财政收入(支出)}{人均本级财政收入(支出) + 人均上级财政收入(支出)}$$
(4-76)

式中相关数据可以通过各年《中国财政年鉴》获得。

其中财政收支由一般预算收支和预算外资金收支两部分组成,就本书实际而言 FD 计算公式中的"上级"自然就是中央财政。

2. 反映税收竞争的变量——相对宏观税负（RMTB）

宏观税负（Macro Tax Burden, MTB）是指一个国家的总体税务负担水平。由于一国的经济总规模一般用国民生产总值（GNP）或国内生产总值（GDP）来表示,因此衡量宏观税收负担的指标也主要有国民生产总值负担率和国内生产总值负担率。① 本书将这一概念缩小化应用于产权区域,计算各产权区域宏观税负

$$MTB = \frac{税收收入}{GDP}$$
(4-77)

式中相关数据可以通过各年《中国财政年鉴》《中国统计年鉴》获得。

相对宏观税负（Relative Macro Tax Burden, RMTB）则用当年的产权区域宏观税负均值与产权区域的宏观税负进行计算

$$RMTB_i = \frac{average(MTB)}{MTB_i}$$
(4-78)

相对税负 RMTB 是政府经济干预水平的反向表征,其值小于 1 说明当地的税负水平超出平均值,政府对经济干预程度高于同期其他区域,相同的条件下可流动要素将脱离本地。简单地说,相对税负越高,政府干预则越少,对当地发展越有利。

由于研究时间较长,期间不少税种暂停征收或取消,而这些税种在存活期又与产权区域财政收入和经济增长相关联,本书只挑选纳入地方财政的部分进行计算。

基于税收征收范围（对象）、减免税负受益群体和税种对区域经济贡献等因素的综合考虑,纳入地区宏观税负计算范围的税种如下,现行税种中的增值税、营业税、企业所得税、土地增值税、房产税、城镇土地使用税、耕地占用税、契税、资源税、车船税、印花税、城市维护建设税等税收收入；已经停征或暂停征收税种中的固定资产投

---

① 杜莉等:《中国税制》（第四版）,复旦大学出版社 2011 年版,第 15 页。

资方向调节税、外商投资企业和外国企业所得税、车船使用和牌照税等存活期的税收收入。同时计算宏观税负的国内生产总值为第二、第三产业加合。

拓展 4-1 部分税种放弃的解释

(1) 个人所得税

征收对象是在我国境内有住所或者无住所而居住满一年的个人境内外所得，在我国境内无住所又不居住或者无居住不满一年的个人境内所得。

税收竞争多针对的是企业而非个体自然人。投资者他们更关注的是利润；对于普通劳动者（包含个体工商户）而言，工作收入更值得他们关注。自然人一般不会因为个人所得税的高低而离开或进入某一区域，因而减免个人所得税行为的受众群指向不明确，对区域发展经济的贡献在理论上较小，而且鲜有区域减免个人所得税。

(2) 农（牧）业税（已停征）

农业生产的对象是动植物，动植物的生长发育受到自然条件的约束，而自然因素的变化有明显的季节性和周期性。虽然随着技术的进步，近些年"逆季节"产品不断推出，但终归是少数，大部分的农业生产尤其是粮食生产还是要"靠天吃饭"。农业生产自然也有着明显的地域性、季节性和周期性的特点

农业税征收对象是"从事农业生产、有农业收入的单位和个人"，既然农业生产受制于自然条件，农业税自然也在很大程度上集中在特定的地区。牧业税是我国对牧业区、半农半牧区主要从事畜牧业生产的单位和个人征收的一种税。对于产权区域而言，农（牧）业税竞争对区外经济资源的吸引能力有限，其停征也从另一方面上反映了这一问题。

(3) 屠宰税

屠宰税征收的对象是有屠宰行为并进行出售的单位和个人（除少数民族的宗教节日屠宰牲畜），经检验发给完税证并于肉上加盖验戳后，始准出售；对私宰牲畜及私运、私售肉类者进行相关处罚。

就此看来，屠宰的牲畜大多来自当地、其市场也位于当地，同时又与居民日常生活息息相关，屠宰场所自然相对集中于某一地点利于公共卫生、便利稽征，故此税项也不计入核算范围。

> (4) 烟叶税
>
> 烟叶税,曾经作为农业特产税中的一种,在农业税停止征收之后作为一个独立的税收种类出现。烟叶税的纳税人为在中国境内收购烟叶(晾晒烟叶、烤烟叶)的单位。国家对烟草专卖品的生产、销售、进出口依法实行专卖管理,并实行烟草专卖许可证制度,烟叶(生产烟草制品所需的烤烟和名晾晒烟)收购计划由县级以上地方人民政府计划部门根据国务院计划部门下达的计划下达,其他单位和个人不得变更。因此,这一部分烟叶税在很大程度上是由上级主管部门所决定的,地方政府不能对此部分进行税收竞争。
>
> 只可能对非名晾晒烟部分税收进行减免,但这部分数据难以获得。权衡之下,烟叶税不纳入税负计算范围。
>
> (5) 筵席税(已停征)
>
> 制定筵席税的目的是引导合理消费,提倡勤俭节约社会风尚,实行的一种从价计征税收,其征收对象是饮食营业场所举办筵席的单位和个人。省一级政府可以在一定范围内自行设定起征点与税率。从统计资料来看,只有个别省份收入中列有这一税收收入,大部省份没有详尽的统计数据。这种针对饮食消费的税收竞争对地方政府争夺流动性资源的意义有待考证。
>
> 此外,城市房地产税(停征)、车辆购置税受统计资料限制放弃。

3. 反映资本竞争变量(CAP)

按照木桶效应,一只木桶能盛多少水,取决于桶壁那块最矮的木板,而不是最高的,因此也被称为"短板效应"。在事物的发展过程中,"短板"的长度决定其整体发展程度。①

当前中国产权区域发展面临着资本短缺问题,资本是区域经济增长的一个短板,资本流向决定其他要素的流向,而且两种资金来源(境内资本和境外资本)与两种投资形式(直接投资和间接投资)交织在一起。因此本书选取表征资本竞争的变量(CAP)为国内国外两部分加和(数据来自于各省市区统计年鉴)。

产权区域可以通过对外借款、吸收外商直接投资以及其他方式筹措的

---

① 石磊:《木桶效应》,地震出版社2004年版,第9页。

境外现汇、技术、设备等利用外资的形式展开竞争，本书选取实际利用外商直接投资，按照人民币对美元当年汇率中间价折算成人民币。

积聚存款、投放贷款，把储蓄转化成投资是金融机构的基本功能。其重要运行指标之一的贷款余额即借贷者向商业银行等金融机构举债或融资到某一节点日期为止尚未偿还的贷款总和，是已经投入到地方（企业）发展中的资金，反映了金融机构为本地发展提供支撑、优化资金配置的能力。因此国内资本竞争部分由金融机构年末人民币贷款余额表征。

4. 反映人力资源竞争变量（Q）

产权区域首先争夺的是人才，其次才是人力。但是"人才"是一个相对比较宽泛的概念，既没有一个相对清晰的统计指标又不能简单地用某一指标如受教育年限进行量化（尽管教育是培养人才的重要途径但不是唯一途径）。囿于统计资料，本书迫不得已用人力资源竞争——有效劳动率来表征，即就业人口占总人口的比重（数据来自当年各省市区统计年鉴，注：贵州省因数据调整，2010年、2011年数据为推算数据）。

5. 反映基础设施竞争变量（DT）

本书所指的经济基础设施，涉及交通运输（高速公路、港口、航空）、能源供应（电力、天然气）、信息平台、污染物处理等"硬件"设施，囊括水、路、电、气等多个方面，简而言之，即通常所说的"几通一平"问题，度量难度大。自20世纪80年代以来各地区发展的成就表明，交通运输、通信等基础设施水平与经济增长关系密切。

通信与互联网更多意义上是一种虚拟网络，产权区域能够保证其覆盖范围却无法保证其"通达"程度。水运事业在我国交通运输中也发挥重要作用，但水运能力衡量复杂，难以简单量化。此外，产权区域对绝大多数的内河航道只能进行航线清理而难以改变航道；更为重要的海运（近海和远洋运输）则发生在沿海地区的主要港口，因此这种优劣差异最主要是天然的。铁路和航空港的建设都是由中央部门具体负责，虽然地方不具有最终决定权，但是铁路受气候条件影响弱、运输时间可控性高等特点成为重要的陆路运输方式，其巨大运力对地区经济发展影响重大，尤其是在我国广大的高寒地区。公路特别是高速公路的快速发展缩短了时空距离，适应了人们对于速度和效率的追求，并以网络性、灵活性和普及性的技术经济特点成为范围最广、接触最频繁的一种运输方式。同时，公路网络尤其是高等级公路的规划、设计建设往往都是省级产权区域负责，各省区可以根据经济发展水平和投资重点构建一套自成体系的公路网。据此，本书以等级公路密度和铁路营运密度的加权和为基础设施表征变量（数据来自《中国统计年鉴》）。

6. 反映财政支出竞争变量

"产权区域"承担着"公共"和"私人"双重性质，执行经济建设与社会服务双重职能，财政支出作为其意志的直接体现难免呈现不同的支出结构，使经济资源在本地区实现增值和保值，最终造成区域经济增长差异。

社会服务性财政支出（简称服务支出，$SPFE$），产权区域为保证辖区公众享有均等化基本条件而提供大量公共物品/服务，如教育、医疗卫生、公共管理与安全、社会保障等事项支出；经济建设性财政支出（简称建设支出，$EPFE$），产权区域从社会发展、经济繁荣以及财政收入增长的角度，对经济活动中诸多项目提供规划上的参考、资金上的支持、政策上倾斜以及补贴等事务支出；混合支出则是就现有资料无法确定其归属的财政支出项目。本书只将 $SPFE$ 与 $EPFE$ 两部分占财政总支出的比重纳入计量模型（数据来自各年《中国财政年鉴》）。

经国务院批准，2007 年全面实施政府收支分类改革。此次改革构建新的政府收入分类体系、支出功能分类体系和支出经济分类体系，是我国财政收支分类统计体系最为重大的一次调整，表征变量应分段选取。有的变量在不同年份有变换，如教育事业费/教育支出、科学事业费/科学支出、卫生经费/医疗卫生支出；有的则是从原有统计口径独立出来，如工业商业金融等事务划分为采掘电力信息等事务、资源勘探电力信息等事务、商业服务业等事务。上述大类的财政支出是能够通过相关的说明解释确定其归属。但对专项支出和其他支出来说则不尽然。

专项支出与一般预算收入科目中的专项收入类相对应，下设排污费支出、水资源费支出、教育费附加支出、矿产资源补偿费支出、探矿权采矿权使用费及价款支出、内河航道养护费支出、公路运输管理费支出、水路运输管理费支出、三峡库区移民专项支出等多个款项。依据各项费用支出管理办法与使用范围，参考 2007 年改革归属[1]，最终认为这一大类归于服务性支出。

---

[1] 财政部预算司：《政府收支分类改革问题解答》，中国财政经济出版社 2006 年版。

一般预算支出中的其他支出为不便归入各类的支出。2007年前的下设款项中既有属于服务性支出的也有属于建设性支出的，而统计资料未对此类进行详细划分亦无分项数据，本书将其单独划出独立一项。2007年起下设款项（住房改革支出调整到住房保障类），从支出范围看应属于服务性支出。地震灾后恢复重建支出为新增支出大类，下设款项同样涉及建设性支出和服务性支出两部分，故将此类支出作为混合支出。

表4-1　　　　　　　　　财政支出分类

分类	1998—2006年	2007—2011年
建设	基本建设支出、企业挖潜改造资金、地质勘探费、科技三项费用、（增拨企业）流动资金、支援农村生产支出、农业综合开发支出、农林水利气象等部门事业费、农业支出、林业支出、水利和气象支出、工业交通等部门的事业费、流通部门事业费、城市维护费、政策性补贴支出、支援不发达地区支出、海域开发建设和场地使用费支出、车辆税费支出	城乡社区事务、农林水事务、交通运输、工业商业金融等事务、采掘电力信息等事务、资源勘探电力信息等事务、商业服务业等事务、粮油物资储备管理等事务、粮油物资管理事务、储备事务支出、金融监管支出
服务	文体广播事业费、教育事业费、教育支出、科学事业费、科学支出、卫生经费、医疗卫生支出、其他部门的事业费、抚恤和社会福利救济费、行政事业单位离退休经费、社会保障补助支出、国防支出、行政管理费、外交外事支出、武装警察部队支出、公检法司支出、债务利息支出、专项支出	一般公共服务、外交、国防、公共安全、教育、科学技术、文化体育与传媒、社会保障和就业、医疗卫生、环境保护、节能环保、国土资源气象等事务、住房保障支出、国债还本付息支出、其他支出
混合	简易建筑费、其他支出	地震灾后恢复重建支出

资料来源：笔者参考资料整理。

三　控制变量

1. 人均土地供应量（PLS）

土地是稀缺程度低、流动性弱的生产要素，可以说是地方政府最直接和最重要的资源之一，也可以将土地作为吸引外资、改善基础设施的重要手段。从实际情况看，它决定了政府的攫取意向。本书将各地区人均建设用地供应总量的对数值引入模型（数据来自《中国国土资源年鉴》与《中国国土资源统计年鉴》，1998为国有土地使用权、按流转方式和划拨三项合计）。

2. 人口增长率（n）、技术进步率（a）和资本折旧率（δ）

人口增长率比较容易获得，但后两者需要单独进行核算。徐现祥等基于经济增长核算文献的相关发现，假定资本折旧率、技术进步率之和为

0.10，并且改变这个设定并不会对后面的实证结果带来实证性影响。[1] 三者以加和的形式进入实证方程，简便起见用 H 代替，即 $H = (n + \delta + a) = (n + 0.1)$。

3. 非农产业民营化进程（$NAIP$）

也可以称为非国有化程度，更全面的指标应当是"非国有部门占在非农产业生产总值比重"（或者扩大到"非国有经济在 GDP 中的比重"），但目前没有这方面统计数据[2]。本书退而求其次，用"国有及规模以上非国有工业企业生产总值中的国有及国有控股工业企业比重"侧面反映[3]（数据来自《中国工业经济统计年鉴》）。

第三节 基于面板数据的产权区域制度对经济增长影响分析

面板数据混合时间序列和横截面两个维度，提供了"更富信息的数据，变量间更具可变性、更少共线性，同时还有更大的自由度和更为有效"。

一 模型数据处理

1. 单位根检验

单位根检验多用于时间序列数据分析，主要是为了避免伪回归的发生，随着面板数据的推广，数据单位根检验也越来越受到重视。出于稳健性考虑，个体数量较少且时间跨度不大的情况最好选用 Fisher 检验。[4]

---

[1] 徐现祥等：《地方官员与经济增长——来自中国省长、省委书记交流的证据》，《经济研究》2007 年第 9 期。

[2] 根据统计资料，只有规模以上工业企业统计数据能够形成有效序列。而"规模"则是根据业务收入划分的，但 1998—2006 年、2007—2010 年及 2011 年之后标准不同。

[3] 目前樊纲指数是应用最广泛的各地区经济体制市场化指数，文章之所以没有选择有这样一些理由：中国市场化指数最新的报告为 2011 年，数据期间为：1997—2009 年，许多分指标仍然使用当年最初的数据，导致少则 2 年，多则 5 年的分项指标数据完全一样，而不同年份之间某些指数还存在较大的差异。

[4] 殷锐：《面板数据单位根检验小样本性质及面板协整理论研究》，硕士学位论文，天津大学，2007 年。

进行单位根检验时，Eviews 6.0 给出三种选择：截距项、截距项与趋势项、无截距项无趋势项，无论是水平检验还是差分检验都应当慎重对待。但实际中缺乏完全统一操作的标准，严格来说，这检验结构均需一一验证。

表 4-2　　　　　　　　　　统计量描述

LN（X）	Mean	Median	Maximum	Minimum	Std. Dev.	Skewness	Kurtosis
PCGDP	-2.239124	-2.212548	-1.388396	-5.346871	0.435922	-1.709274	10.86735
FDS	-0.679199	-0.720098	-0.113987	-1.266584	0.251834	0.387697	2.419825
FDZ	-0.273342	-0.267003	-0.047745	-0.548112	0.106552	-0.07699	2.397085
RMTB	0.032076	0.072107	1.047278	-0.78405	0.271787	-0.72795	4.138878
CAP	9.301226	9.165418	11.63301	7.630134	0.802825	0.762180	3.180578
DT	9.272780	9.145064	11.61945	7.625678	0.796582	0.790801	3.254608
SPFE	-0.497279	-0.484168	-0.232848	-0.982607	0.120510	-1.219091	5.784354
EPFE	-1.122759	-1.126526	-0.717123	-1.580998	0.165094	0.083300	2.628257
Q	-0.632232	-0.612311	-0.378364	-1.011748	0.125285	-0.550598	2.933851
PLS	0.654216	0.582261	5.491624	-2.056813	0.903064	0.755536	6.380786
H	-2.224484	-2.237625	-1.874782	-2.983885	0.120632	-1.604904	15.64454
NAIP	-0.748373	-0.613072	0.450357	-2.232371	0.517592	-1.013271	3.304692

首先从含有截距和趋势项的模型开始，再检验只含截距项的模型，最后检验二者都不含的模型，核实检验拒绝零假设，即原序列不存在单位根为平稳序列，何时可停止检验。否则，就要继续检验，直到检验完模型 1 为止，只有三个模型的检验结果都不能拒绝原假设时，我们才认为时间序列是非平稳的，而只要其中有一个模型的检验结果拒绝了零假设，就可认为时间序列是平稳的。[①] 本书利用 ADF-Fisher 和 PP-Fisher 进行面板数据单位根检验，结果认为 CAP、SPFE、EPFE、NAIP 一级差分平稳即一阶单整，其他变量零阶平稳。

———————

① 李子奈等：《计量经济学》（第三版），高等教育出版社 2010 年版，第 269—270 页。

表 4-3　　　　　　　　　变量单位根检验结果

变量	LLCt*		IPSW-stat		ADF		PP		形式
	Statistic	Prob.	Statistic	Prob.	Statistic	Prob.**	Statistic	Prob.**	C, T, K
PCGDP	-11.1656	0	-6.31249	0	146.502	0	172.889	0	(C, T, 0)
FDS	-6.50893	0	-1.69884	0.0447	93.8717	0.0056	154.602	0	(C, 0, 0)
FDZ	-11.0544	0	-5.55248	0	125.293	0	302.517	0	(C, T, 0)
RMTB	-5.48565	0	-3.03499	0.0012	104.545	0.0006	103.982	0.0007	(C, T, 0)
CAP	-14.3894	0	-7.67555	0	164.16	0	242.137	0	(C, T, 1)
DT	-10.5196	0	—	—	227.164	0	263.834	0	(0, 0, 0)
SPFE	-9.50351	0	-3.19128	0.0007	93.976	0.0055	95.8062	0.0038	(C, T, 0)
EPFE	-15.4861	0	-8.11504	0	172.699	0	321.72	0	(C, T, 1)
Q	-4.84395	0	-1.53235	0.0627	88.9643	0.014	83.9996	0.0329	(C, T, 0)
PLS	-25.5559	0	-13.4538	0	210.658	0	289.951	0	(C, T, 0)
H	-23.6517	0	-10.3249	0	177.656	0	149.595	0	(C, T, 0)
NAIP	-10.8584	0	-5.1525	0	127.685	0	188.492	0	(C, T, 1)

Automatic selection of maximum lags Automatic selection of lags based on SIC.

Newey-West bandwidth selection using Bartlett kernel.

　** Probabilities for Fisher tests are computed using an asymptotic Chi-square distribution. All other tests assume asymptotic normality.

2. 协整检验

对于每一个非平稳序列单独来说，序列的矩随时间而变化，但 Engle 和 Granger 指出两个或多个非平稳时间序列的线性组合可能是平稳的。如果存在这样一种平稳的线性组合，那么这些非平稳的时间序列被认为具有协整关系。

由此可见，如果两个变量都是单整变量，只有当它们的单整阶数相同时，才可能进行协整检验；如果它们的单整阶数不相同，就不可以进行检验。三个以上的变量，如果具有不同的单整阶数，有可能经过线性组合构成低阶单整变量。如果变量个数多于两个，即解释变量个数多于一个，被解释变量的单整阶数不能高于任何一个解释变量的单整阶数，当解释变量的单整阶数高于被解释变量的单整阶数时，则必须至少有两个解释变量的单整阶数高于被解释变量的单整阶数。①

---

　① 张晓峒：《计量经济学基础》，南开大学出版社 2001 年版，第 339—340 页。

本书利用建立在 *Engle and Granger* 二步法基础上的 *Pedroni* 方法和 *Kao* 方法进行协整检验。结果证明，变量之间存在着长期稳定的均衡关系，方程回归残差平稳，协整关系成立。因此，可以在此基础上直接对原方程进行拟合，结果是精确的。

表 4-4　　　　　　　　　　变量 *Pedroni* 检验结果

Trend assumption	Alternative hypothesis		Statistic	Prob.	Weighted Statistic	Prob.
No deterministic trend	common AR coefs.	Panel v-Statistic	-0.531220	0.3464	-2.080625	0.0458
		Panel rho-Statistic	0.764801	0.2978	-0.115706	0.3963
		Panel PP-Statistic	-11.16021	0.0000	-10.91548	0.0000
		Panel ADF-Statistic	-8.412384	0.0000	-9.276391	0.0000
	individual AR coefs.	Group rho-Statistic	2.458726	0.0194		
		Group PP-Statistic	-18.68401	0.0000		
		Group ADF-Statistic	-10.71378	0.0000		
Deterministic intercept and trend	common AR coefs.	Panel v-Statistic	-3.697586	0.0004	-4.742921	0.0000
		Panel rho-Statistic	1.393810	0.1510	1.974139	0.0568
		Panel PP-Statistic	-9.180385	0.0000	-12.51319	0.0000
		Panel ADF-Statistic	-8.291986	0.0000	-8.854121	0.0000
	individual AR coefs.	Group rho-Statistic	4.214969	0.0001		
		Group PP-Statistic	-22.81037	0.0000		
		Group ADF-Statistic	-10.58245	0.0000		
No deterministic intercept or trend	common AR coefs.	Panel v-Statistic	0.770480	0.2965	-1.158169	0.2040
		Panel rho-Statistic	-0.974462	0.2481	-1.167942	0.2017
		Panel PP-Statistic	-11.15214	0.0000	-8.088183	0.0000
		Panel ADF-Statistic	-9.385304	0.0000	-7.868734	0.0000
	individual AR coefs.	Group rho-Statistic	1.187732	0.1971		
		Group PP-Statistic	-13.86242	0.0000		
		Group ADF-Statistic	-10.57016	0.0000		

Lag selection: Automatic SIC with max lag of 0 to 1.
Newey-West bandwidth selection with Bartlett kernel.

表 4-5　　　　　　　　　　变量 *Kao* 检验结果

	t-Statistic	Prob.
ADF	3.063558	0.0011

续表

	t-Statistic	Prob.
Residual variance	0.402662	
HAC variance	0.108115	

Trend assumption: No deterministic trend Lag selection: Automatic 1 lag by SIC with a max lag of 1 Newey-West bandwidth selection using Bartlett kernel.

3. 个体影响选择

根据对个体影响处理形式的不同，分为固定效应和随机效应。面板数据建模的另一个问题就是如何在固定影响模型与随机影响模型之间抉择。通常验证的方法为 Hausman 检验（原假设为随机影响模型中个体影响与解释变量不相关）。就本书来看，检测结果在 10% 以下是显著的，因此选取固定效应更为合适。

表 4-6   变量 Hausman 检验结果

Test cross-section random effects			
Test Summary	Chi-Sq. Statistic	Chi-Sq. d.f.	Prob.
Cross-section random	18.555504	11	0.0696

4. 估计形式的选择

根据截距项向量和系数向量中各分量的不同限制要求，面板数据模型的估计方法可以划分为三种类型，无个体影响的不变系数模型、变截距模型、含有个体影响的变系数模型。①

本书数据属于截面成员较多而时期较少的"宽而短"数据，并且侧重截面分析，因此需要判断是选择混合模型还是变截距模型，这往往通过 F 检验来做出决定②。

原假设：不同个体的模型截距项相同（建立混合估计模型）；备择假设：不同个体的模型截距项不同（建立个体固定效应模型）；F 统计量定义为：

---

① 高铁梅：《计量经济分析方法与建模 Eviews 应用及实例》，清华大学出版社 2009 年版，第 321 页。

② 张晓峒：《EVIEWS 使用指南与案例》，机械工业出版社 2007 年版，第 265 页。

$$F = \frac{(SSE_r - SSE_u)/[(NT-2)-(NT-N-1)]}{SSE_u/(NT-N-1)} =$$

$$\frac{(SSE_r - SSE_u)/(N-1)}{SSE_u/(NT-N-1)} \qquad (4-79)$$

其中 SSE_r，SSE_u 分别表示约束模型（混合估计模型）和非约束模型（个体固定效应模型）的残差平方和。非约束模型比约束模型多了（$N-1$）个被估参数（混合估计模型给出公共截距项），服从相应自由度下的 $F[(N-1),(NT-N-1)]$，当模型中含有 k 个解释变量时，F 统计量的分母自由度是 $NT-N-k$。

$$F = \frac{(SSE_r - SSE_u)/(N-1)}{SSE_u/(NT-N-K)} = \frac{(90.45168 - 77.8817)/(30-1)}{77.8817/(434-31-11)}$$

$$= 2.108939 \qquad (4-80)$$

利用 SATA 软件，输入命令 $disp\ invFtail(N_1, N_2, P)$，在给定的 5% 显著性水平下，得到相应的临界值 $F[30, 392, 0.05] = 1.4883764$，应该建立个体固定效应模型。

5. 权重与估计方法选择

在 Pool 方程估计中，加权项选择 *Cross-section weights*，假设出现截面异方差，对模型进行广义最小二乘估计，估计方法选择 *LS-Least squares (and AR)*，系数的协方差形式选择默认形式。

表 4-7　　　　　模型 GLS、OLS 估计评价统计量

Weighted Statistics			
R-squared	0.542038	Mean dependent var	-3.530089
Adjusted R-squared	0.494138	S. D. dependent var	1.264095
S. E. of regression	0.439560	Sum squared resid	75.73961
F-statistic	11.31623	Durbin-Watson stat	1.806126
Prob (F-statistic)	0.000000		
Unweighted Statistics			
R-squared	0.318656	Mean dependent var	-2.216348
Sum squared resid	78.71195	Durbin-Watson stat	2.171607

通过对加权和未加权两种情况下的统计量对比，虽然在 D.W. 统计量

上加权的 GLS 估计方法要比 OLS 估计明显下降，但是从 R^2 和残差平方和看前者明显好于后者，因此采用 GLS 估计更合理。面板数据估计各变量的系数见表 4-8。

表 4-8　　　　　　　　　模型中变量系数估计结果

Variable	FDS	FDZ	TC	CAP	DT	SPFE
Coefficient	-0.88118	0.638397	-0.21327	0.299369	-0.1666	-1.52799
Std. Error	0.200584	0.394421	0.131492	0.066861	0.067194	0.241513
t-Statistic	-4.39305	1.618568	-1.62193	4.477477	-2.47944	-6.32672
Prob.	0	0.1063	0.1056	0	0.0136	0
Variable	EPFE	Q	PLS	H	NAIP	α
Coefficient	-1.2422	-0.26993	0.025522	-0.92657	-0.24309	-10.2742
Std. Error	0.177645	0.348492	0.018665	0.139015	0.093812	0.8621
t-Statistic	-6.99256	-0.77456	1.367368	-6.66524	-2.59129	-11.9176
Prob.	0	0.4391	0.1723	0	0.0099	0

表 4-9　　　　　　　　　扰动项 u 估计结果

地区	结果	地区	结果	地区	结果
BEIJING	-0.27515	ANHUI	0.255074	SICHUAN	-0.10858
TIANJIN	0.277485	FUJIAN	-0.16539	GUIZHOU	0.016323
HEBEI	0.115919	JIANGXI	0.244562	YUNNAN	-0.04255
SHANXI	-0.06019	SHANDONG	0.223011	TIBET	-0.48972
INNERMONGOLIA	0.304742	HENAN	0.190708	SHAANXI	0.43448
LIAONING	0.104736	HUBEI	0.110157	GANSU	-0.20371
JILIN	0.18109	HUNAN	0.208907	QINGHAI	-0.29462
HEILONGJIANG	-0.14653	GUANGDONG	-0.16607	NINGXIA	0.201956
SHANGHAI	-0.54786	GUANGXI	0.060742	XINJIANG	-0.65475
JIANGSU	0.172935	HAINAN	-0.19542		
ZHEJIANG	-0.06193	CHONGQING	0.309643		

对回归方程残差进行检验，形式为（C, T, 0），结果显示残差序列在 1% 显著水平下平稳。

表 4-10　　　　　　　　　　残差单位根检验结果

Method	Statistic	Prob. **
LLC t*	-10.5375	0.0000
IPS W-stat	-5.71097	0.0000
ADF - Fisher Chi-square	139.162	0.0000
PP - Fisher Chi-square	223.093	0.0000

Automatic selection of maximum lags Automatic selection of lags based on SIC.

Newey-West bandwidth selection using Bartlett kernel.

Probabilities for Fisher tests are computed using an asymptotic Chi-square distribution. All other tests assume asymptotic normality.

由此可知，公式中各个变量是多元协整的，避免了伪回归，方程长期关系存在具有现实意义。回归方程结果 $D.W.$ 统计量为 1.78 表明无序列自相关，虽然 R^2 及调整 R^2 值（$Adj. R^2$）值 0.548、0.501 显示方程各变量的拟合程度一般，但是 F 检验值为 11.60649，对应概率为 0.000，显示方程的线性关系在 1% 水平下显著。因此，产权区域制度、政府竞争与经济增长的计量方程是成立的。

二　模型结果分析

方程各变量的系数反映了在其他条件不变的前提下变量对经济增长独立发挥作用的功效。按照数值大小递减排序为服务性支出、经济性支出、收入分权、支出分权、资本、人力资源、税收干预水平、基础设施。

需要说明的是，LN 函数是增函数，解释变量除 CAP 外的原始数据均小于 1（DT 部分年份大于 1），其对数值均为负，那么就有这样一个简单的判断：对于 CAP 正系数即为正相关，对于其他的变量负系数实际是正相关，正系数则是负相关。

1. 财政收入分权与区域经济增长正相关

前文中提到，我国产权区域存在上级科层、辖区公众、领导层三种不同的利益取向，辖区利益的实现是领导层利益实现的必要先决条件，全局利益又在很大程度上依赖局部利益，利益最大化的实现需要有充足财力作保证。

强调公平，那么就应该多劳多得、少劳少得、不劳不得，但是在分税制财政收入分权实施以前，中央—地方间财政关系是多种形态并存、变动频繁的局面。不能说混乱但最起码是不够制度化和规范化，形成一种"鞭打快牛"不良氛围，发展得越好，"割肉"越多，抵触情绪也越重，有发展能力和潜力的区域无心发展；那些发展条件差的地区，对上级政府的各种补贴形成了依赖，惰性使然下既无心也无力发展。在"有心无力"与"有力无心"的交织下经济增长缓慢。

分税制财政收入分权的出现，既规范了政府间财政关系，又赋予了产权区域一定的财力。较多的财政收入意味着公众能够得到更好更多的公共产品/服务，上级利益得到有效保障，而领导层则有望从相对落后地区走向相对发达地区，实现职务上的升迁。财政收入是经济发展的函数，在利益的强力驱动下产权区域自然竭尽所能促进经济增长，使资源配置产生更高效率。

2. 财政支出分权与区域经济增长负相关

分税制支出分权确立的同时也是意味着事权划分制度化，本级事项本级解决，上级政府无须亲力亲为，这种管理上的放权给了下级政府很大的自由裁量权。直观上讲，自由裁量权的获得能够使得产权区域不必完全按照上级指示行事，而是根据自身实际情况选择最合适的发展道路，最合适的自然也是最好的，支出分权应该是与经济增长正相关的。

但是检验结果却表明两者是负相关，这是因为我们前面选择性地忽略了上下级产权区域之间的利益偏差，"对全局利益最大化的行为并不保证局部利益的最大化"，这种偏差导致产权区域科层博弈。

当一种行为有可能"危害"本区利益时，作为最终实施者会利用信息不对称实施贬义的"自由裁量"，即"修正"权，在满足自身利益最大化的限度内理解和贯彻上级精神，利用自己的"代理资源"说服或诱使上级做出利己性制度安排，甚至采取与上级意图相悖的措施。这些博弈行为必然造成"交易成本"的迅速抬升，既要耗费本级区域大量的资源又使得上级调控难以达到预期目标，造成政策在执行中偏离初衷，对经济增长产生不良影响。

3. 相对宏观税率与经济增长正相关

如前所述，相对宏观税率越高说明其比竞争者"对产出的提取水平"或称"对市场干预"水平越低。

较低的干预水平能够引导、优化资源配置，在较短的时间内集聚相对丰富的可流动性资源投入到生产过程，生产要素的增多会相应促进总产出的增加，实现经济快速增长。资本低税负既能实现现有资本的重新配置、加快虚拟及闲置资本向有形资本的转化，又能在一定程度上吸引区外投资；收入低税负可以相对提高支出积极性，以需求上升带着产出增加。

较低的"产出提取水平"意味着在相同情况下从事生产活动能够取得更多的盈余，私营经济和个体经济蓬勃发展，国有企业民营化，这都有力地促进产业的一体化进程，促进聚集经济、产业群的形成，还有可能形成区域增长极。

两者的正相关系数比较低（仅高于基础设施），这是因为如果产权区域单纯一味地为了吸引更多的资源而盲目降低宏观税率，"为了竞争而竞争"，会导致政府寻租行为与宏观调控弱化，最终会造成税收收入的减少。而税收收入是产权区域财政收入的重要来源，较低的财政收入制约着公共产品/服务的供给，产权区域面临着两条出路，一是降低公共产品/服务的供给水平，二是"举债过日"，从长远来看对经济持续稳定增长都是不利的。

4. 资本与经济增长正相关

产权区域经济增长的源泉不是理论上的技术进步，而是资本，其对经济增长的重要性可谓无与伦比，是除财政支出之外最高的一项。

要在短时间内获得较为显著的经济增长，赶超其他先进地区，产权区域最好的选择就是吸引区外资金，迅速提高当地的生产能力。[1] 无论是重新建厂还是对当前企业的兼并，都会改变本区经济要素的增量与存量，借此影响产业结构、增强区域发展活力；这些"新生企业"不仅构成新的生产部门，更会形成新的经济增长环境；"新生企业"的竞争力通常都高于本区现有水平，而"鳗鱼效应"能够提升行业整体竞争力，最终促进区域经济增长。

谁能获得更多的资金，谁就拥有更多的发展机会。"资本饥渴症"是中国产权区域的通病，如何吸纳资本是摆在产权区域面前的一道难题。本书也尝试过利用 FDI 和贷款数据分别进行估算，虽然因整体效果不理想而放弃，但也可以区分开来两者之间的大小（贷款的要相对高于 FDI）。

尽管外资能相对容易绕过金融体制束缚，也更受青睐，但是在资本的

---

[1] 刘伟等：《宏观调控中的周期与反周期力量——2004 年宏观经济分析夏季报告》，《经济科学》2004 年第 4 期。

供应量上明显少于金融机构贷款额；其次，从获得的难易程度或者操作流程的复杂程度而言，国内贷款更为容易，因为产权区域可以利用政府信用或者其他资产进行抵押贷款，而这些手段对 FDI 的效果要弱得多。

5. 基础设施与经济增长正相关

我国基础设施长期供给不足，直接影响私人生产的效益，间接地影响国民经济的发展。随着城市化的发展，基础设施建设的特殊性和紧迫性，必然会导致其整体规模提升，一方面，基础设施作为国民经济的一个组成部分，所占份额越来越大，对经济增长的直接贡献也在不断上升；另一方面，基础设施投资的增加对社会总体需求有拉动作用，能够带动经济总量快速增长。

地方政府要想在硬环境竞争中占有优势，就必须在基础设施环境和产业配套条件上下工夫，为企业生产的基本需求提供中间投入，为消费者提供所需的基本消费服务，为社区提供用于改善不利外部环境的服务。"硬件"建设提供了"外部节约"，使资源产生更高的效益，良好的产业配套环境能够降低交易成本，提高交易效率。

经过面板数据分析发现，以交通线路密度为表征的基础设施与经济增长存在正相关关系，也是最弱的。为了解决基础设施落后问题，更为了拉动经济增长，各地对基建项目趋之若鹜，主要是表现为"九通一平"工程，实施"筑巢引凤"式资源要素的角逐，投资到哪里，基础设施建设就延伸到哪里。但是基础设施投入一般规模比较大、回报周期相对较长，见效缓慢。

6. 财政支出与经济增长正相关

市场经济条件下政府的主要职责就是有效地提供公共产品/服务，保障和促进社会经济发展。地方财政通过供给效应（如财政补贴直接供给资本、建设投入节约私人资本、社会服务提高人力资本等）和结构效应（利用部门间边际生产率的差异引导资源再配置）有效地调控社会经济发展。因此，公共产品/服务竞争性供给的背后必然是竞争性财政支出。

（1）经济建设性支出与经济增长

物质资本是实现经济增长的物质基础，经济建设性支出可以促进物质资本的形成，主要面向对经济业绩产生"速生效应"的项目。

经济发展在初期需要一个良好的外部环境，"环境"的一些特性却又使得私人资本不愿或不能进入，产权区域较高的经济性支出能够克服可能出现的"瓶颈",节约私人资本投入,相对提高生产要素投入——产出效率。经济建设性支出规模与资本和劳动的边际回报正相关,从而导致家庭储蓄上升、劳动积极性提高,因而建设性产品供给水平较高的地区往往具有较高的产出效率,也是吸引资源较多的地区。

(2) 社会服务性支出与经济增长

改革以来我国的经济增长一直是靠高投资拉动,政府物质资本大多投向竞争性生产领域,"千城一面"。如何在这千军万马般的竞争中独辟蹊径？这就涉及地方经济发展的"软环境"建设,产权区域财政支出中的社会服务性支出问题。通过模型分析来看,服务性支出与经济增长的相关性更强。

产权区域服务性支出影响的是个体最优决策。服务性支出与公众的收入水平、生活水平、生存环境以及劳动者素质的提高密切相关,虽然不直接参与生产活动,但是能间接地促进生产。在教育、培训等方面的投资关系到国民整体素质的提升,提高劳动者文化素质和劳动技能增加人力资本是促进经济发展的长久动力；社会保障、医疗卫生方面的支出能够改善劳动者身心状态,保证劳动效率；各种信息平台、中介平台建设增加了信息透明度,有效减少交易费用、降低交易成本。

服务性支出竞争除了为辖区公众提供良好的生活服务外,还有一个目的就是对人才资源及附着其上的人力资本与技术的争夺,最好的反映就是人口迁移。这种通过地方公共物品/服务供给造成的迁移行为是内生的财政性人口迁移,供给的差异性越明显,财政性人口迁移的意愿也就越强。

上述经济建设性支出与社会服务性支出对经济发展外部性的分析侧面说明了财政支出对区域发展的重要作用,地方政府既可以通过建设性支出来改善经济发展环境吸引资本流入,也可以通过服务性支出实现人才和技术的汇集,通过资金引导人才和技术要素流动,为当地经济增长提供强劲动力。

7. 人力资源竞争与经济增长

理论上拥有更多的人力资源会实现更快的经济增长,本书发现虽然两者之间的系数值是比较大,但是未能通过 t 检验,说明当下人力资源对产权区域经济增长作用微乎其微。

各地为了长期经济增长和短期绩效可见,偏好执行资本密集型和技术密集型产业发展战略,而多数地区的现实情况却是资本相对稀缺、人力资源相对丰裕，在偏离要素禀赋的发展战略指导下会发生资本和技术（机械）对人力资源的替代效应，人力资源需求下降，呈现"见物不见人"的现象。

随着市场经济的发展和完善，社会广泛认同人才可以产生经济效益。"知识创新和人力资本"成为社会主要的财富源泉，"以足投票"已成为真正的"流血"与"输血"。①

事实上，随着我国户籍制度的松动，更多的人口逐步从农村走向城市、从欠发达地区走向发达地区，劳动力短缺已经成为历史。各地已经不再满足于对粗放劳动力的追求，而是表现出一定的选择性。2001—2012年各季度全国重点城市就业市场按文化程度和技术等级供需情况清楚地反映出这一点。

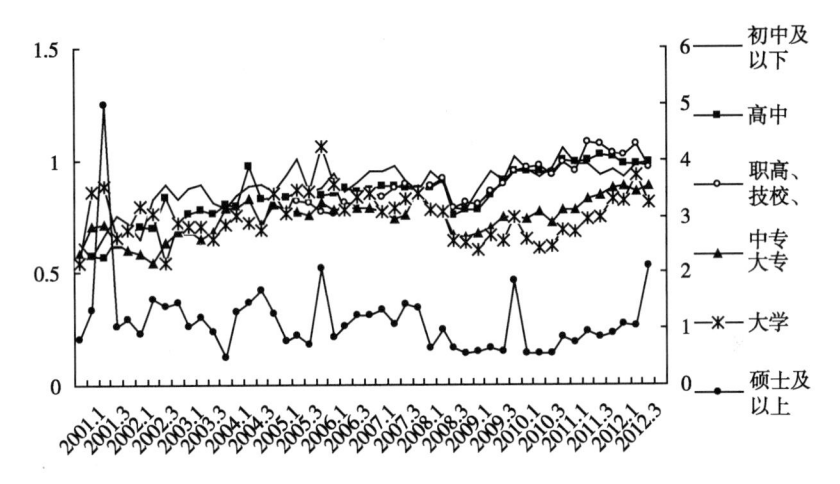

图 4-1 2001—2012 年各季度全国就业市场按文化程度供需情况

（需求人数/求职人数）

资料来源：2001—2009 年全国部分城市劳动力市场供求状况分析，2009—2012 年全国部分城市公共就业服务机构市场供求状况分析；其中硕士以上数据位于次坐标轴。

利用各地区就业人员受教育程度构成中的大专及以上学历人员比重为权重，计算部分年份人才资源数量以替换上文的 Q，在不考虑其他因素显著性等条件的情况下发现两者之间存在正向相关的观点是成立的，t 检验结果也是显著的。虽然受制于统计资料限制，本书无法进行有效的实证分

---

① 杨冠琼：《政府治理体系创新》，经济管理出版社 2000 年版，第 28 页。

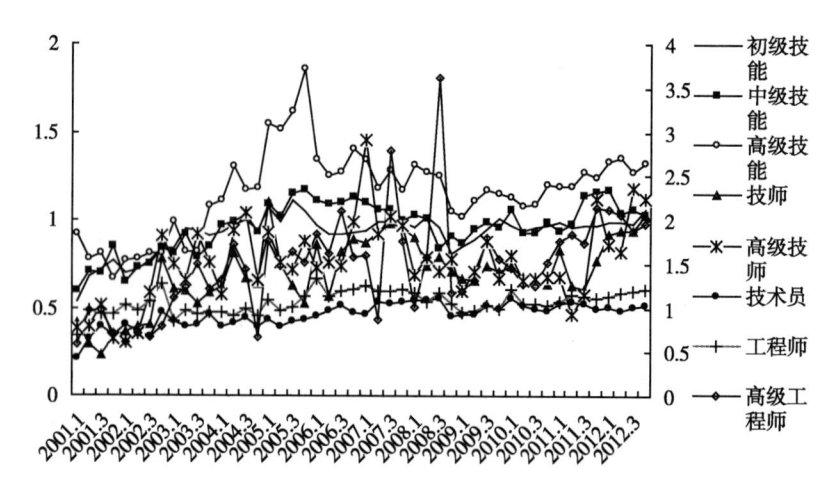

图 4-2　2001—2012 年各季度全国就业市场按技术等级供需情况
（需求人数/求职人数）

资料来源：2001—2009 年全国部分城市劳动力市场供求状况分析，2009—2012 年全国部分城市公共就业服务机构市场供求状况分析；其中技师、高级技师、技术员、高级工程师数据位于次坐标轴。

析，但是产权区域争夺人才资源的事实是无法抹杀的，有效人才资源供给与经济增长正相关也是不能否认的。

第四节　产权区域制度对经济增长影响分析研究

在中国快速发展的过程中，地区间经济增长为什么如此迥异？某些地区能够在较短的时间内迅速崛起，而有的却变得相对落后，相对优势与相对劣势发生盛衰转变背后隐藏什么样的机制？本书将从差异角度分析产权区域制度对经济增长影响。

在中国大区域分类方面，有依据经济发展水平和经济发展速度划全国（不含港澳台）为东、中、西的三大地带法，也有依据地形地貌因素划分北方、南方、西北和青藏高原区的做法，还有的将全国划分成几大经济区。其中经济区划分没有统一的标准，有的沿用七大区划分法（华东、华南、华中、华北、西北、西南、东北），也有将华南华中合为中南的六区划分法，还有八区分类法（东北、北部沿海、东部沿海、南部沿海、黄河中游、长江中游、西南和大西北地区）以及按照大都市经济圈的九区划分法。本书参考近些年中央的区域性发展战略,利用政策分区的方法将省级行政单位划分成东中西、东北四个区域。

表 4-11　　　　　　　　东中西、东北区域划分

地区	组成
东部	北京、天津、河北、上海、江苏、浙江、福建、山东、广东、海南
中部	山西、安徽、江西、河南、湖北、湖南
西部	内蒙古、广西、重庆、四川、贵州、云南、西藏、陕西、甘肃、青海、宁夏、新疆
东北	辽宁、吉林、黑龙江

一　区域经济增长非均衡

区域经济差距作为经济增长的"副产品"是曾经或正在困扰着大多数国家和地区的一个普遍存在,区域经济增长的非均衡性是中国经济增长的三个特征之一。

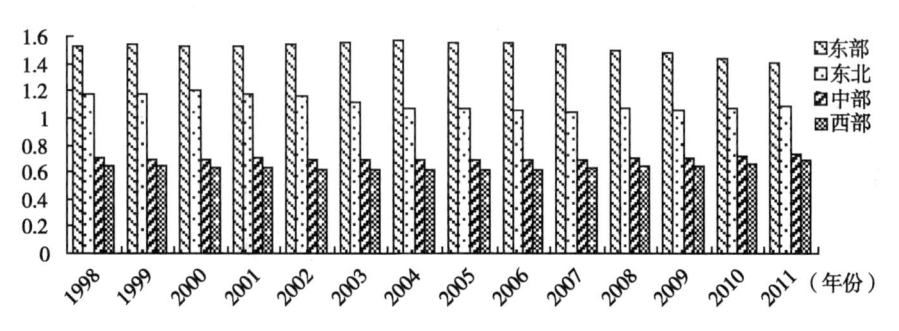

图 4-3　东中西、东北经济增长差距

资源来源:《中国统计年鉴》(1999—2012)。

东西部经济差距长期存在,尽管推行了"西部大开发""中部崛起"等发展战略,但从这几年的情况看,东中西和东北四个区域间差距缩小得并不尽如人意。人均 GDP 极值比从初期 2.4 左右下降到 2.0 附近,变化并不明显;从各大区域人均 GDP 与全国平均水平的对比也能发现这一点,东部和东北两区略有下降,中西部小幅上升。

与四大区域的情况相比,以人均 GDP 极值比为表征的产权区域经济增长差距显著缩小,从 10.0 以上下降到现今的 5.0 附近,但差距仍然存

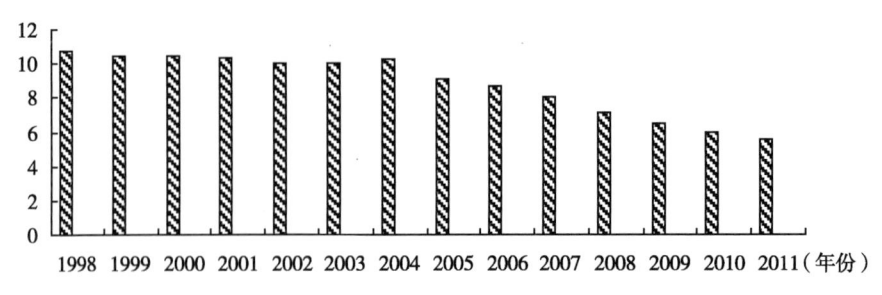

图 4-4 产权区域间人均 GDP 极值比

资料来源：《中国统计年鉴》(1999—2012)。

在而且是明显的。

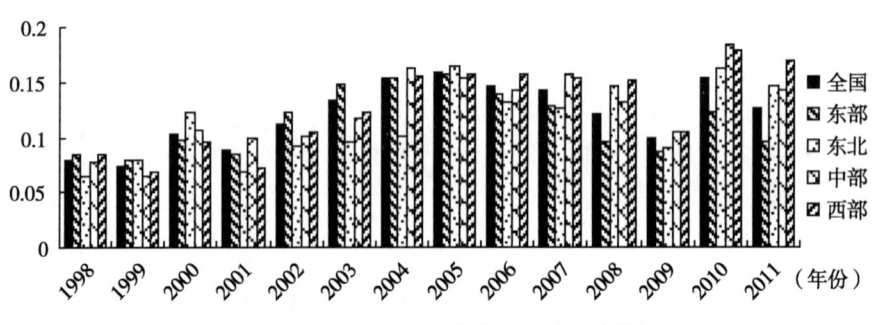

图 4-5 全国与四大区人均 GDP 年际增长率

资料来源：《中国统计年鉴》(1999—2012)。

人均 GDP 总体上呈现上升趋势，但增长速度存在差异。1998—2011 年东中西和东北四区人均 GDP 年际增长率依次为 2.76%、3.48%、3.59% 和 2.82%。1998—2003 年，东部地区更多地表现出经济增长领头羊的角色；从 2004 年开始，中西部地区经济增长开始提速，年际增长率超过东部，经济的快速发展缩小了地区之间的差距。

在大区间、省际间差距存在的同时，省内、城乡非均衡现象也日益显性化。随着我国城乡居民收入的不断增长，城乡居民收入相对差距呈波动性下降状态，年均降低 0.68%，但在不同阶段有不同特点：1998—2000 年，城乡相对差距显现扩大趋势，2001 开始进入长期下降过程，其中 2004—2006 年下降率超过 1%。

但从增长速度来看，我国城镇居民收入增长速度要比农村居民的低。2011 年城镇居民收入为 6051.084 元，比 1998 年增长 267.53%，年均增长 1.84%；而同期农村居民收入为 2517.459 元，比 1998 年增长

384.49%，年均增长 2.53%。虽然城镇家庭人均收入增长速度比农村低 0.7 个百分点，但在基数对比悬殊情况下，城乡居民收入绝对差距呈逐年扩大的态势。从 1998 年相差 2955.55 元上升到 2011 年的 3533.62 元，整整扩大了 4.5 倍，年均增长 1.38%（约 40.89 元）。

表 4-12　　　　　　城乡居民家庭人均可支配收入（元）

年份	城镇收入	农村收入	绝对差距	相对差距
1998	4773.89	1818.34	2955.55	2.6254
1999	4712.76	1790.65	2922.12	2.6319
2000	4751.33	1788.18	2963.15	2.6571
2001	4783.43	1802.17	2981.26	2.6543
2002	4736.24	1798.90	2937.33	2.6328
2003	4779.40	1826.87	2952.53	2.6162
2004	4935.20	1915.65	3019.55	2.5763
2005	5015.01	1999.33	3015.68	2.5083
2006	5089.88	2051.55	3038.33	2.4810
2007	5318.30	2162.66	3155.64	2.4591
2008	5616.22	2302.43	3313.80	2.4393
2009	5568.24	2297.03	3271.21	2.4241
2010	5747.48	2379.08	3368.40	2.4158
2011	6051.08	2517.46	3533.62	2.4036

资料来源：《中国统计年鉴 2012》。

在非均衡发展的同时出现了老工业基地发展落后于整体平均水平和其他几个大区的"东北现象"，特别是工业产值和经济总量在全国的经济地位日趋下降的状况。

二　产权区域制度在区域间影响的差异

由于面板数据分析对观察值的要求严格，而现有数据难以支撑，即便能够得出一些结论，其有效性也值得商榷，或者是只有统计意义而无经济意义。在这样的情况下，本书转而采用灰色关联分析方法。

现实世界中的因素间关系是灰色的，很难清晰地界定因素间的主导与非主导、密切与疏远关系，灰色关联分析方法的出现提供了解决这类问题的有效途径。①

设 x_1, x_2, $\cdots$, x_n 为 n 个因素，反映各因素变化特性的数据列分别为 $\{x_1(t)\}$, $\{x_2(t)\}$, $\cdots$ $\{x_n(t)\}$, $t=1, 2, \cdots, m$。因素 x_j 对 x_i 在 t 时刻的关联系数 $\xi_{ij}(t)$ 定义为

$$\xi_{ij}(t) = \frac{\Delta_{\min} + k\Delta_{\max}}{\Delta_{ij}(t) + k\Delta_{\max}}$$

$$\Delta_{ij}(t) = |x_i(t) - x_j(t)| \quad \Delta_{\max} = \max_j \max_i \Delta_{ij}(t) \quad \Delta_{\min} = \min_j \min_i \Delta_{ij}(t)$$

(4-81)

式中，$t=1, 2, 3, \cdots, m$；分辨系数 $k \in [0, 1]$，关联度则定义为

$$r_{ij} = \frac{1}{m} \sum_{t=1}^{m} \xi_{ij}(t) \tag{4-82}$$

从关联度的定义可以看出，它最终取决于两方面的因素，一是各时刻观测值 x_i 与 x_j 之差 $\Delta_{ij}(t)$。x_i 与 x_j 的量纲可能不同，为了增强因素之间的可比性，需要在进行关联度计算之前消除量纲的影响——对数据序列进行初值变换；另一方面是分辨系数 k 值，它是游离于观察值的人为设定，根据经验一般令 $k \leq 0.5$，究竟取值多大才算合适？参考申卯兴等人的成果，设定为 0.05。②

本书按照各因素与区域经济增长关联度的大小进行排序，据此展开产权区域间影响的差异性分析。

1. 财政收入分权对经济增长影响差异

在关联度排序中，财政收入分权并没有在任何一个单元中占据首位；整体上，排名靠前的单元非常少，在 2—4 位每名对应一个单元，其中前两位均属于西部地区（西藏和内蒙古）；大量单元占据后两位，排名第 7 的有 12 个单元，第 8 位的 10 个。从空间分布看，第 7 位仅形成一个新青甘宁片区和一个鄂皖邻近块；第 8 位分布较集中，形成一个川滇黔湘赣沿江连绵带和位于华北平原的晋豫鲁邻近块，而且这两位次平分中部六省。

2. 财政支出分权对经济增长影响差异

与收入分权截然相反，支出分权排名无最末位，最后一位是西藏

---

① 邓聚龙：《灰色系统理论教程》，华中理工大学出版社 1990 年版，第 33—78 页。
② 申卯兴等：《灰色关联分析中分辨系数的选取》，《空军工程大学学报》（自然科学版）2003 年第 1 期。

(列第七位），多数单元排名靠前，列第 1—4 位的共 23 个。同属于西部且相邻的蒙陕两地排首位；第 2 位的 7 个单元形成新青和渝鄂豫两个邻近板块，剩余两地均不在东部地区；8 个第 3 位的单元组建起京冀晋、苏浙皖赣两个横跨中东部的聚集区。其他位次空间分布较散，但在大区间分配比较均衡。

3. 相对宏观税率对经济增长影响差异

在相对宏观税率方面，排名第 6—8 位占据绝对优势，其中第 8 位数量占总体一半以上。列第 6 位的单元无西部地区，且东部津冀、中部鄂湘相邻；第 7 位单元东中西均有名额，仅有一个跨中东部的豫鲁板块。成员规模最大的第 8 位分成两片聚集地，北部片区北起内蒙古南到重庆、东起吉林西至新疆，共计 11 个单元；东部的苏皖浙闽粤桂六地连成另一片区。

4. 资本对经济增长影响差异

资本与区域经济增长关联度排名同样未出现最末位情况，且样本名次分配比较均匀，除第 4 位有 5 个、第 5 位为 8 个外，其他位次一般为 3—4 个。均匀分配的结果造成空间分布不集中，同一排名单元仅是邻近省份，例如样本最多的第 5 位就形成黑吉、鲁苏、鄂赣、川滇四个区块，难以形成大规模聚集区，比较大的为第 4 位的渝鄂皖板块。同时占第 2 位的单元全部来自东部。

5. 基础设施对经济增长影响差异

基础设施排名涵盖了除第 6 位外的全部位次，同样属于靠前位次占优势状态。排名第 1 的 5 个单元全部来自西部，并且形成一条西北东南走向的新青川黔连绵带；第 2 位的单元形成蒙黑吉东北部片区与闽赣板块，两者都处于大区域交接地带；第 3 位的 5 个单元分布更为松散，除东部中部各占一个（山东、湖南）外均位于西部，仅有湘渝两地相连；7 个第 4 位单元中有 4 个位于沿海地区[①]，仅中西部交界处的晋陕相连，空间布局同样松散；比较特殊的是第 8 位包括东部京、津、沪三个直辖市。

6. 建设性财政支出对区域经济增长影响差异

建设性支出方面排名靠后的单元居多，且无第 2 位、第 8 位。东部相邻的苏沪两地排首位，东中西各有一个第 3 位；第 4 位中的福建孤立东南沿海，而地处西部的甘新藏三地构成一个"C"形片区。第 5 位的 6 个单

---

① 沿海地区包括东北的辽宁和西部的广西。

元组成晋冀津和渝鄂两个板块,分别处在中东部与中西部大区交界地带,宁夏相对孤立;列第 6 位的 11 个单元中西部 4 个、东部和中部各 3 个、东北 1 个,由蒙吉陕川黔(东北—西部)和鲁豫皖赣浙(中东部)连绵成一个巨大的"人"字形片区。四大区均有第 7 位单元分布,但仅有分属中部和东部的湘粤两地相邻。

7. 服务性财政支出对区域经济增长影响差异

服务性支出中排名第 1—4 位占优势,排名最后的为北京,无最末位。列首位的 6 个单元属于传统意义上的中部地带(除重庆)①,其中东北板块由黑龙江吉林两地构成,渝湘赣三地组成中西部跨区板块。

9 个列第 2 位的单元连绵成两个独立的片区,一片由沿海的京津冀鲁苏 5 省(市)和安徽构成,另一个是位于西部的宁陕川片区。东中西各有一个排名第 3 的单元,西部的云黔板块与另两地隔重庆、广西相望。第 5 位分布相对松散但无中部单元,仅有一个西部的青新板块;第 6 位的全部属于西部,但互不相邻。

8. 人力资源对区域经济增长影响差异

人力资源方面,单元排名整体集中在第 1—3 位,无第 6 位、第 8 位,最弱的为重庆。占据首位的 12 个单元密集分布在北起辽宁南至广西(除上海、江苏)的沿海地区,并沿长江蔓延到豫皖鄂,形成一个规模最大的"S"连绵区;占第 2 位的处于中西部接壤地带,恰巧被排名第 3 位的宁陕川板块切割成三块,最终仅形成云黔湘板块;四个大区各占一个有效劳动率列第 4 位的单元。

上述各因素与区域经济发展关联度的排序分析,可以充分地反映出相同的因素对不同地区的重要性,大致上按照如下递减排序有效劳动率、服务性支出、支出分权、基础设施、资本、建设性支出、收入分权、税收②。虽然某一因素在有很多区域占据同一位次,但也存在很大差距。以占据样本数量最多的税收为例,关联度极值比(青海比浙江)为 4.8,而且整体上表现出从西部经中部和东北向东部递减的趋势,上述对比说明虽然税收因素在西部地区经济发展中的贡献并不高,但与经济发达地区相比,其作用依然巨大;从另一方面也反映出,欠发达地区对税收减免行为

---

① 传统的东中西经济区划中将吉林、黑龙江划入中部,辽宁划入东部。

② 如果将支出和分权度分别合并则变成有效劳动率、财政支出、分权度、基础设施、资本、税收。

的热情要高于发达地区。

三 产权区域制度在东中西、东北地区间影响的差异

1. 各因素与区域经济增长关联度差异

制度性变量与区域经济增长的关联度中，收入分权在东部、东北和中部的差异比较小（后者略高），而与西部地区的关系非常密切；支出分权方面则差异明显，西部依旧最高，东北次之，再次是东部，中部最低，形成空间上的顺时针下降。两相对比可以看出，各地区对支出分权的敏感程度要高于收入分权。受区位因素、国家发展战略等的影响，中西部地区发展基础相对薄弱，经济增长在很大程度上要依靠地方扶持，较高的财政支出分权意味着地方促进地区经济增长的能量更加充沛。

区域经济增长与相对宏观税率关联度差异迥然，呈现东部、东北、中部、西部依次上升的情形，这种自东向西的阶梯性变化反映出税收减免行为在区域间发挥功效、实施意义的差别。相对地讲，西部地区较低的产出提取水平、较高的经济干预水平对经济增长意义最大。

东部地区经济增长与资本关联角度最高，东北、西部次之，中部最弱，反映了各地经济增长过程中资本利用效率的高低，这既与区域的产业结构、发展重点有关，也与资本逐利的本性有关。相比于二、三产业较高的资本敏感度，一产对资本的敏感性较低，中部地区是全国粮食核心主产区，这既是区域发展的选择也是中央赋予的一项重要任务，整体经济与资本关联性的下降、资本利用率相对低是注重第一产业发展策略的必然结果。

西部地区经济增长与基础设施关联度最高，其次是东北、东部和中部，而且差异显著。这意味着同等的基础设施增量对区域经济增长产生的效应差别明显，西部和东北地区积极进行硬环境建设、提高基础设施竞争力对经济增长很有裨益。

区域经济增长与财政支出关联度中，社会服务支出方面，东北＞西部＞中部＞东部；经济建设支出方面，东部＞西部＞东北＞中部。两相对比反映了支出结构与当地经济增长的协同程度，良好的社会服务支出对东北和西部经济增长作用要好于东部和中部，而经济建设性支出则与东部和西部经济增长关系更为密切。

从区域经济增长与人力资源角度看，有效劳动率与经济增长的密切程

度在中部、东部、东北和西部地区之间形成逆时针递减变化，提高有效劳动率对注重一产的中部和经济发达的东部产生优于东北和西部的效果。

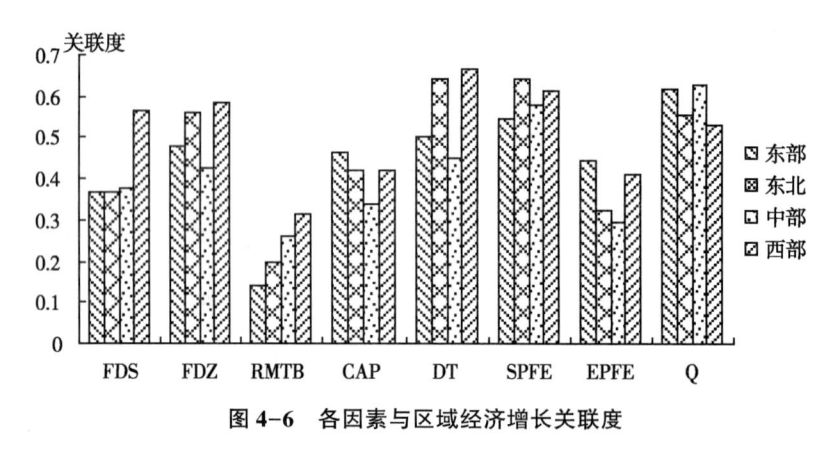

图 4-6　各因素与区域经济增长关联度

2. 各要素对经济增长重要性的差异

从上述四个区域经济增长与相关因素的关联度差异分析中可以看出，不同的区域对因素的"需求"程度不同。

有效劳动在东部和中部地区经济增长中占据首位重要度，中东部地区作为劳动需求地不仅要保证有足够多的劳动力进入还要保证有足够多的岗位供给，如何保证流入人口更有效地为地区发展增砖添瓦是摆在两区面前的一项紧迫任务。相对而言，其对东北和西部就不是那么重要。首先，对人力资源需求最多的是服务业，而这两个地区的服务业发展相对滞后；其次，东北地区虽然在历史上十分耀眼，但是随着"东北现象"出现对劳动力的需求降低，而西部地区作为我国重要劳动力输出地解决这一问题更是手到擒来。

四区对社会服务性财政支出的需求属于非常高水平（除东北列首位外其他为第二位），而对经济建设性支出的需求是比较低水平（除东部列第六外其他为第七位）。这种对比既说了产权区域发展对公共产品/服务的需求，也说明当前产权区域职能转换的必要，不断地将工作的重心转移到服务性领域，抑制"私人"属性、强化"公共"属性是实现区域经济长期稳定增长的有效途径。

基础设施建设对区域经济增长是比较重要的，在排名中位列前三甲。基础设施不仅是进行生产和再生产的保证，也是公众日常生活的基础，同时还对要素空间流动起先导作用，体现了一个区域经济增长承载力和经济发展后劲。西部和东北地区需要继续加强本地硬环境建设，为区域经济增长提供强有力的支持。

四个区域对调整财政支出分权程度的愿望一般，而对调整财政收入分权程度的意愿相对强烈，这与财政收支制度本身有关系。随着预算外资金的消失，产权区域财政收入项目和规模日渐清晰，"截留"和"获利"的空间被紧密压缩，除非有来自上级政府的额外拨付；产权区域在支出方面拥有相对更大的活动范围，在满足公共物品基本需求后，可以将更多的资金投入经济建设，这种"自由支配权"的变化自然与经济增长关联度高。

资本对区域经济增长重要性的排名比较低，这与逐渐开放的资本市场不无关系。逐利的资本在开放市场中能够自由流动，自动地汇集到获利最高的地区，这就是使得原有的各种禁锢不断松动。资本仍是稀缺品，但对其的追求已经趋于理性。

四区难能可贵地对税收减免行为持最低关注度。虽然减免税收能够在短期内留下项目，为区域发展提供助力，但随着优惠的到期，项目会面临着留或走的选择，并以此"要挟"产权区域继续提供优惠。长期税收优惠对地区长期发展造成一种尾大不掉的局面。

四 影响差异的原因分析

虽然中国产权区域制度日趋成熟，但受区域产权、政策制定实施以及宏观战略等因素制约，产权区域制度在全国范围内对区域经济增长的影响存在差异，接下来本书将详细阐述造成这种差异的原因。

（一）区域产权存在差异

虽然中央以法律法规的形式对科层产权结构进行了统一界定，但受制于"物"的原因，区域产权仍旧存在差异，其载体"物"就是由以下几个方面构成的区域资源。

1. 归属于区域政府的资源

政府正常履行职能需要一定的物质保障，其所掌握的资源（如财政收入、国有企业等）就成为区域资源，这部分政府产权是区域产权的一个组成。

但是政府所掌握的资源是有限的，而且无论从东中西、东北四个大区域讲，还是从各个省（市、区）看都是不平衡的。发达地区的财政收入、国有企业等情况要明显优于欠发达地区；虽然执行统一的财政分税制政策，但中央返回数额的基数核算法对发达地区与欠发达地区产生的效用明显不同。

2. 区域内"公共产权资源"

虽然最终用户层面的产权归属并不清晰，但其影响范围并未跨越区域边界，这类资源的产权归属具有科层属性，区域主体对这些资源拥有事实上的决策权，这部分产权也成为区域产权的有效组成。

公共产权资源的分布更具有地区差异性。资源历经千百年的积淀而形成，而行政边界划定考虑的地表问题，并不考虑（或很少考虑）地下资源的富集情况。如此，不同区域的公共产权存在区别，资源富集区与贫瘠区呈现冰火两重天的景象。

3. 那些界定交易成本高、具有跨界性质（如空气、优良的生态条件）的资源

虽然区域主体可能不会直接从这些资源中获利，但缺少这些资源却将蒙受巨大的损失，因而存在着事实上的产权。

（二）制度实施进程存在差异

虽然全国执行同一个制度，但是存在着进程上的差异，效果的差别。任何重大的改革措施和重大的政策在全面实施之前都会选择一定的区域进行"试点"，由"试点"到全面的逐步推广是中国社会经济得以健康和稳步发展的关键制度之一。

"试点"工作反映了国家在深化改革进程中所要解决的重大问题，试点区域会优先获得政策上的优惠、国家职能部门的特殊支持，这种试点公众对区域发展有着明显"好处"。另外，试点区域的实践为解决全局性问题提供成熟的经验，尽管能够在全国推广开来，但也并不是放之四海而皆准的。各地实施过程中只能作为框架大致参考、尽量少走弯路，更多的细节仍需要结合本地实际不断地摸索；试点区域却在这一领域中先人一步，形成了制度实施进程上的差异，进而产生实施效果的差别。

1. 改革开放区域与时序差异

中国的改革开放是"摸着石头过河"，而在初期，摸石头的是地方政府。从创办经济特区开始，到建立要素（资本、生产资料和劳动力）市场与现代企业制度、改革政府职能、引进外资和对外商实行优惠政策、放开一部分市场价格等，这些做法都是由东部沿海省区/城市政府首先尝试的。沿海开放、开发上海浦东等重大部署的具体工作也还是由地方政府自

已摸索，中央政府并没有任何经验。一些地方政府奉行"创造政策""见了绿灯快步走，见了红灯跑步走"的原则，给其他地区带来了极大鼓舞。在沿海城市发展的示范效应下，各地开始纷纷向国家争取类似的政策，形成了沿江、沿边开放的大格局。

2. 经济体制转换时空差异

改革开放是中国经济体制改革的重要开端，其推进的先后顺序必然造成经济体制转换上的时空差异。当沿海地区的行政指令性、纵向计划分配资源方式已基本上被多家竞争、市场横向配置资源方式所取代时，行政配置却仍是广大内陆地区的主导力量；在开放地区实现由卖方市场向买方市场转变、以市场需求约束型经济为主时，内陆经济仍是以"短缺"为基本特征的供给约束型经济。最主要的表现就是经济发展过程中的经济类型结构变化。

计划经济时期，国有企业在非农经济部门中占绝对主导。改革开放后的一个显著变化就是市场导向下的非国有经济取得了重大发展，市场调节在整个经济中的作用得到有效提升。民营经济在改革开放较早的东南沿海迅速发展，非国有经济部门的异军突起对产权区域与全国经济持续稳定增长贡献突出。而在开放时间较晚的东北地区，国有经济比重依然相对较高、国有企业仍是地区经济发展的主力军。这里并不是说国有经济比重越低越好，只是为了说明经济体制转换时空差异造成的地区所有制结构差别与经济发展活力差距。国有经济仍需在某些公共产品供给或外部性强的部门中占据一定的位置，而且十分必要。

(三) 宏观策略存在差异

从"东部优先发展"到"西部大开发""老工业基地振兴""中部崛起"，以及正在不断推进的"主体功能区划"，上级制定的差异化宏观发展策略无一不对产权区域经济增长产生影响。虽然产权区域能够通过各种方式规避/削弱不利影响，"趋利避害"，但影响始终存在。

1. 全国整体的差异化发展战略

(1) 东部优先发展战略

在社会经济发展过程中，国家把发展重点放在东部沿海的 11 个省 (市)，给予特殊的政策与扶持力量。沿海地区先后成立了多个经济特区与对外开放城市/开放区，同时对这些东部地区实行财税、信贷、投资等倾斜性政策，以东部较快发展推动国民经济的整体发展。

(2) 西部大开发战略

东西部地区发展差距的长期存在和扩大成为困扰我国社会经济健康发展的全局性问题,在东部地区的快速发展下显得尤为突出。实施西部大开发,旨在把东部的剩余/闲置能力用于提高西部地区的经济社会发展水平,逐步缩小东西部地区差距。鼓励东部地区产业向中西部地区进行转移,发挥地区比较优势,在更大范围内实现资源优化配置,形成互惠互利格局;依托交通干线,发挥中心城市作用,以线串点,以点带面,逐步形成具有鲜明特色的西部跨行政区域经济带,带动地区发展。

(3) 老工业基地振兴战略

曾为中国发展做出重大贡献的老工业基地在新时期暴露出体制性、结构性矛盾,发展面临着许多困难和问题。而这些老工业基地特别是东北地区拥有丰富的自然资源、巨大的资产存量、良好的产业基地、明显的科教与人才优势和较为完备的基础条件,具有投入少、见效快、潜力大的特点。

通过一系列振兴措施,推进国有企业改革、建立社会保障体系、加快结构调整,促进老工业基地的改革和发展,使之逐步成为我国经济新的重要增长区域,重点是要做好东北地区老工业基地的调整改造工作。

(4) 中部崛起战略

中部地区发展边缘化的倾向已经形成了事实上的"中部塌陷",并有继续强化和扩大的趋势,为促进中部地区经济快速发展,中央提出了"中部崛起"的战略。

战略要求,晋赣豫鄂湘皖六省坚持把改革开放和科技进步作为动力,着力增强自主创新能力、提升产业结构、转变增长方式、保护生态环境、促进社会和谐,将本区建设成全国重要的粮食生产基地、能源原材料基地、现代装备制造及高技术产业基地和综合交通运输枢纽,在发挥承东启西和产业发展优势中崛起,实现中部地区经济社会全面协调可持续发展。

2. 区域功能定位的差异

根据资源环境承载能力、现有开发密度和发展潜力,将国土空间划分为优化开发、重点开发、限制开发和禁止开发四类,统筹谋划人口分布、经济布局、土地利用和城镇化格局。确定主体功能定位,明确开发方向,控制开发强度,规范开发秩序,完善开发政策,逐步形成人口、经济、资源环境相协调的空间开发格局。

区域公平发展意味着给予不同区域平等的发展权利和发展机会,提出优化开发和重点开发符合区域政策的效率目标。但是资源配置效率、经济效率与环境改善、生态安全总是有矛盾的,"限制开发区"与"禁止开发区"的提出则意味着某些地区发展权和发展机会被部分或全部剥夺。限制/禁止开发就等于限制了这里的工业化,剥夺当地通过城市化、工业化走出低效率农业的机会,也等同于让它们变相地接受相对落后。

"限制开发区"与"禁止开发区"却往往又是资源富集区,大规模开发生态脆弱的地区确实会产生环境问题。河源地区为保证下游地区的水资源数量和质量,发挥了良好的生态服务功能、丧失了发展的权利与机遇,却没有得到相应的补偿;相反,下游地区享受了较好的水资源服务却不需要支付相关成本。产权区域既不能通过生态保护获得足够多的收益,又守着"金矿"不能开发,面临着生态保护与区域发展两难选择的尴尬境地。

表4-13　　　　　　　　　　　主体功能区划

名称	范围	发展目标与方向
优化开发区域	国土开发密度已经很高,资源环境承载能力开始减弱的区域	改变依靠大量占用土地、大量消耗资源和大量排放污染实现经济较快增长的模式,把提高增长质量和效益放在首位,提升参与全球分工与竞争的层次,逐步成为带动全国经济社会发展的龙头和我国参与经济全球化的主体区域
重点开发区域	资源环境承载能力较强,经济和人口聚集条件较好的区域	充实基础设施,改善投资创业环境,促进产业集群发展,壮大规模经济,加快工业化和城镇化,承接优化开发区域的产业转移,承接限制和禁止开发区域的人口迁移,逐步成为支撑全国经济发展和人口聚集的重要载体
限制开发区域	资源环境承载能力较弱,大规模集聚经济和人口条件不够好,并关系到全国或较大区域范围生态安全的区域	坚持保护优先、适度开发、点状发展、因地制宜发展资源环境可承载的特色产业,加强生态修复和环境保护,引导超载人口逐步有序转移,逐步成为全国或区域性的重要生态功能区
禁止开发区域	依法设立的各类自然保护区域	依据法律法规的规定和相关规划实施强制性保护,控制人为因素对自然生态的干扰,严禁不符合主体功能定位的开发活动

资料来源:丁四保、王昱:《区域生态补偿的基础理论与实践问题研究》,科学出版社2010年版。

污染治理需要大量投入,污染物处理设施的购置与运行无论是对企业还是政府都是一笔不菲的开支,如果考虑到农业面源污染控制、水土流失治理等,需要的资金更多。经济发达地区可以通过"谁污染谁治理",把外部成本问题"内化"为区域发展的自身成本。但即便如此发达地区也难以完全解决,更何况那些属于限制开发区与禁止开发区的地方。如果没有上级政府的强力支持,欠发达地区难以承受克服区域外部性所要支付的成本,而且从区际的关系看,让欠发达地区为发达地区承担这些费用有失公平。

本章小结

1. 构建中国产权区域制度与长期经济增长的理论模型

在理论分析之后,本书融合 Rati Ram、刘金涛等两部门结构增长模型与简化的 Davoodi-Zou 财政支出分权模型,并逐步引入了财政支出结构、劳动力等因素,构建起中国产权区域制度与长期经济增长理论模型。从根本上说这一模型仍然属于内生经济增长理论模型,模型在最终表现形式解释了分权对经济增长的影响,但强调重点是支出分权。

长期人均产出增长率不仅是比例税率 τ 的函数,同时还是各项财政支出比重 ξ、部门支出分权度 η_s、财政支出分权度 θ、有效劳动 q、折旧率 δ、人口增长率 n 和其他控制性变量的函数。

2. 基于面板数据的产权区域制度对经济增长影响实证分析

本书利用省级产权区域(不含港澳台)1998—2011 年面板数据,选取合适表征变量(其中解释变量 6 个,控制变量 3 个),利用 Eviews 6.0 软件展开分析。

财政收入分权与经济增长正相关,收入分权不仅使政府间财政关系制度化,更明晰了产权区域的财力,以一种近乎明确的态度划清了利益边界,具象化的利益给予产权区域发展经济强大的激励;财政支出分权与经济增长负相关,究其原因在于产权区域间博弈行为的后果——"交易成本"迅速抬升,既要耗费大量的资源又使得上级调控难以达到预期目标。

"对产出的提取水平",或称"对市场干预"水平比竞争者低,能够更有效地引导、优化资源配置,促进多种所有制经济蓬勃发展,在相对较短的时间内实现经济显著增长。以招商引资为形式的资本竞争会改变本地经济要素增量与存量,解决资金短板;新生部门会通过"鳗鱼效应"提升整体实力,促进本地经济增长。良好的基础设施提供了"外部节约",使资源产生更高效益,良好的产业配套条件能够减少交易环节,提高交易效率。

财政支出通过供给效应和结构效应两种方式调控社会经济发展。经济建设支出可以加快有形资本的形成，对经济增长产生"速生效应"；服务性支出虽不是直接作用，但可以通过影响个体的最优决策间接助力经济增长。随着我国劳动人口不断增多，各地对劳动力需求表现出一定的选择性，即追求人才资源。

3. 产权区域制度对经济增长影响分异研究

中国产权区域制度对经济增长有着巨大的贡献，但区际作用存在差异。为保证数据结果的合理性与经济意义，本书利用灰色关联度方法进行分析。

各因素与省级区域经济发展关联度的大小基本上按照如下顺序递减，排序为有效劳动率、服务性支出、支出分权、基础设施、资本、建设性支出、收入分权、税收；大区级排序则为服务性支出、基础设施、支出分权、有效劳动率、资本、收入分权、经济建设性支出、税收。重要性的排序结果能够反映出各因素对产权区域增长影响的差异，即便某一因素在有很多区域占据同一位置，但也存在明显差距。

中国产权区域是上级委任的，不仅"唯下"更有"唯上"的特征，这明显有别于联邦制下的地方政府。本书从区域产权构成、制度实施进程、国家宏观发展策略三个方面，分析产权区域制度对经济增长影响差异的成因。

第五章

中国产权区域制度对经济增长负外部性与解决思路

中国产权区域制度一方面理顺了政府科层财政关系，提高了中央财政收入比重，增强了国家的宏观调控能力；另一方面相对明确地划分了各级政府的利益边界，提高了政府发展经济的积极性，对区域经济增长起到了重要的推动作用。但是这并不意味着这一制度就是完美无缺的，它也造成了产权区域行为效用最大化、机会主义、利益短期化特征。[1] 本书在这一部分将着重分析中国产权区域制度引发的一些问题。

第一节 产权区域制度与财政压力

诺斯、奥尔森和其他学者的研究及世界各国历史和经验反复表明，财政涉及广泛的责权利关系，具有极大的社会经济"联动性"，以财政利益为根基的冲突是社会冲突的基本形式。[2] 葛德雪（Rudolf Goldscheid）更提出，每个社会问题，实际上还有每个经济问题，说到底都是财政问题。[3] 熊彼特更是从财政的侧面抓住国家的本质、形态和命运，指出对财政历史的研究能够"洞悉社会存在和社会变化的规律……尤其是在研究

---

[1] 吴爱明：《地方政府学》，武汉大学出版社2009年版，第431—432页。

[2] 刘志广：《财政制度、分工与经济增长——兼论中国财政制度变迁与经济绩效》，博士学位论文，复旦大学，2006年。

[3] [美] 丹尼尔·贝尔：《资本主义文化矛盾》，赵一凡等译，生活·读书·新知三联书店1989年版。

社会发展的转折点时,效果尤为显著……"①

一 地方财政运行状况

随着中国式分权的推进,中央—地方财政收支从 2001 年开始出现失衡现象,财力不断向上集中,而事权和支出责任却在不断下移(见图 5-1)。

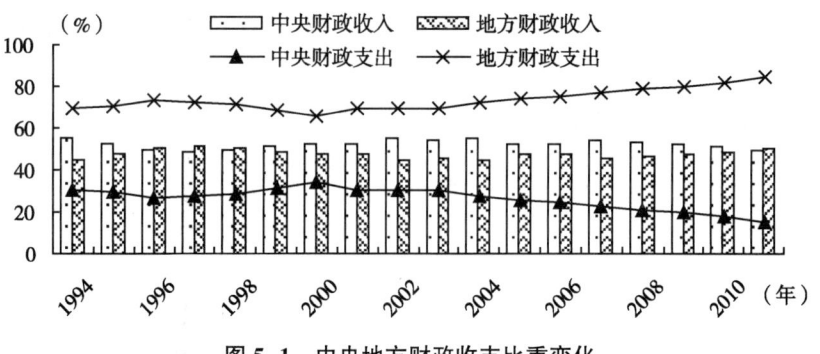

图 5-1 中央地方财政收支比重变化

资料来源:《中国统计年鉴 2012》。

国内学者从中国财事划分的现状出发,认为分税制带来财权事权不对称,导致地方政府尤其是市、县政府的财力难以满足事权责任需要,有限财政收入和巨大财政支出之间的矛盾突出,造成地方政府性债务增加。[2][3][4] 本书从财力集中度、财政自给率、赤字率等方面进行阐述。

(一)财力集中度

财力集中度,是指一定时期内政府通过各种形式从国内经济收支环流中"截取"的资金占国内生产总值比重。创造的财富有多少被政府以财政的形式占有是衡量一个地区经济运行质量的重要指标,它综合反映出政府与微观经济主体之间占有和支配社会资源的关系,反映了政府调控经济

---

[1] Schumpete Joseph, "The Crisis of the Tax State", *International Economic Paper*, No.4, 1918, pp.5-38.

[2] 崔运政:《财政分权与完善地方财政体制研究》,博士学位论文,财政部财政科学研究所,2011 年。

[3] 黄国桥等:《地方政府性债务风险的传导机制与生成机理分析》,《财政研究》2011 年第 9 期。

[4] 宋艳伟:《财政压力、地方政府干预与信贷资源配置》,《山西财经大学学报》2011 年第 5 期。

运行的能力和影响社会资源配置的程度。

根据衡量口径从小到大财政集中度可以分成三种，①税收收入占GDP比重，②公共财政收入（一般预算收入）占GDP比重，③公共财政收入（一般预算收入）、政府性基金收入、国有资本经营预算收入、社会保障基金收入的总和占GDP比重。我国财政收入由"税"和"费"两大部分组成，第一种标准是真正意义上的宏观税负，后两种才是财力集中度。本书采用第二种标准的缩小版，即地方本级财政收入占同期国内生产总值的比重。

财力集中度以什么状态为宜，国际上并没有通用标准。一般来说，这一数值将随经济发展逐步上升，在达到一定水平后趋于稳定。从整体来看，各地财力集中度在1998—2001年普遍处于缓慢上升状态，之后进入相对平稳状态，2005年开始进入快速增长阶段，近两年增长速度明显加快。

除山西外各地财力集中度的最高水平年份都是2011年（山西为2006年），次高年份除山西、黑龙江、上海（2009年）外都在2010年。低水平虽在1998—2004年但不集中，最低水平中有16个省区在1998年、8个在2000年、4个在2004年；次低年份分布更加分散，1999年（11个）、2003年（5个），其他各年均有分布。

从曲线变化来看，2001年前情况复杂，缺乏统一规律；2001—2005年以缓慢增减为主，个别区域升降明显；2006年开始整体步入快速增长阶段，2011年急剧上升，这两个阶段鲜有下降。

1. 最高的是北京和上海。在2002—2010年上海处于优势，在其他年份北京则占据首位，两区域竞相争夺头把交椅。从变化曲线来看，两者呈现一种近似平行的特殊关系，处于第二位的比首位"滞后一年"。

2. 云南、贵州、天津、广东、海南、山西、辽宁、重庆、浙江、江苏等集中度较高的省市组成了第二梯队，其内部又可以分成三种类型。

第一类是"高起中缓后上升"型，起始状态较高，前半段缓慢变化，后期随着整体上升而上升。比如云南，2004年以前处于缓慢下降状态中，在落到最低点后快速上升；类似的还有贵州、天津和海南。

第二类是"迅速崛起"型，起始阶段为低水平，经过多年奋起直追最终得以进入本层次。表现最为明显是重庆、浙江、江苏三地，在研究期初期分列倒数第4、1、3水平，但是三地一直处于快速增长状态，在

2002年前后成功超越大部分省市，并依然保持较快的速度不断上升；辽宁也是类似的情况。

第三类是"大起大落"型，在研究期表现出较大的波动，到达拐点（增长的顶点和下降的顶点）重新快速变化。比如广东在1998—2004年经历较大起伏（顶点在2001年），2005年后进入快速增长阶段；山西在2004年从前期的平缓状态进入增长状态且涨幅剧烈，在2006年达到顶点，此后又经历两次降升变化，形成"W"形曲线。

3. 第三集团由宁夏、广西、陕西、新疆、内蒙古、四川、安徽等中等水平的省区组成，这些省区大都在经历一次较长时间或两次短时间波动之后归于相对平稳状态（个别年份有突变）。

宁夏经过两次降升变化出现"W"形上升曲线，下降短急、上升长缓；广西经历了1998—2004年平缓的升降变化后进入稳定阶段，在2009年进入新的稳定状态；四川呈现三段增长与两段稳态的交替变化，增长期持续时间为三年，其中2004年后的两段增长显著。

陕西初期保持平稳状态，2005年后开始波动增长，2011年有突增。新疆利用2001年、2002年两年时间实现稳定水平的提升，2006年开始进入增长期但速度逐渐降低，2011年提速明显；内蒙古的稳定水平在2001年出现下跌，2004年起进入波动增长状态，速度较快、起伏较小。安徽在2004年从前期的缓慢下降状态转入快速上升状态并保持到现在，增速稳定。

4. 构成第四集团的省份初始状态普遍较差，整个研究期曲线变化温和。

一类是在相对稳态之间切换，表现出小幅的阶梯形，比较典型的是甘肃、福建、青海。另一部分则是从前期相对平稳状态中走向缓慢增长，比如江西、黑龙江和吉林等，而且山东、湖南、湖北三地的变化趋势相似，仅在变化幅度上有所区别。

5. 集中度最低的是西藏、河南、河北三地。虽然后两地初期有时高于部分地区，也在2005年进入增长过程，但是从长期发展看，由于增长缓慢而被其他地区赶超；西藏在2007年前是水平最低地区，但此后快速增长，尤其是最近两年涨幅明显。

（二）财政自给率

为了满足辖区公众对公共产品/服务的需要，各级政府都要拥有一定的财力。财政自给是地方政府在不依赖上级和其他同级政府援助的情况下独立筹措资金的能力,是衡量城市发展健康与否的一个重要指标,可用财政自给率即政府负责征缴的自有收入与支出比例表征,取值范围 (0, 1),值越大表明地方政府财政自我发展能力越强。

本书利用产权区域本级财政收支数据进行测算,需特别指出的是,支出项目数据收集时选择的受益者为产权区域本身。

1. 从整体来看,地方政府财政自给率整体上呈现相对平缓的"W"形下降,两个最低点分别在 2002 年和 2009 年,最高点出现在 2007 年。这种整体性变化趋势说明地方政府的财政能力逐年下降,也表明其对中央财政的转移支付和税收返还等补助措施产生了过度的依赖。

西藏自给率一直处于低水平稳态,青海、宁夏、甘肃自给率水平虽属于次低水平但是随时间下降;北京、上海、广东、浙江、江苏等省市财政自给率处于高水平,虽然在 2002—2004 年和 2009—2010 年两个时间段陷入低谷中,但是自给率保持上升势头,研究期表现出"M"形变化;天津、福建、山东的自给率处于次高水平,天津处于"W"形上升中,并进入高水平状态,剩余两地则处于"M"形下降状态。辽宁经过多年的缓降缓升从中等水平进入次高水平。

其他地区自给率都处于中等水平,大部分变化趋势相似:2002 年以前下降明显,2002—2009 年下降相对缓慢,2010 年起开始上升,虽然中间都有一段或几段上升期,但难以阻挡下降的步伐。其中,重庆经历了一个典型的"W"形变化过程,吉林则是一个相对平缓"U"形路径,两地最终"从起点回到起点",表现比较突出;内蒙古下降迅速、上升缓慢。

2. 从省际财政自给率看,其差异情况大致上与经济增长差异相同,经济发达地区一般财政自给率高。这个现象的发生也是合理的,财政收入是经济增长的"函数",区域经济发展得好自然产生的财政收入就高,地方能够留存的也就越多。

财政运行最理想的状态就是收支平衡,而事实上,收支总量平衡只有在编制预算时才存在。财政支出不可能在实现了全部财政收入之后再安排,不断变化的经济状况使得预算执行结果不是收大于支就是支大于收。

为什么自给率不是越高越好?比值超过 1,即财政有结余,过多结余则说明当年财政资金没有得到充分的运用,意味着公共财政惜支、公共事业投入不足。用简单的数学思维来考虑这样一种情况：既然是越大越好，那么就需要尽可能地增加分子（收入）、尽可能地减小分母（支出），最终结果就是财政支出为0，也就是财政不支出。

同样如果过小，则说明该政府筹措资金能力有限，本级财政存在缺口，需要其他政府（包括上级和同级政府）转移支付，或通过政府举债等途径来满足相应的支出需求，长期过度依靠外界的输血式财政难以为继。

（三）财政赤字率

财政自给率也可以转化成赤字率的形式，财政赤字是政府财政在执行结果中支出大于收入的现象。马斯特里赫特条约提出的赤字和债务标准经常被有关人员引为"国际安全线"或"国际警戒线"，即赤字占当年国内生产总值的比重不应超过3%，政府债务总额占国内生产总值的比重不应超过60%。[①]

按此标准，我国产权区域能够幸免的省份凤毛麟角。1998—2011年31个单位中仅有江苏、浙江、广东三地在整个研究期没有超警戒线，北京、上海个别年份超线（前者在1999年、2000年，后者在2003年、2004年），福建（除2004年）、山东两地仅在2008年前未超警戒线，天津在研究期超线比较严重，河北、安徽、河南仅在初期一两年内没有超线，其余地区全程超线。

我们抛开这一标准来看产权区域财政赤字问题。各地赤字率前两名（由高到低）的年份大多位于2009—2011年，分别有22、12和15个单位；另一个集中期是2002—2003年，各有4个。赤字率最低集中出现在1998—1999年，前者25个后者23个；2000年、2007年和2008年也有小部分聚集，分别是3个、5个、3个单位。表现在图表上，2002年和2009两年普遍是一个极值点，此后的一年（2003年和2010年）要么会下降，要么没有显著的增长。财政赤字率自起点到终点都是上升的，虽然中间可能存在各种波动。

国家经常需要大量的财富解决大批的问题，会出现入不敷出的局面。赤字产生有的是为了刺激经济增长而降低税负或增加政府支出，有的则因

[①] 实际上，这个标准是一个在特殊历史条件下，针对"准地方政府"制定的、安全系数很高的风险控制标准。时至今日，经济界并没有形成将马约标准作为"国际安全线"或"国际警戒线"的共识。

为政府管理不当引起大量逃税或过分浪费。在短期内，财政赤字可扩大总需求，能有效动员社会资源，积累庞大的社会资本，推动经济体制改革，带动相关产业的发展，刺激经济回升。中国经济能够在当前世界经济增长乏力的环境中保持平稳增长，扩张性财政政策功不可没。

但是财政赤字既不是万金油也不是包治百病的济世良方。财政赤字虽然能解决眼前危机，但暂时缓解的代价有可能是更猛烈危机的爆发；措施本身也可能是重大隐患，长期巨大的财政压力对经济发展而言，更不是一件好事。没有足够财力保障的政府运转是受掣肘的，轻者导致财政入不敷出，重者引起财政危机和政府信用的丧失。一个财政赤字过高乃至长期积累的政府如同一个负债累累的公司，光鲜的背后是难以诉说的辛酸。

二 产权区域制度与财政压力实证分析

为了更好地说明产权区域制度与财政压力之间的关系，本书建立了人均财政支出、自给率、财力集中度与产权区域制度之间的数量关系。

表 5-1　　　　　　　　　　　统计量描述

	Mean	Median	Maximum	Minimum	Std. Dev.	Skewness	Kurtosis
dPPFE	0.185948	0.176943	0.717124	-0.11809	0.083782	0.963327	8.361647
SSRF	0.51216	0.468486	0.950864	0.053033	0.197839	0.148652	2.537042
dFCR	0.044904	0.039074	0.373414	-0.17006	0.065192	0.686514	5.23468
FDS	0.508931	0.474724	0.892269	0.279178	0.1409	0.857173	3.074349
FDZ	0.775836	0.778136	0.953377	0.57804	0.081593	0.028896	2.351107

通过单位根检验发现，人均财政支出、财力集中度为一阶单整，不能构建协整关系也就不能进行面板数据分析，而它们的变化率均为零阶单整，可以直接进行面板数据分析；自给率、分权度均为零阶单整可以建立面板数据分析模型。本书建立个体固定效应 Cross-section weights 加权模型来说明它们之间的关系。

表 5-2　　　　　　　　　　　变量单位根检验结果

变量	LLCt*		IPSW-stat		ADF		PP		形式
	Statistic	Prob.	Statistic	Prob.	Statistic	Prob.**	Statistic	Prob.**	(C, T, K)
FDS	-8.62611	0.00	-3.32583	0.0004	117.949	0.000	198.727	0.00	(C, 0, 0)

续表

变量	LLCt* Statistic	Prob.	IPSW-stat Statistic	Prob.	ADF Statistic	Prob.**	PP Statistic	Prob.**	形式 (C, T, K)
FDZ	-4.11776	0.00	-1.09836	0.1360	90.4099	0.0108	284.354	0.0000	(C, T, 0)
dPPFE	-12.0856	0.00	-6.37940	0.00	143.316	0.00	208.191	0.00	(C, T, 0)
SSRF	-7.44272	0.00	-4.58047	0.00	113.696	0.0001	101.439	0.0012	(C, T, 0)
dFCR	-9.76599	0.00	-7.14829	0.00	154.785	0.00	197.926	0.00	(C, T, 0)

为了更好地区分收入分权与支出分权对三者的影响，本书首先单独进行分析，最后综合分析。我们关心的是两者之间的互动情况，这里只对系数进行说明，下同。

1. 产权区域制度与财政支出变化率关系

首先，以分权度为表征变量的产权区域制度整体上与人均财政支出变化正相关。财政支出分权对人均财政支出的增长率是一种正相关，而且是显著性很高；财政收入分权则是一种负相关，但不显著。

表 5-3　　　　　产权区域制度与财政支出变化率分析结果

Variable			Coefficient	
FDZ	0.377272			0.390423
t-Statistic	5.890844			5.828894
Prob.	0			0
FDS			-0.05051	0.062758
t-Statistic			-0.70123	0.870823
Prob.			0.4836	0.3844
C	-0.10723		0.211175	-0.14937
t-Statistic	-2.15485		5.744792	-2.084
Prob.	0.0318		0	0.0378
R^2	0.233493		0.170104	0.234128
Prob.	0		0.000007	0
D.W.	1.967377		1.937741	1.961505

收入分权明确了产权区域的财政来源，同时也意味着享有全部财源的比例是相对固定的，这在一定程度上抑制产权区域发展经济的积极性，削

减预算支出。支出分权则是明确了产权区域的支出范围,上级不再(较少)承担这部分公共物品/服务的费用,本级区域财政支出自然随着需求的增加而增多,加之财政当年收入当年支出(略有盈余)的要求,增多的财政收入必然造成支出增加。

2. 产权区域制度与财政自给率关系

财政自给率同时涉及收入和支出两方面,财政支出分权与其负相关,收入分权是正相关,显著性明显;产权区域制度通过收入分权和支出分权两条途径共同起作用,且收入分权是主要的。

财政收入分权提高意味着产权区域能够分享到比以往更多的收入,可以有效弥补财政支出的不足;财政支出分权的提高意味着上级政府在本区域支出水平的相对降低,为保持公共产品/服务供给水平不下降产权区域必须比往年付出更多的努力。

表 5-4　　　　　产权区域制度与财政自给率分析结果

Variable		Coefficient	
FDZ	−0.32832		−0.15088
t-Statistic	−7.61777		−4.44851
Prob.	0		0
FDS		0.894219	0.847124
t-Statistic		24.9006	22.43733
Prob.		0	0
C	0.766885	0.057065	0.198089
t-Statistic	22.90507	3.111668	5.232116
Prob.	0	0.002	0
R^2	0.983862	0.977613	0.978099
Prob.	0	0	0
D.W.	0.562976	0.764384	0.770465

3. 产权区域制度与财力集中度变化率关系

财政集中度变化率与财政支出分权和财政收入分权都是正相关,从整体看,支出分权的相关性要高于收入分权,这是由我国财政体制所决定。

高收入分权使得产权区域有较高的工作热情,但是收入的种类和标准都是由中央政府制定,地方可以适当削减却无权增加。此种情形下,预算外资金成为产权区域眼中的"唐僧肉",因为这部分资金游离于财政预算之外,既不用"上交"也无须公布具体来源和用途,成为监管中的死角、名副其实的"小金库";在预算外资金取消之后,产权区域只能寄希望于财源基数的扩大,通过累进税和各项费用的增加实现收入增长。

产权区域财政支出管理相对宽松,本着"逐级事项逐级决定"的思路,上级政府只是明确了下级应当支出的事项,并没有刻意地规定支出的规模,也就是说,各项财政支出只有下限却无上限——公共产品/服务满足当期社会需求。较高的财政分权度使得产权区域财政支出安排更为灵活,在保证现有公共产品/服务供给水平有所上升(甚至不下降)的前提下,可以将"闲置"资金投入到收益更高的项目中。

表 5-5　　产权区域制度与财力集中度变化率分析结果

Variable	Coefficient		
FDZ	0.443663		0.524831
t-Statistic	9.144421		10.55705
Prob.	0		0
FDS		0.104996	0.297005
t-Statistic		1.704844	5.221314
Prob.		0.089	0
C	-0.29931	-0.00853	0.524831
t-Statistic	-7.9356	-0.27123	10.55705
Prob.	0	0.7864	0
R^2	0.238777	0.090412	0.285519
Prob.	0	0.141944	0
D.W.	1.986219	1.770429	1.963771

三　财政支出规模不断扩大的思考

产权区域财政支出规模扩大的一个背景是城市化与人口增长,公众对公共产品/服务的需求越来越多,扩大了公共产品/服务的范围,而且质量要求也越来越高。政府职能扩张是导致地方财政支出不断增长的重要原因。

政府机构设置数量及其工作效率也会对财政支出产生影响,较高的工作效率可以通过设置较少的机构实现其应有功能，因而财政支出的规模也就相对较小。人口结构、文化背景等社会与历史因素也在一定程度上左右产权区域财政支出规模。

产权区域财政支出持续上升也可以从经济体制和财政体制改革等方面寻得解释。随着地方自主权的增强，产权区域对经济效率的重视程度不断提高，竭力促进社会经济发展。经济增长使税基规模不断扩大，税收作为财政收入的主要手段具有累进性，在其他条件不变的情况下，财政收入的增长速度要快于（至少不会慢于）经济增长速度，收入的增加使支出规模扩大成为可能。

开放经济条件下的扩张性政策可能因外部环境的变化而"竹篮打水一场空"，同时产权区域所形成的债务是必须要还的，而其自身的融资渠道和可用资源是有限的，这种情形下产权区域发展容易陷入"赤字—债务"陷阱。当然产权区域可以向上"化缘"，但是首先上级政府没有替下级偿还债务的义务，其次即便是上级愿意承担，其提供的帮助也是杯水车薪。出于整体发展考虑，债务更多的还是需要本级政府自己解决，为了降低赤字，只能是减少政府支出或提高收入，这两项措施对于社会经济长期稳定发展都有不良的影响。

发行公债弥补财政赤字是常见手段，我国除特区外的地方政府不能独立发行国债，只能通过中央政府代发（目前正在试点地方自发自还债券[①]），虽然不会造成地方性通货膨胀但是会造成整体国债供给增加；另一方面当购买者意识到购买国债未必能获得收益（在未来政府有可能通过提高税率来偿还国债），会造成债券需求的不变甚至下降，导致债券价格下降、利率上升。

提高税费具有相当大的局限性，并不是弥补财政赤字稳定可靠的方法。无论是开征新税费、扩大税基还是提高税费标准都必须经过一系列的法律程序，既不能频繁更改也不能无限增加；增加财政税费收入必定加重公众负担、减少其经济利益，必然招致利益集团的抵制。上述两个重要原因就使得这一措施的时间成本上升。

政府财政支出构成社会总需求的一部分，政府支出变动必将通过政府

[①] 财政部：《2014年地方政府债券自发自还试点办法》（财库〔2014〕57号），2014年5月19日。

行为影响总需求，作用于经济增长。政府支出有一种乘数效应，其支出的增减会造成供应商"订单"数量与额度的变化，供应商需要逐级下单、各自采购原料……这种带动效应逐渐扩散开来，将会产生几倍于政府支出变动的 GDP 增减。地方政府存在的一个重要原因是比上级政府/中央政府能够更好地提供公共产品/服务满足辖区公共需要，没有足够财政支出，就没有充足公共产品供给，势必导致辖区公众乃至上级政府不满，这是任何一级政府都不愿面对的。

第二节　产权区域制度与重复建设

地方政府一方面在推动地方经济增长、提供公共物品等方面有着不可替代的作用，另一方面出于对地方利益最大化的追求，也往往对经济进行不合理的干预。①

改革开放以后，地方政府的建设行为可以分为两个领域，一个是"公共物品"领域，如基础设施（城市基础设施和区域基础设施）、生态环境治理、社会发展事业等，对这一领域里的批评集中在机场、港口和铁路等的竞相发展。另一个是地方政府直接参与"竞争领域"产业项目，产生了生活必需品、家电产品和汽车、机械、石化等重化工业以及以电子信息、新材料、生物医药工程等为代表的"高新"项目多轮"重复建设"② 浪潮，形成"低水平重复"，造成了国家资源紧张和环境破坏等问题。

一　两个领域重复建设问题

（一）基础设施重复建设

为了发展需要，基础设施建设一般要有所超前。但是产权区域在改善

---

① 慕晓飞等：《中国地方政府转型的障碍分析——基于区域经济视角》，《经济体制改革》2013 年第 2 期。
② "重复建设""产能过剩""过度投资""恶性竞争"以及"过度竞争"所指的是同一现象，只不过"过度投资""盲目投资"等概念侧重在现象的前端即生产能力的过度投入上，而"重复建设"和"产能过剩"侧重在产能的大量闲置上，"过度竞争"和"恶性竞争"侧重在激烈的价格竞争和企业亏损增加方面。

硬件设施条件过程中地方化、区域化，脱离本地经济社会发展水平过分超前化，用市场需求标准衡量表现为公共领域基础设施的重复建设。

1. 港口领域重复建设

虽然产权区域建设各自的机场、港口等设施对运输事业、地方经济和城市发展作出了巨大贡献，但这些行为还是饱受批评，原因就在于基础设施布局或者定位不合理，"不伦不类"。

各地区都在积极建设和发展本地港口，并且绝大多数都把港口当作城市的门户、门面和对外开放的基本动因，全国几乎所有有条件的岸线资源都被开发出来。长三角地区自南京以下的长江沿线排列了9大港口100多个万吨级泊位，从江阴到南通的60公里岸段就建造了68个万吨级泊位，港口平均距离25公里，陆路距离不过50—60公里，甚至一个县级市就有两个港口。[①] 在海港建设中，沪苏浙深水港竞争由来已久，三地争做国际主枢纽港、"东方大港"，一个不大的区域内拥有大小洋山港（上海市）、北仑港（浙江）、苏州港（江苏）三个深水港，但是这些改扩建港口的实际利用效率究竟能有多少，就不得而知了。

从我国航空运输市场的发展情况看，机场建设还要大力发展，对于一些时间就是金钱、效率就是生命的行业来说，空中交通缺失造成的效率与经济损失是巨大的，上海2002年对虹桥和浦东机场航班大调整就引发了苏州加快机场扩建的步伐。相近的地理位置、相似的服务对象在分担了运输压力的同时使得机场建成后不能得到有效利用，较低的利用率造成了有限资源的巨大浪费。珠三角地区共建成有广州、深圳、珠海等数个国际机场，加上各地的国内机场，其机场密度举世闻名；长三角15个市已建或在建的机场共10个，平均每50公里一个，由于布点过密除区域性主要机场外，中小机场运营情况苦乐不均。

这些高投入、高风险、以规模经济为生存的基础设施几乎全由政府投资兴建，产权区域在"唯我独尊"的指导思想下以自己认定的经济腹地计算、设计运力，造成多地共用一块腹地、同争一方客/货源。

一些本应是节点的偏偏要提升到枢纽等级，节点与枢纽相互竞争造成功能混乱——枢纽中转职能丧失严重，节点有限的能力也无法承担更重的任务。建在非区域性中心城市、甚至是不发达中等城市的大型设施又处于

[①] 张京祥：《城镇群体空间组合研究》，博士学位论文，南京大学，1999年。

"小的用不上、大的用不了"的境地,"该吃好的吃不好、该吃饱的吃不饱"。设施投入运营后的实际利用率与理论值之间、实际使用情况与设计规模之间形成巨大落差,其建成之日可能就是其亏损之时。

以邻为壑、脱离实际的基础建设重复投资不仅造成设施本身的闲置,同时这种闲置也会不断地向后方传递,造成一系列配套资源的闲置,如后方客/物流中心面临"无客/物可流"的局面;营利性单位为了提高自身利用率竞相压价,造成社会资源的巨大浪费。港口、机场等基础设施在相当程度上不是数量的缺乏,而是小且散的布局造成规模不经济,这不是新建、扩建就能解决的。

2. 园区重复建设

经济技术开发区以其"一张白纸,好画最新最美的图画"之魅力对外来资本产生极大的吸引力,各级产权区域主持和参与建设的各类"开发区""高科技园区"成为经济增长的新亮点。

产权区域对园区数量和规模的扩张欲望造成开发区遍地开花,甚至出现了以往建设集体企业时的场景,"县县办开发区""镇镇建工业园",而且类型繁杂,包括经济技术开发区、高新技术产业开发区、工业园区、物流园区、保税区、出口加工等31种类型。

截至2006年,全国共有1568个国家级和省级各类开发区,除此之外还有859家省级以下各类开发区(此数仅为通过土地审核数目并非最终数)[1],平均每个省有78家开发区,东部10个省市占全国总量的48%(国家级和省级分别占59%和46%)。

表5-6　　　　　　　分地区省级及以上开发区数量　　　　　单位:个

地区	数量	国家级	省级	地区	数量	国家级	省级
北京	19	3	16	湖北	93	4	89
天津	30	5	25	湖南	77	4	73
河北	50	5	45	广东	92	23	69
山西	24	2	22	广西	30	7	23
内蒙古	45	6	39	海南	9	4	5

---

[1] 国土资源部:《关于其他省级及省级以下开发区通过土地规划审核情况的函》(国土资函〔2005〕458号),2005年7月15日。

续表

地区	数量		地区	数量	
	国家级	省级		国家级	省级
辽宁	55	13	42	重庆	37	3	34
吉林	40	5	35	四川	43	5	38
黑龙江	35	6	29	贵州	15	2	13
上海	41	15	26	云南	22	7	15
江苏	136	27	109	西藏	1	1	0
浙江	116	13	103	陕西	22	5	17
安徽	89	4	85	甘肃	36	2	34
福建	84	19	65	青海	4	1	3
江西	91	3	88	宁夏	16	1	15
山东	171	16	155	新疆	18	7	11
河南	27	4	23				

资料来源：《中国开发区审核公告目录》（2006年版）。

开发区大规模、高速度扩张不仅违背了其初衷，而且数量虽多但质量粗放。园区布局分散、规模偏小、基础设施差，筑了"巢"而引不来"凤"。因为不具备招商引资实力，不少园区"名不副实"，既无高科技及高科技产业，也不能实现企业间有效关联，陷入"多、小、散、低"的境地，集聚效应、规模效应不明显。部分开发区不严格执行国家的财税法规，肆意扩大优惠政策的适用范围，造成税收流失，更有些开发区的主要功能就是"圈地"。参差不齐的园区还造成土地和政策资源浪费等问题，个别园区不仅不是区域发展的增长点反而成为地区发展的负担。

(二) 竞争领域重复建设

在计划经济体制下，高度的计划控制使非理性重复建设很少发生在同一地区。财政分税制之后，地方政府基于利益的考虑开始从事能够增加GDP和财政收入的投资活动，运用自身的资源配置手段介入"竞争领域"，产业结构趋同则是最容易被攻击的对象。

区域产业结构趋同一般是指经济发展过程中区域间产业结构所呈现出的某种共同倾向，也称区域产业结构同构，作为一种动态变化表现为区际结构差异趋于缩小，产业地域特点不明显。产业结构趋同既包括主导产业高相似度也包括同一产业的组织规模、技术水平和产品结构安排的高度相似。简单地讲，就是某种产品生产能力在不同地域甚至同一地域内的广泛复制。

近些年的研究表明，区域产业结构趋同不只表现为三次产业、工农结构或者农轻重结构方面，更多地表现在产业内部行业结构中。虽然主导产业并不完全局限在工业领域，但是多数的地区还是从这一领域进行选择，因此主导产业的雷同在很大程度上涉及工业结构，工业结构相似度可以反映产业趋同情况。

基于上述分析，本书以工业结构为对象，采用由联合国工业发展组织国际工业研究中心提出的观点，选取 31 个省市自治区 1999—2011 年工业行业经济数据（资料来源于《中国工业经济统计年鉴》），利用公式 5-1 测算我国产权区域间产业结构相似系数。

$$S_{ij} = \frac{\sum_{k=1}^{n} X_{ik} X_{jk}}{\sqrt{\sum_{k=1}^{n} X_{ik}^2 \sum_{k=1}^{n} X_{jk}^2}} \quad (5-1)$$

式中 i 和 j 分别表示两个相比较的区域，X_{ik} 和 X_{jk} 分别代表部门 k 在区域 i 和 j 的工业结构中所占比重。若 $S_{ij}=1$，则说明两个区域的结构完全相同，若 $S_{ij}=0$ 则表示完全不同，实际上 S_{ij} 很难取到 0 和 1 这两个值，通常介于两者之间。通过观察一定时期的 S 值变化，可对地区结构变动状况做出判断，如果 S 值趋于上升，则为"结构趋同"；相反，可判定为是"结构趋异"。

由于相似系数只能进行两两比较，本书将各地工业结构与全国进行比较，近似反映区域间产业结构差异（当然也可以求出每个地区与其他地区的相似系数矩阵，但这样存在缺少参照标准的问题）。同时需要注意的是，相似系数是从区域角度进行产业结构相似性的对比，并不能反映产业空间布局趋向集中还是趋向均衡。

（1）各地区系数分析

相似系数最高的是江苏（1999—2007）和四川（2008—2011），最低的是西藏；系数超过 0.8 的省份（除四川外）分布相对集中、绵延成片，这些省份或是来自经济相对发达的沿海地区，或是位于产业门类相对齐全、综合发展显著的中部核心地带；低于 0.6 的省份（除山西外）则集中在经济总量规模较小、发展相对落后的西部地区以及工业重型化、资源单一性强的东北地区。

从变化趋势看，各单元在研究期都经历了一次下降上升的过程。系数值超过 0.8（含 0.8）的省份个数由 1999 年的 16 个减少到 2004 年 11 个，2011 年增长为 13 个，其中超过 0.9 的比例从初期的 18.75% 下降到最低时期的 7.69%（2005 年），2011 年上升到 38.46%（研究期最高值）。

为使变化趋势更为明了，本书参考前人经验对计算结果进行一次指数平滑处理，$S_t = \alpha X_t + (1 - \alpha) S_{t-1}$。$S_t$ 和 S_{t-1} 分别为第 t 期和第 $t-1$ 期的平滑值，X_t 为第 t 期的实际值。α 为平滑系数，通常取 0.1—0.3，这里我们取 $\alpha = 0.1$；初始平滑值 S_0 一般是凭经验给出，但大多令 $S_0 = X_1$。①

平滑后的全国平均产业趋同程度表现为"先下降、后上升"的变化趋势，转折点是 2005 年，上升过程中 2007 年有起伏，最终图形呈现首尾激烈中段温和的"W"形。

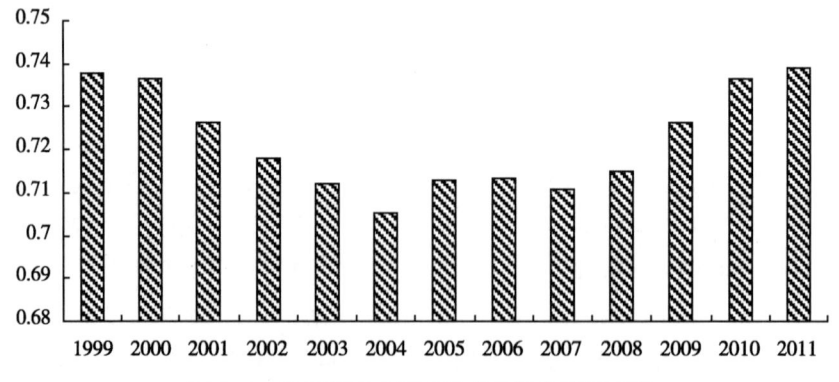

图 5-2 平滑后的全国平均产业结构相似系数

资料来源：《中国统计年鉴 2012》。

（2）各地区的平滑后的曲线分析

极高位状态（高于 0.9）。江苏处于稳定状态；四川、安徽先下降后上升，前者在 2001—2006 年落入高位 2007 年重回极高位并保持稳定状态，后者 2002—2009 年落入高位 2010 年重回极高位。

高位状态（介于 0.8 到 0.9）。山东小幅波动上升，2009 年进入极高位；上海在缓慢上升中于 2002 年进入极高位，2006 年返回高位并持续保持下降状态；湖北先降后升、升降缓慢，呈现以 2005 年为底点的"V"形；福建缓慢上升，2007 年进入极高位；天津 2004—2005 年进入极高位后缓慢下降，落回高位；陕西从高位高水平波动下降到较高位，其中 2006—2009 年处于中位高水平；江西处于缓慢下降状态，2005 年进入较高位并持续保持（除 2006 年）；辽宁、浙江、河南三地先降后升、速度

---

① 付强：《产业结构趋同与地区行政垄断》，《山西财经大学学报》2008 年第 5 期。

缓慢，并且河南在2003—2008年处于较高位状态；湖南在状态内小幅波动；广东自研究期开始就缓慢下降，在2009年降入较高位；河北在研究初期迅速下降，在2004年进入中位后一直处在中位较高水平。

较高位状态（介于0.7到0.8）。北京数值自2002年迅速爬于2004年、2005年几乎步入极高位状态，后经过多年缓慢下降处于高位状态；广西相对稳定的曲线在2006年后快速上升，最终于2009年进入高位状态；重庆自2001年起由较高与中位临近地带进入中低位交替状态并平稳保持多年，2008年后快速上升回归较高位。

中位状态（介于0.6到0.7）。内蒙古交替处于组内中高位状态，曲线平稳；甘肃升降缓慢，呈现以2005年为底点的"V"形，并在2003—2008年处于低位状态，现已步入中位；海南多年下降（虽有起伏），在2008年迅速降至低位与极低位临界处；宁夏在状态内下降，2005年小幅上升后多年保持平稳；吉林在快速下降到低位后，2007年起阶梯性上升重新回归中位状态；贵州在组内先升后降，小幅波动。

低位状态（介于0.5到0.6）。山西除2005年突变外持续下降，从低位滑入极低位状态；青海从低位下降到极低位后，2004年开始快速上升，目前徘徊在组内中低状态。

极低位状态（值小于0.5）。黑龙江一直保持缓慢上升趋势（2005年有突变），已经从本级跳入中低位临界状态；云南缓慢下降到，自2003年后多年连续快速上升进入中位；新疆、西藏处于组内波动状态。

二 产权区域制度对竞争领域重复建设影响与反思

（一）产权区域制度与产业结构趋同分析

本书利用Eviews 6.0软件，建立产业结构相似度与产权区域制度之间的数量关系，受到数据资料的限制，仅选取1999—2011年时间段进行分析。

表5-7　　　　　　　　　　统计量描述

	Mean	Median	Maximum	Minimum	Std. Dev.	Skewness	Kurtosis
S	0.722383	0.770273	0.947736	0.241984	0.163939	−0.69117	2.501634
FDS	0.503131	0.468956	0.884322	0.279178	0.140553	0.912698	3.148429
FDZ	0.776737	0.780232	0.953377	0.57804	0.082102	−0.00349	2.341428

表 5-8　　　　　　　　　　变量单位根检验结果

变量	LLCt *		IPSW-stat		ADF		PP		检验形式 (C, T, K)
	Statistic	Prob.	Statistic	Prob.	Statistic	Prob. **	Statistic	Prob. **	
FDS	-7.32125	0.00	-3.02401	0.0012	110.649	0.0001	157.884	0.00	(C, 0, 0)
FDZ	-6.67888	0.00	-1.94120	0.0261	111.991	0.0001	240.785	0.00	(C, T, 0)
S	-7.01891	0.00	-1.70915	0.0437	81.4421	0.0495	89.8938	0.0118	(C, T, 0)

单位根检验发现，三个变量均为零阶单整，本书建立个体固定效应Cross-section weights 加权模型来说明它们之间的关系。同样采用类似逐步回归的方法，先单独进行分析，最后综合分析。

表 5-9　　　　　产权区域制度与产业结构趋同分析结果

Variable		Coefficient		
FDZ	0.122765			0.113792
t-Statistic	5.219772			4.646276
Prob.	0			0
FDS			-0.07852	-0.03351
t-Statistic			-2.82895	-1.17067
Prob.			0.0049	0.2425
C	0.627027		0.761888	0.650858
t-Statistic	34.26058		54.38895	24.19222
Prob.	0		0	0
R^2	0.965071		0.967195	0.96545
Prob.	0		0	0
D.W.	0.695449		0.704256	0.701472

财政支出分权与产业结构趋同正相关，收入分权则是负相关。越高的财政支出分权越会造成产业结构趋同，较高的收入分权能够抑制趋同，支出分权在密切程度上要高于收入分权。从综合分析来看，上述关系的正负性未改变，但是收入分权变得不显著。

产业结构趋同有着客观基础。不同地区拥有的某些资源存在相似性，既要保证经济发展相对均衡又要使所需物品供应相对稳定，从而要求各地区多种经营，建立在相似资源禀赋基础上的产业结构自然具有"趋同"倾向。另外，相似的需求结构和庞大的市场规模造成企业为降低流通成本倾向于选择就地生产、就地销售的发展模式，也决定了供给结构的相似性。

产权区域在选择产业结构升级方向、确定区域主导产业时，往往选择投资见效快、能有效占领本地以及周边市场的行业。尽管各地都十分清楚模仿型产业发展思路终将会导致产业结构趋同，但是"理性行为者"本性导致其放弃发展比较优势行业选择投资高利润行业，倾斜的产业政策无形中扩大了市场竞争强度，误导了市场信号。一些地方政府甚至在当地企业不具备生产的条件下，仍然向企业提供大量的财政补贴，高利润行业的重复建设造成产业结构趋同是产权区域竞争的必然结果。我国对外开放、引进技术与资本逐步推进的特征决定了，在开放、引进过程中不可避免地形成一定程度上的产业结构趋同，特别是初期。

伴随市场需求变化和消费热点转移，竞争领域的重复建设呈现种类越来越多、覆盖面越来越广的趋势。简单来说，只要工业化、城市化在继续、产品需求在增长，社会资本就会不断地涌入这些部门寻求回报，同时也会给各个区域带来固定资产投资、GDP、居民就业和财政收入的增长，区域（政府）更会通过各种形式发展这些部门。

（二）重复建设的反思

严格地讲，"重复建设"是一个历史范畴，是计划经济背景中下级政府利用可控资源建设当前已有的、上级计划外项目。现今"重复建设"是以生产为起点的投资概念，意指经济主体增加投资扩大某种产品供给能力造成一定地域范围内产品的供给能力（包括已经形成和即将形成的）超过近期（通常是几年内）需求能力的状况，概念本身是中性的。

重复建设实际上是一种资本的趋利行为，只要市场存在竞争，就相应存在重复建设，也就是说，完善的市场经济体制并不排斥重复建设。但引起重复建设的原因却不仅是市场因素，我国的重复建设是政府行政力量和市场力量的相互推动所致。本书根据厉以宁投资主体是否承担投资风险标准[①]划分重复建设为行政性和市场性两类。

一是市场性重复建设。重复性投资风险和损失由投资者自己承担，无论这些重复建设是高水平的还是低水平的，除因违反国家政策而被强制禁止的（如"五小企业"），其他项目的命运都由市场决定。只要项目在市场竞争中立住了、发展了，那么这些所谓的重复建设就是正常合理的。在市场经济竞争压力下，新一轮的重复建设将不再是低水平的重复建设或者

---

① 厉以宁：《全球化与中国经济》，《世界经济与政治》2000年第6期。

落后技术的简单复制,市场性重复建设的实质是企业能力的趋同。

二是行政性重复建设。行政性重复建设是指由于行政力量介入造成的重复建设,既包括政府使用财政资金或通过其领导下的相关企业直接参与造成的,也包括利用行政手段如项目审批、市场准入、补贴扶持等手段干预投资导致的。

1. 市场性重复建设的利与弊

一个展现无限商机的新生行业或产品会造成投资者的追逐,由于要素、机会等的不同,投资者在市场规律的作用下展开有效竞争,甚至在看似饱和的状态下不断进入。这似乎是一种重复建设,但其实是市场选择的必然过程,任何产业的发展都是在这种新的投资机会出现→投资者大量进入→形成重复建设→生产能力过剩、集中度下降→市场竞争加剧、投资者退出增加→利用率和集中度上升→需求增加、新投资者进入→产生新一轮重复建设这样一个循环。[1]

由于需求的波动、信息的不完善、退出的困难以及市场竞争的需要等,重复建设广泛存在于世界上许多国家,包括市场经济发达的国家。重复建设与市场竞争紧密联系在一起,它既是市场竞争的前提,又是市场竞争的结果。[2]

没有竞争,没有选择,一个拥有竞争、优胜劣汰的行业才是一个充满活力的行业。如果不支付竞争所必需的重复建设成本,社会可能需要支付因垄断给经济活动带来的成本。[3] 建立在市场竞争理论基础上的重复建设有利于降低垄断,同时也是市场竞争、市场活力、资源配置效率得到保证的重要条件。产业结构的调整和升级,也就是在更高水平上不断地建设、不断地淘汰的过程。

2. 行政性重复建设的利与弊

重复建设是区域竞争的一种外在形式。地方政府热衷于此,首先在于其有增加财政收入的可能,同时可以彰显业绩;上下级政府之间存在一定的利益冲突,下级拥有配置资源的手段,在资金随项目拨付的情况下,各

---

[1] 曹建海:《怎样避免重复建设的恶性循环——评魏后凯主编的〈从重复建设走向有序竞争〉一书》,《经济研究》2002 年第 9 期。

[2] 魏后凯:《我国工业重复建设辨析》,《经济管理》2001 年第 5 期。

[3] 王正旺:《正确看待境外重复建设趋利避害引导境外投资》,《中国经贸导刊》2002 年第 2 期。

地利用项目投资争夺上级预算内财政资源。

行政性的重复建设并非一无是处，可以说人类社会的发展历史就是从相对短缺走向相对丰足的无限循环。计划经济时期，各地服从国家宏观分工，在大力发展区域专门化的同时尽可能地形成自给自足的地方经济体系，这一时期的重复建设快速地、集中地克服"短缺"，实现了工业化和战略工业的地区部署、普遍就业与广大居民基本生活需求的供应，提高了社会生产力。[1] 虽然相对市场经济而言"短缺"的印记依然明显。

重复建设造就了同一产品的众多生产者，改善了国内市场的产品供求状况，也强化了"优胜劣汰"机制，促使市场由卖方向买方转变。同类产品生产企业的迅速增加，是市场供求关系发生逆转不可或缺的现实条件。[2] 激烈的竞争环境客观上要求厂商提高产品质量，有利于社会技术水平的整体提高，有利于企业兼并、资本集中与规模经济的形成；产品种类日益多样化，有利于平抑物价，为经济发展提供一个相对稳定的通货环境。[3]

由于地方财力有限，行政性重复建设投资规模一般较小，同时受到视野局限不能把握全国市场的变化趋势，容易在产能过剩的大环境中"逆流而上"，而且这些投资者承担的风险和责任较小甚至零负担。"万事不求人""肥水不流外人田"的区域经济体制、投资约束机制和供给过剩自动纠正机制的缺乏必然会产生而且也确实产生了"重复建设"，这种重复建设是社会资源配置的失当和扭曲，是一种投资过度、竞争过度行为。

应当区分正常的和不正常的重复建设。我国"重复建设"始终得到较高关注，理论界不乏批评意见，实际上都是针对不合理/非正常重复建设。究竟一个投资建设项目是否属于正常重复建设，重复建设的正常与非正常界线在哪里，学术界和政府部门没有一个统一的标准。通常而言，如果一项投资项目的工艺/技术水平及预期产能利用率不高，而目前同类产品供给已经超出社会需求、综合收益低的状况，这项投资的非正常倾向就很重。

---

[1] 丁四保：《主体功能区划的生态补偿机制研究》，科学出版社 2009 年版，第 177—180 页。

[2] 洪银兴等：《长江三角洲地区经济发展的模式和机制》，清华大学出版社 2003 年版，第 23 页。

[3] 张昆仑：《简论重复建设》，《理论导刊》1998 年第 3 期。

第三节 产权区域制度与地方保护、市场分割

地方保护主义是指地方政府为维护辖区利益,通过手中的权力实施一系列内外有别的政策,设置进入与流出壁垒,限制区域内资源流出、限制区外冲击性企业和产品进入的行为。

一 地方保护的根源与手段

产权区域拥有相对独立与完整的行政区内事权和财权,拥有行使上级政府授权的资源配置能力,加之自身承担的辖区社会经济发展责任,产权区域不仅有能力,而且也会尽最大的可能来保护区域利益。

(一) 地方保护的缘起

1. 地方发展需要

(1) 追求政府财政收入。随着财政收支体系的不断完善、支出范围不断明晰,社会经济发展对地方财力需求不断增长,"上级出政策、下级想对策"的惠民发展模式造成支出责任从中央经过行政体系逐级分化到地方,在客观上挤占了地方资源,地方财政压力逐年上升。

辖区经济主体生产经营活动的顺利进行是财政收入的重要保证,不断增加的财政压力导致产权区域会本能地采取保护策略,倾向于扶持本地企业、推销本地的产品/服务,GDP多增加一点,财政自然而然也就多收入一点,地区利益就多一些。

(2) 产业发展的需要。对产业的保护,必然要涉及产业结构趋同问题,两者之间近乎于"鸡生蛋,蛋生鸡"关系,而且是"公说公有理,婆说婆有理",本书对此不加以评价,仅从产业发展角度阐述地方保护的动因。

产权区域在发展过程中应当遵循产业发展的规律,但在对市场竞争形成的分工格局不满意,或现有格局不能实现区域经济主体利益最大化的情况下,产权区域就会有目的地实施干预,造成某些产业在经济发展中的作用更为重要或前景更加广阔。

首先保护的是地区"战略性"产业。虽然幼小产业当前竞争力弱(市场半径尚不能覆盖辖区)、经济效益不明显,但有可能成为未来地区发展的优势部门。产权区域会主动实施临时性保护措施,为其不断壮大提

供一定的时间、资金、信息等支持,减少外部竞争者的强势冲击。

对已经处于衰退边缘的部分行业/企业实行保护则源于其较高的沉没成本。此类行业/企业具有较高的特殊性,那些专用性强的前期投资不能有效转移将极大地增加政府成本;大规模淘汰这些从高利润变成为低获利的行业/企业,容易造成大量失业人口(尤其在产业类型单一,产业结构调整进程缓慢的地区),加之对重新进入成本的考虑,产权区域必然进行保护。如此,重复建设与产业结构趋同倾向被维持和延续下来。

(3)缓解就业压力。提高就业率是地方政府的一大要务,维持和扩大就业自然成为产权区域实施地方保护一个重要的动因。

就业压力由经济活动失业人口对就业岗位的需求造成,本质上是劳动力与生产资料完全分离或者不能有效结合,前者为"显性"失业,后者为"隐性"失业。无论是显性还是隐性,失业人口在我国是大量存在的。一部分是城乡二元经济中,被禁锢在有限耕地上的农村剩余劳动力;另一部分是经济体制改革、市场竞争过程中剥离出来企业下岗职工,以及尚未释放的低效率就业人员。

产权区域对于本地社会经济负有重大责任,降低本地失业率成为它们特别关注的内容。在城乡分割、户籍不能自由迁移的情况下,本地失业率由本地城市居民的失业率所替代,因此站在政府的立场上,后一类人口带来的就业压力才是迫切需要解决的。地方政府需要为地方企业发展设置"防火墙",使企业不减少现有工作岗位,甚至是以一定条件吸纳部分下岗失业人员。

2. 产权区域领导层或个人利益的需要

(1)地方政府官员业绩与晋升需要。业绩考核体制已经从过去的"根正苗红"纯政治指标转换为相对绩效考核,领导者必然为"晋升"而展开竞争。政治晋升博弈的基本特征是一人所得为另一人所失,这使得处于竞争中的官员合作空间非常狭小。

竞争中的产权区域如同一个企业,领导层会像企业经理人谋求市场份额和利润一样增加辖区可控制资源和竞争能力。为了获得晋升的机会,领导层不仅要努力促进本地方经济增长,而且还要制定保护措施抵挡外来攻击,扶持本地企业存续、创立地方品牌。

(2)某些部门或者私人利益需求。虽然我国领导干部任职制度已经比较完善,但是许多垂直部门在人事管理上仍是"大属地管理",或要征求/参考属地政府意见；在日常工作中需要得到属地的大力支持，诸如建设用地、后勤配套等。此种情形下，垂直部门会或多或少尊重地方政府的意志，"为地方经济发展作贡献"。

掌握权力的部门领导很大比例上仍是本地出身，部门负责人出于不同目的与企业负责人嵌入同一个社会关系网络中，如人际交往或获取部门收费收入，甚至个人非法收入等，造成部门行为有失独立性和公正性，容易造成地方保护。

此外，地方国有企业和集体企业往往归地方政府领导，由于这些企业"属于"产权区域，"既当裁判员，又当运动员"，保护就成为一种理性选择。

（二）地方保护的手段

地方保护主要是通过阻断企业跨地区供销链及产权整合实现，在不同时期呈现出不同表现形式。

从早期争夺原材料到限制外来产品进入，再到阻止外地企业在本地进行投资及并购等，地方保护实现了从保护当地资源为主到保护当地市场为主的进化。以往在行政边界重点部位设卡检查/拦截物资流动的方式已不多见，但是其他保护形式仍旧存在，从硬性保护发展到软硬兼施、以软为主的境地。所谓"软"就是隐蔽的行政壁垒，包括采购政策、技术壁垒和相关费率等。

（1）特殊的采购政策限制外入品。利用"红头文件""会议纪要""打招呼"等方式使各级单位只购买/使用本地产品/服务或通过审查的部分外入品，以此形成示范效应推广到普通消费者，通过抑制外来产品/服务的市场需求量控制其进入量。

（2）通过费率调整控制外地产品/服务进入量。例如设定歧视性收费项目或标准，提高外来物品成本、降低其市场竞争力；同时对本地产品实行相关补贴，变相降低成本与价格，提高本地商品市场占有率，减少外来冲击。

（3）对区域"内产"与"外入"产品/服务实施差别标准。对外入品采取更高的质量标准、检验要求，或者采取重复认证、检测等歧视性技术措施，限制外入品的进入量；对提供外入品销售、服务的相关单位和个人实施例如专营、专卖、审批、许可等歧视性待遇，甚至运用一些超经济的手段，控制区域外产品的流入，压缩外入品市场空间，如"加强市场监管和质量监督"等。

对外来企业实施更高的资质要求、更高的环保标准、更严的评审程序，以及信息发布"选择性忽略"等歧视性待遇，限制甚至排斥外来企业、组织和个人在本地投资、兼并本地企业或者设立分支机构。

> **拓展 5-1　地方保护典型案例**
>
> 典型案例："汽车大战"
>
> 上海规定额度内购买本地车辆牌照底价 2 万元、购买外地车辆牌照底价为 8 万元，出租车必须购买本地生产汽车（主要是上海大众车型），小排量汽车禁止上高架桥。此令一出，对当时的汽车市场影响甚大，主要针对湖北轿车生产企业以及众多微型面包车生产企业。
>
> 湖北很快地发布了类似规定，财政拨款单位新购用车标准选用湖北当地产品（主要是富康系列），否则不能上牌、入编；对省内购上海产车辆一律加收 7 万元"特困企业解困基金"。
>
> 吉林规定"县以上行政单位，经批准购买汽车的，要按规定的标准首选一汽汽车"、"省直机关及所属各单位购车和报废更新车辆时，必须购买一汽汽车"，省内凡购买一汽生产的各种车（含符合营运条件的农用车）均可享受 5 个方面的优惠政策，要求长春、吉林两市新进出租车必须选用本省汽车（一汽生产）。
>
> 2004 年北京市出租车更换车型的初步技术标准确定了一些硬杠杠："汽车的排气量不低于 1.8 升"，"车长必须在 4.5 米以上"，"车内还要安装 GPS 全球卫星定位系统"，"尾气排放要达到欧洲三号标准"，"燃料则以液化石油气为佳"。虽然没有"钦定"北京现代系列，但敏感的人士注意到，出租车颜色的每个设计方案都是以北京现代索纳塔为底版，北京现代系列出租车成为首都新"城市名片"。
>
> 典型案例：以整顿市场秩序之名行地方保护之实
>
> 1. 贵阳市烟草专卖局 2000 年 8 月发布通知，通知称因前期省外卷烟大量涌入本地，其中非法渠道进入的卷烟以及假烟数量较多，自当月 14 日起，除经省烟草部门审查批准的 19 种"外烟"，其他品牌外烟禁止出售。
>
> 2. 齐齐哈尔市龙江县在 2000 年根据市人大《酒类管理条例》及政府办公厅第 33 号文成立啤酒市场稽查队，要求辖区所有从事啤酒批发业务的商户必须办理"酒类批发许可证"，同时经营外地啤酒业务还需要办理"准销证""送酒员证"，并加贴"准调标志"。

李善同等在企业和非企业的调查问卷中，列举了两个方面、八大类共

42种地方保护的形式和做法，发现列举的这些保护形式和手段都不同程度地存在。[1]

表 5-10　　　　　　　　八个方面地方保护的严重程度

类别	企业问卷	非企业问卷
对劳动力市场方面的干预	57.7	60.1
阻止外地产品进入的其他非正式无形限制	55.7	57.3
对技术方面的干预	51.0	52.6
工商质检等方面的歧视	49.7	51.8
直接限制外地产品的销售数量	47.3	50.2
价格限制和地方补贴	46.0	50.2
对投融资方面的干预	44.3	48.8
对外来企业原材料投入方面的干预	42.0	47.7

说明：以 100 表示最为严重。

二　地方保护与市场碎化测度

地方保护易于表述但难以直接度量，实际操作中可以通过测度市场分割这一地方保护的必然结果进行反映，而且多用市场分割程度、市场整合程度或市场一体化程度来表征，本书将利用碎化指数和改进的价格法进行测算。

（一）碎化指数测度法

碎化指数主要反映区域内政府单元个数变化和不同单元指标在区域中比重的变化。[2] 具体的计算包括赫芬达尔-赫希曼指数（HHI）和都市碎化指数（MPDI）两种，区别在于大小个体谁会拥有更大的权重，本书中利用后者进行测算。

假使区域中每一个政府单元的某一指标为 x_i （$i=1, 2, 3, \cdots, n$）

$$y_i = \frac{x_i}{\sum_{i=1}^{n} x_i} \qquad I = \sum_{i=1}^{n} \sqrt{y_i} \qquad (5-2)$$

---

[1] 李善同等：《中国国内地方保护问题的调查与分析》，《经济研究》2004 年第 11 期。

[2] 罗震东等：《都市区域空间集聚—碎化趋势研究——江苏沿江都市区域的实证》，《人文地理》2009 年第 1 期。

I 为碎化指数；y_i 为每一政府单元指标占区域总指标的比重，其中 I 的变化范围为 $[1, \sqrt{n}]$，值越大表示越碎化（或均匀）。

均匀度指数消除了碎化指数中政府单元个数的影响，纯粹从区域单元分布的均衡程度考虑，其具体公式如下：

$$I^* = \frac{\sum_{i=1}^{n} \sqrt{y_i}}{\sqrt{n}} \qquad (5-3)$$

I^* 为均匀度指数；y_i 为每一政府单元占区域总指标的比重。其中 I^* 的变化范围为 $[1/\sqrt{n}, 1]$，I^* 值越小，越集聚，I^* 值越接近 1，越均匀。

均匀度指数虽然体现了各单元分布的均衡程度，却无法反映各单元人口的差异程度。参考罗震东的思路，将人口不均衡程度纳入公式，构成新的均匀度指数["均匀度指数（人口）"]。其具体公式如下：

假设区域中每一政府单元的人口数为 p_i（$i=1, 2, 3, \cdots, n$）

$$y_i^* = \frac{x_i}{\sum_{i=1}^{n} x_i} \times \frac{p_i}{\sum_{i=1}^{n} p_i} \qquad NI = \sum_{i=1}^{n} \sqrt{y_i^*} \qquad (5-4)$$

NI 为均匀度指数（人口），y_i^* 为每一政府单元指标占总指标比重与辖区人口比重的乘积，变化范围为 $[0, 1]$。

社会消费品零售总额反映了各行业向城乡居民和社会集团供应的消费品总量，是反映国内消费需求最直接的数据，也是表征社会商品购买力的实现程度以及零售市场规模状况的重要指标，本书利用这一数据进行计算。

三项指数测度结果处于相对稳定的状态，起伏不大。碎化指数（I）极差值不超过 0.05，均匀度指数（I^*）和均匀度指数（人口）（NI）的极差值不超过 0.009、0.013。但是仔细看来，还是能够看出三者的变化趋势。

碎化指数（I）在 1998—2009 年不断下降，以 2004 年为界，前期下降迅速（尤其是 2003 年）后期相对平缓，2009 年开始有所回升；均匀度指数（I^*）仅是碎化指数（I）的固定式平滑，因此两者保持了一定的同步关系，但变化幅度小。这两个指数本身是一个负向意义的数值，就其在本书的意义，国内市场在 1998—2006 年从碎化走向统一，从 2007 年开始

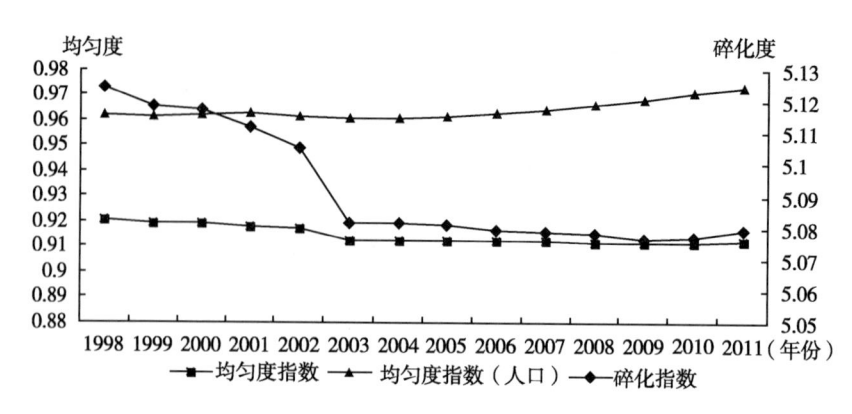

图 5-3 市场碎化度测算结果

逐步趋向碎化。均匀度指数（人口）（NI）除个别年份略有下降外，多数年份都是上升状态，特别是 2003 年之后，上升幅度明显。NI 越小越集聚、越大越均匀，这也说明国内市场处于碎化程度不断加深的状态中。

（二）价格测度法

价格法以商品价格为工具，通过测量其地区间差异性反映地方保护和市场分割的状况，如果存在趋同现象则市场分割程度下降，地方保护减弱。本书参照陆铭的思路进行测算。①

价格指数方法包括三个指数的计算部分。一是计算相对价格差异 $|\Delta Q_{ijt}^k|$，$|\Delta Q_{ijt}^k| = |\ln(P_{it}^k/P_{jt}^k) - \ln(P_{it-1}^k/P_{jt-1}^k)| = |\ln(P_{it}^k/P_{it-1}^k) - \ln(P_{jt}^k/P_{jt-1}^k)|$，其中，$i$，$j$ 代表不同的省（市），t 代表年度，k 代表某一类商品，P 为商品零售价格；二是价格差异残差 Δq_{ijt}^k。假设 $|\Delta Q_{ijt}^k|$ 由与商品种类 k 相关及与 i，j 两地特殊市场环境相关的两部分组成，以去均值的方法可以得到仅与地区间市场分割因素和一些随机因素相关的 Δq_{ijt}^k，即 $\Delta q_{ijt}^k = |\Delta Q_{ijt}^k| - |\overline{\Delta Q_t^k}|$，$|\overline{\Delta Q_t^k}|$ 为不同区域对某年某类商品的均值；三是相对价格方差 $Var(\Delta q_{ijt}^k)$，即对同年、同一区域对 Δq_{ijt}^k 求方差，$Var(\Delta q_{ijt}^k)$ 的含义是什么呢？对于每一个观察单位的每一年都需要有一个度量市场整合程度的指标。我们需要度量的是一个由交易成本导致的价格波动范围指标，其经济学含义是套利区间，区间越大，市场分割程度就越大。

本书选取可以直接影响到居民生活支出和政府财政收入的商品零售分

---

① 陆铭等：《分割市场的经济增长——为什么经济开放可能加剧地方保护?》，《经济研究》2009 年第 3 期。

类价格指数,按省级单位两两配对①逐步处理 1999—2011 年数据,得到相对价格方差,进而通过取均值得到全国平均市场分割度。

虽然我们承认地方保护造成了市场分割,但即使不存在地方保护,现实生活中也不会存在完全统一的市场。那些不适宜远距离运输或运输成本较高的产品,其市场范围是有限的,尤其在交通不便的地区;有些产品虽然质量上乘但不符合外地消费水平,消费者出于信息不对称,或对售后服务、维修的顾虑而选择本地产品;风俗习惯、文化背景以及宗教信仰原因更是造成一些外地产品无法进入。这些因素或独立或与地方保护协同作用造成统一市场的分割。

为了加以区分,将上述原因造成的分割称为自然分割。自然分割是给定的,在相当长的时期内无法改变,在某种意义上也不需要改变。将地方保护行为造成分割称为人为分割,其中又有必要与非必要之分,诸如对幼小产业保护、对外入生物检验检查等必要行为对区域发展是有益的。

根据石磊分析,策略行为下的市场行为(L)与合理的市场保护总水平(L^*)存在着一定的数量关系,即最终市场保护水平与合理市场保护水平之间的"差异"就应该属于不合理的部分(ΔL)。② 本书据此进行一定推算发现,这种差异将随着实施地方保护区域数量的增加而增大。

$$\Delta L = L - L^* = \frac{3n^2 - 4n + 1}{(2n-1)^2} \times L \qquad (5-5)$$

式中,n 为参与市场保护行政区个数。由于 2003 年统计口径的调整,故以此为界限进行划分(1998 年缺失西藏数据,但不影响数据分析)。

1. 从 1998—2002 年各省分产品的市场分割度平均数看,对产品保护程度可以从高到低分成三层。第一层包含日用品、文化体育用品、书报杂志、中西药品四项,第二层包括家用电器、服装鞋帽、首饰、燃料、机电产品五项,第三层包含食品、建筑装潢材料、纺织品、饮料烟酒、化妆品五项。

2003—2011 年的市场保护程度从高到低大致分成四个层次。第一层包括金银珠宝、燃料两项,第三层包括书报杂志及电子出版物、食

---

① 地方保护的壁垒设置不单纯地依赖空间比邻关系,更多地参考资源禀赋的相似性、"重复建设"或产业部门竞争激烈,因此测度对象由相邻省份扩大到相两省市区之间。

② 石磊等:《市场分割的形成机制与中国统一市场建设的制度安排》,《中国人民大学学报》2006 年第 3 期。

品两项，第四层包括日用品、化妆品和饮料烟酒三项，其他的归于第二层。第二层内部比较复杂，区分不明显，但是通过两两比较，即某一项高过另一项的省份数量，大致上能够区分出相对高低，保护程度依次是交通、通信用品，服装鞋帽、体育娱乐用品、中西药品及医疗保健用品、文化办公用品、纺织品、家具、建筑材料及五金电料、家用电器及音像器材。

产品保护程度的差异反映了各地对行业保护程度不同。一般来讲，保护程度高的行业往往符合下列特征中的一项或几项：一是产业增加值弹性系数大、行业实际利税率高；二是产业在经济增长中具有基础性地位；三是行业准入（如质量和技术标准）严格；四是行业具有自然垄断特性；最后是部门发展关系到地区未来工业化或产业带动性强。

2. 从全国地方保护程度变化趋势看，呈现"V-W-Λ"形状，最高的年份是2001年，最低是2011年。分省角度看，保护严密程度随时间变化趋势是相似的，同时上升、同时下降，彼此之间几乎没有时间延滞。因为任何一个地区采取保护措施、封锁本地市场，必然会迅速招致竞争对手的报复行为，类似"一报还一报"式博弈。

并非某一个地区一直是地方保护的"领头羊"，而是不断变换。但从1998—2011年各年地方保护程度的前五名来看，欠发达地区更容易产生保护的冲动，发达地区对地方保护的依赖程度要弱，同时省际地方保护差异在波动缩小。

三 产权区域制度对地方保护、市场分割的影响

财政支出分权有利于抑制地方保护的实施，收入分权则促进产权区域实施保护行为，从相关性的大小看收入分权比支出分权要高。产权区域制度对地方保护的影响是明显的，虽然支出分权起到了一些抑制作用，但是不足以抵消收入分权的推动性，整体上还是呈现出正相关性。这可以从分权的两种形式与地方保护的最终目的进行分析。

表5-11　　　　　　　　　　统计量描述

	Mean	Median	Maximum	Minimum	Std. Dev.	Skewness	Kurtosis
localism	22.81461	20.5161	55.1315	11.6087	8.446609	1.848998	6.49573

表 5-12　　　　　　　　　　变量单位根检验结果

变量	LLCt* Statistic	Prob.	IPSW-stat Statistic	Prob.	ADF Statistic	Prob.**	PP Statistic	Prob.**	形式 (C, T, K)
localism	-11.9959	0.00	-3.68193	0.0001	97.0784	0.0029	94.0432	0.0054	(C, T, 0)

表 5-13　　　　　　　　产权区域制度与地方保护分析结果

Variable	Coefficient		
FDZ	-46.9088		-31.9196
t-Statistic	-5.45328		-3.6131
Prob.	0		0.0003
FDS		74.32663	58.37552
t-Statistic		6.847946	5.127861
Prob.		0	0
C	59.2504	-14.5814	18.23726
t-Statistic	8.851676	-2.6631	1.773275
Prob.	0	0.0081	0.077
R^2	0.09788	0.134624	0.156674
Prob.	0.136278	0.004189	0.000428
D.W.	1.85249	1.804397	1.909833

产权区域希望拥有较高的收入分权度，以期享有更多的产出。前文分析过，产权区域目前的手段只能是不断扩大财源基数，而地方保护的目的则是维护辖区经济主体的利益，两者不谋而合，甚至可以说后者服务于前者。产权区域在财政支出分权下则寄希望聚集更多的资源，封锁本地市场、保护本地企业与产品的行为在短期取得了巨大效益，但产生的示范效应造成各地竞相效仿。强盛的地方保护使得各区域成为一个个"独立王国"，割裂了它们之间的互动关系。

"诸侯经济"与市场分割形成连锁式反应。资源配置方面的市场分割会限制产品、服务的市场范围，妨碍经济机制有效运行，使专业化和分工带来的增益不能被充分利用，市场信号失真使社会资源无法实现最优配置，造成国民的福利损失。

地方保护也使得辖区企业缺乏竞争意识和危机感，抑制了企业向区外拓展的积极性与创新的动力，久而久之走向没落，只能是一个满盘皆输的下场。单打独斗式的发展终究会被合作所取代（实际上称为"竞合"更恰当），因此需要逐步地降低保护壁垒，将主导权从政府之手交还给市场之手。

第四节 产权区域制度与环境问题

当我国的地方政府成为一个相对独立的、对自身发展负责的产权区域，其为利益而竞争的行为必定产生环境负外部性，对此本书更多的是通过不断出现的各种案例展开分析。

一 城市发展产生的环境压力——以东北老工业基地为案例

城市发展需要与之匹配的设施，城市规模需要进一步扩张，这将改变原有土地利用类型与使用强度；城市人口增长速度通常超过了城市地域的扩张速度，人口密度越大，无偿占用城市环境容量越多；人们消费水平和消费结构的改变，加大对环境索取的力度。另外，许多城市面临着垃圾"围城"现象，这些都对城市生态环境产生了巨大的压力。除非控制人口并改善退化的环境和资源管理，否则情况将继续恶化。[1]

城市发展引起产业结构的变化，改变对生态环境的作用方式。研究表明，产业结构重型化是造成资源过度利用和生态环境恶化的主要原因之一。"高能耗、高污染"的项目既增加能源的消耗和废弃物的排放，增大了生态环境压力，也使得增长上缺乏长期的保证。[2]

东北地区在新中国成立后特别是"一五""二五"期间发展为我国的重工业基地，在路径依赖之下建设用地大量扩张，其中大部分为大规模工业建设所占据。重型产业发展惯性与快速推进的城市化进程造成东北地区土地需求不断扩大，目前黑、吉、辽三省土地开发率高达 87.77%，加之主体功能区划限制，后备资源较少，新增用地大多来源于草地和林地。森林和草原长期不合理利用使森林资源质量下降，草地也出现不同程度退化。重型的产业结构导致环境状况一直相当严峻，松花江水系与辽河水系

---

[1] 陈静生等：《人类——环境系统及其可持续性》，商务印书馆 2007 年版，第 229 页。
[2] 中国科学院可持续发展战略研究组：《2008 中国可持续发展战略报告——政策回顾与展望》，科学出版社 2009 年版，第 259 页。

从 1989 年以来就是全国污染严重水系；废气排放量长期居高不下，大气污染严重，属于典型的煤烟型与产业结构型污染。①

二 资源争夺战——以黄河流域水资源争夺为案例

黄河水是西北、华北可持续发展的基础性自然资源和战略性经济资源。有以此为生产、生活水源的沿黄地区以及经国务院批准引水的大小百余座城市，也有众多大中型石油化工企业，还包括多个正在建设的新型能源基地。拥有足够多的水资源对区域发展显得弥足珍贵，流域内各方对水资源的争夺日益激烈。

与大规模需求相矛盾的是，黄河每年的水资源量大幅减少是不争的事实。受自然因素影响，目前约为 535 亿立方米，其中还有 210 亿立方米的雨洪、排沙用水，虽然用水需求仍在日益上升，但真正可供沿岸使用的不到总量的 2/3。《黄河流域综合规划（2012—2030 年）》称，2020 年本流域将缺水 94.3 亿立方米，到 2030 年，本流域需水量就达 550 亿立方米（比目前用量增加 110 亿立方米），加之届时需向流域外调拨 100 亿立方米，即使来水正常年份，每年也有 100 亿立方米以上的用水缺口。落后的农业灌溉技术和设备、工业用水低效率以及频频发生的水污染事件使得这一问题雪上加霜。

在供需双重夹击下，黄河水资源稀缺性明显，供需矛盾已经演变成为一场"争夺战"。上下游、左右岸等省份、城市在防洪排涝、引黄供水、河道整治、滩涂开发和水力发电等方面，构成了错综复杂的利害关系，为了争到用水指标，各地可谓是不惜一切代价。每到协商分水方案的时候，各方都会"打"得不可开交，定下来的方案没有一方满意，为纠纷埋下了隐患。城市用水、工业用水挤占农业用水，农业用水在抵抗无效的情况下转头占用生态用水，造成不少河流断流、湖泊干涸，威胁区域生态安全。各地在干流争水的同时又将目光投向调控力度较小的支流领域。

---

① 刘大志：《东北经济区生态文明建设与产业投资基金的生态化创建》，《经济纵横》2008 年第 8 期；陈晓红等：《城市开发与生态环境相互作用过程研究》，《国土与自然资源研究》2001 年第 1 期。

拓展 5-2　黄河流域水资源争夺问题

——上下争水

2003年，黄委会因宁夏超量用水连发9封电报，要求宁夏进一步压减引水，严格执行水调指令，停止超量用水并予以返还，否则全河通报并报送水利部采取进一步措施。同年6月下旬，内蒙古大规模超计划引水致使黄河断流只在顷臾间，最终在"讲政治"的高度及内蒙古主要领导亲自过问下化解险情。部分省际边界地区的矛盾更加突出，黄河大北干流晋蒙河曲河段河道工程矛盾、310国道施工向渭河弃渣引发甘陕二省纠纷、豫鲁两省"金堤河"水事纠纷、陕晋两省府（府谷）保（保德）水事纠纷。

——左右争水

山西和陕西两地共同利用同段黄河水，一定程度上造成两省的用水竞争。"两省各自挖引水渠，谁引水条件好，谁就取得上水；发洪水的时候则分别建挑流坝，把洪水冲到对岸。"受边界河道限制，只能规定由两省共同负责，各自的引水量很难得到确切的统计，在不能确定是哪方责任的情况下，"各打五十大板"。

——支流争水

1987年《黄河可供水量分配方案》（也称"八七分水"）未对支流水量分配做出明确规定，这意味着各省可以在水流入黄河之前取用，而不占黄河水量分配指标。即使在《黄河水量统一调度条例》出台之后，水利部黄河水利委员会（简称"黄委会"）只能对干流进行有效的控制，而对于各省在支流的采水量往往只能采信上报数据，目前对于支流的猖狂采水还控制不住。随着各省对支流水量的过度消耗，各支流频繁断流，黄河不可避免地受到影响。

——工业争水

耗水工业争相上马，部分水电站超量放水严重打乱了全河水量调度计划。用水大户，除了电厂，还有油田，1997年胜利油田因无水可用被迫将旗下200口油井关闭，直接、间接损失高达15亿元。沿黄城市不断推进的工业化进程，又对黄河水的需求量提出更高的要求。争得更多的水量，不仅意味着可以"养活"更多的人口，更意味着有更多工业项目的落地，简单地说"水决定GDP增长"。

> ——农业争水
>
> 毫无疑问，农民是黄河争水者中最为直接、最为弱势也最为无奈的群体。一方面，为了保证黄河不断流和沿黄地区的工业用水及城市用水，需要压缩农业用水，而落后的农业灌溉技术和设备造成水资源浪费严重，造成传统农作物成建制消失。另一方面，一些农民为了贪图方便和省钱，强行开闸放水，毫无顾忌地攫取有限的黄河水资源。没有水，就没有收成；没有收成，农民就没有一切，农民与引水管理机构之间的冲突时有发生。
>
> ——生态争水
>
> 河流生命的核心是流动的水，一旦河流断流、长年干涸直至走向终结，那么以此为依托的其他系统也就失去了存在的基础，罗布泊、楼兰古城、统万城等都是前车之鉴。黄河流域内水资源的开发利用率已经达到70%以上，远远超过国际上公认的40%警戒线。被过度开发的黄河流域，已经出现河源草场退化、土壤沙化，甚至部分湿地萎缩等后果。

三 跨界污染与污染治理中的地方保护——以松花江流域为案例

环境资源是"没有界定产权的公共领域，不同区域、不同部门的政府都展开对公共领域的争夺"，产权区域"利益独立"与环境资源"产权不清"决定了其开发利用具有明显外部性特征。使用者为寻求自身利益最大化，在资源利用的博弈中引发大量环境问题，而这些环境成本却由所有使用者分担。

资源与环境经济学对跨界污染作出以下解释："一个国家的污染物通过环境介质传输到另一个国家，从而造成另一个国家的环境污染。"我国同级产权区域既是相互独立的存在，又是通过环境介质相互联系的"唇齿相依"整体。区域间污染的传递与国家间跨界污染问题类似。

跨界污染问题主要体现在大气和水体领域，上游/上风区的污染物随水流或风向进入下游/下风区。沿海地区废气超标排放，酸雨却飘落在内陆的平原山川；西部地区无度开垦成为沙尘暴源头，飞沙走石却影响到东部地区；上游企业排放污水，造成下游河流的鱼虾不存和水体污染。

> **拓展 5-3　松花江流域重大污染事件**
>
> 　　2005 年 11 月 13 日中石油吉林石化公司双苯厂发生爆炸事故，含有约 98 吨物料（其中苯 17.6 吨、苯胺 14.7 吨、硝基苯 65.7 吨）的污水通过清净废水排水系统进入东 10 号线，最终流入松花江形成长达 80 公里的污水团，对下游的松原、哈尔滨等地用水造成严重影响。污水团在同江汇入黑龙江，虽然污染物的浓度随着理化作用显著降低，但最终跨越国界影响到俄罗斯，成为轰动一时的国际水环境污染事件。
>
> 　　2010 年 7 月 28 日，受特大洪水影响装有三甲基一氯硅烷、六甲基二硅氮烷等物质的 7138 只原料桶进入松花江，污染带长 5 公里。虽然官方宣称"对松花江水质影响极微"但依旧难以打消公众忧虑，城市供水管道被切断、抢水储水上演，上万人拦截打捞化工桶，几乎是 2005 年的翻版。虽有吉林省设计的诸多措施，但黑龙江省仍不敢掉以轻心，自当日起布网设防，第一道防线甚至前移至吉林境内。

　　易造成跨界污染的传导体分属于不同的产权区域，区域在强调发展战略时极具个性与偏好，造成环境保护成为偏重属地的自主行为。

　　在"11·13 松花江污染事件"中，相关部门已经知晓水污染存在的可能，却未在第一时间公开。事故发生后第 5 天（18 日）才向黑龙江省进行通报，事故发生 9 天后向哈尔滨市和其他的下游城市公开。11 月 23 日，国家环保总局终于发布公告，由于吉化爆炸事件松花江发生重大水污染。

　　显然，这是一些政府官员的惯常思维，其给出的解释是"避免造成公众恐慌"，取而代之的是寄希望加大水库放流量尽快驱散污染团。增加水流量既可以降低苯类浓度也有利于加快污染物的降解、防止沉积，客观上有益于松花江水体的整体改善，但流量增加意味着污染水体将快速进入下游。亦有人称此举为"为邻驱毒"。

　　东北老工业基地的产业结构依然以重化工业为主，企业设备陈旧，技术改造能力低下，企业对政府、地方对中央阳奉阴违，环境治理与保护设施常年欠账，个别地方政府为发展经济妨碍环保监管，这都是威胁松花江干流水质的经常性因素。黑龙江省曾将松花江流域严峻的污染形势主要归咎于较突出的地方保护问题,点名批评双鸭山、牡丹江、佳木斯等城市。① 淮河流域出现的对污染企业的各种"保护政策",如擅自降低企业环保门槛、巧立名目设置"重点保护企业"与"免检企业"等做法同样出现在松花江、太湖、海河等其他流域,仅 2004 年全国各级环保部门共清理出此类"土政策"200 多件②。

上述问题中,污染物均是以自然界可移动物质为介质实现了扩散与地区间转移,这说明一个或一些区域的经济开发和工业化、城市化进程不仅改变了本区域的生态环境,而且使这些问题扩散到其他区域,引起宏观系统、全国性的生态与环境问题,这是产权区域竞争环境负外部的重要表现。

四 环境对区域发展的反作用

环境资本是一个国家和地区发展的基础性资本,是生命体系为人类生存和发展提供的自然馈赠。"中国正进行着人类历史上规模最大的城镇化和工业化进程,正以历史上较脆弱的生态环境承载着最大的环境压力",当前生态灾害、环境污染等生态环境问题一定程度上限制了城市的可持续发展。③

从全国来看,2010—2012 年自然灾害造成的直接经济损失占到当年 GDP 的 0.65%—1.33%。自然灾害对经济发展的束缚作用在整体弱化,但分省来看仍不可小视。2010 年竟然有一多半省份的比重超过 1%,其中青海、海南、吉林、江西、甘肃超过 5%,接近当地一个月的生产总值;青海更是高达 17.60%,相当于当年有两个月份是零产出。2011 年形势趋于好转,低于 1% 的省份数量占据优势地位,贵州、海南、西藏、云南四地虽比上年有所下降,但在当年处于较高水平(大于 2%)。2012 年高于 1% 的只有甘肃、四川、云南、河北和新疆五地,而且仅甘肃大于 2%。

---

① 刘学良:《认清形势 紧抓契机 做好新时期松花江流域污染防治工作——在全省加强松花江流域污染防治工作会议上的讲话(摘要)》,《环境教育》2007 年第 5 期。
② 刘毅:《环境保护遭遇四大软肋》(http://www.ycwb.com/gb/content/2005-02/25/content_ 854923.htm)。
③ 世界银行:《2009 年版世界发展报告:重塑世界经济地理》,清华大学出版社 2009 年版,第 II 页。

表 5-14　　　　按自然灾害造成的直接经济损失占 GDP 比重分组

	≤1%	(1%, 2%]	(2%, 3%]	(3%, 4%]	(4%, 5%]	>5%
2010	14	9	2	1	1	5
2011	21	7	2	1	1	
2012	27	4	1			

说明：比重根据中国统计年鉴数据计算得出。

环境污染与破坏事故次数在 2000 年达到顶峰，得益于持续有力的环境保护与污染治理措施，2007 年开始趋于稳定状态。这些事故中，首当其冲的是水污染事件，2007 年前占到总数的 47%—57%，虽然近年下降了十多个百分点，但仍高居榜首（除 2009 年、2010 年）；第二位的是大气污染事件，占总数的 28%—39%，2009 年后成为首位；后三项的数量大致相当。

表 5-15　　　　　　1996—2010 年环境污染与破坏事故

年份	环境污染与破坏事故次数	按事故类型分（次）					污染事故直接经济损失（万元）	污染事故赔、罚款总额（万元）
		水污染	大气污染	固体废物污染	噪声与振动危害	其他		
1996	1966	1031	731	70	40	94	—	4260
1997	1992	986	752	55	119	80	8366.1	3050.1
1998	1422	788	464	52	74	35	19843.7	2111.2
1999	1614	888	582	80	40	24	5710.6	2116.3
2000	2411	1138	864	103	266	40	17807.9	3682.6
2001	1842	1096	576	39	80	51	12272.4	3263.9
2002	1921	1097	597	109	97	21	4640.9	3140.7
2003	1843	1042	654	56	50	41	3374.9	2391.5
2004	1441	753	569	47	36	36	36365.7	3963.9
2005	1406	693	538	48	63	64	10515	3082.1
2006	842	482	232	45	6	77	13471.068	8415.92
2007	462	178	134	58	7	85	3277.5	806.7
2008	474	198	141	45		90	18185.6	927.24
2009	418	116	130	55		115	43354	2168
2010	420	135	157	35	1	89	—	—

资料来源：《中国统计年鉴 2011》。

表 5-16　　　　　　　　　　突发环境事件　　　　　　　　　单位：件

	突发环境事件	重大	较大	一般	未定级
2011	542	6	10	465	61
2012	542	5	5	532	

资料来源：《中国统计年鉴 2013》。

尽管事故总次数明显减少，但是事故造成的直接经济损失仍居高不下。平均每起事故造成的直接损失从 1998 年的 13.95 万元下降到 2003 年的 1.83 万元，而后一路上升到 2009 年的 103.72 万元。从这一起伏变化来看，在事故数量下降的同时事故的严重性却在不断上升（虽然这里面有物价变化等因素影响）。

产权区域竞争造成的环境负外部问题不只包含自然灾害、环境污染等这些有限的项目，还有诸如土地退化、外来有害物种入侵等多方面，其中有些影响不是经济数据可以估量的。据不完全统计，近年来，辽宁省因生态灾害、土地退化、环境污染、外来有害物种入侵等危害，造成的经济损失相当于同期 GDP 的 3.5%—5%。[1] 仅从自然灾害、环境污染两项的数据来看，辽宁的这组估算数据还是比较保守的。窥一斑而知全豹，全国的形势也不容乐观，这些生态灾害、环境污染问题一定程度上提高了城市开发快速推进的经济成本，阻碍了城市前进的脚步。

第五节　负外部问题解决思路

中国产权区域制度的形成，不仅因为中国是一个疆域面积和人口规模上的大国，还因为这个大国面临着明显的区域间差异和较高的中央政府监管成本，分权是大国治理的规范模式。

中国经济转型的成功很大程度上要归功于中国产权区域制度，这一制度与市场经济具有相容的一面，对维护与培育区域性市场、推动区域经济增长起着重要作用。产权区域竞争又是造成中国经济发展诸多问题的重要原因，这些负面效应说明产权区域制度与市场经济并不完全兼容或者并不总是兼容，但也不能因噎废食，以此为借口推翻"分权改革"。本书对如

---

[1] 陈晓红等：《城市开发与生态环境相互作用过程研究》，《国土与自然资源研究》2001 年第 1 期。

何完善中国产权区域制度做了一定的思考，希望能够使两者更好地相容，趋利避害。

一 "财权""事权"划分与财政支出结构调整

(一) 规范"财权""事权"划分

产权区域制度诞生于财政体制分权改革，成熟于分税制，其核心在于上下级政府间的权责划分，"财权"与"事权"问题。权责调整既不是仅仅调整财政收支数量的问题，也不是单纯的收权与放权，而是集中与分散结合，关键在于中央和地方职能划分，做到"一级政府、一级事权、一级财权、一级税基、一级预算、一级产权、一级举债权"。集权的边际收益等于边际成本（即分权的边际收益亦是边际成本）是这一关系的平衡点。

1. 界定各级政府职能

界定政府职能是事权与财权划分的前提，政府职能分工的层次性是划分事权与财权的基本依据。

政府职能包括稳定、配置、分配三大项，应根据不同层级政府行使职能的需要和侧重点进行划分。总的思路是中央政府负责全国性、跨地域性、长期性和战略性的公共事务，地方政府承担辖区内的公共服务活动。

按照中共中央、国务院《关于深化行政管理体制改革的意见》，中央政府要加强经济社会事务的宏观管理，进一步减少和下放具体管理事项，把更多的精力转到制定战略规划、政策法规和标准规范上，维护国家法制统一、政令统一和市场统一。地方政府要确保中央方针政策和国家法律法规的有效实施，加强对本地区经济社会事务的统筹协调，强化执行和执法监管职责，做好面向基层和群众的服务与管理，维护市场秩序和社会安定，促进经济和社会事业发展。按照财力与事权相匹配的原则，科学配置各级政府的财力，增强地方特别是基层政府提供公共服务的能力。

2. 划定各级财政收入边界

在财政收入分权上，要进一步按照社会经济发展的需要完善税种及其分成比例，并使税收分成制度化、规范化。

我国带有发展型国家的典型特征——"发展经济"，中央政府还需要拥有相当的财力、保持一定的"财政集权"，这既能保证基本公共服务事业的发展，也能加大对关系到国计民生和战略性项目的支持力度。

当前地方与中央之间的收入划分制度还不够稳定，近年来中央单方面修改分税比例，缩小了地方收入权力，造成地方对制度的持续性产生质疑。虽然产权区域不具备合法的收入政策制定权，但它们从来都不缺乏"制度创新"和发展地区经济的能力，在竞争中规避中央政令，"上有政策，下有对策"。短期化和投机化行为既影响中央权威，削弱了中央宏观调控政策的有效性，又滋生了机会主义倾向，扭曲了正常的市场机制。

3. 厘清各级财政支出范围

明确的责任分工远比应承担什么责任重要得多。一般地说，事关全局稳定和分配的事权与财政收支权限应归中央政府和中央财政所有，与配置有关的事权和财权属地方及其财政所有。

现行的法律体系只对各级政府事权作了原则性的规定，没有明确的分工，地方事权几乎是中央的翻版（除外交、国防等少数事权外）。省级以下政府财政支出一般采取"下管一级"的办法，上级对划分有较大话语权。鉴于地方政府权力的模糊性，有必要在原有基础上做出更加明确的界定，改变上下级财政支出错位、越位、缺位的现状，形成各司其职、各有侧重的支出格局。既要避免地方政府的权力过大，也要避免把事责过多地推给地方政府却不授予其相应的权力和财政资源。

上级应以指导性支出为主减少下级配套任务，进一步落实项目审批权下放工作，鼓励地方政府量力而行，尽力而为。地方性国民经济和社会发展计划、规划，应根据辖区经济发展情况制定，而不是中央或者上级政府的翻版/缩版。对共有职能，要划分上下级之间的管理范围、费用承担的标准和比例；对社会经济中受益区域涉及其他政府的某些公共产品，上级需协调相关单位分担成本或补偿损失。同时，还应继续推动某些领域的"垂直化管理"，以减少地方保护、地方腐败、土地违法等负效应事件的发生。

（二）政府职能转变与财政支出结构调整

将经济建设置于各项工作之首的政府主导型经济增长方式在市场经济发展初期确实发挥了重要作用，但也暴露出很多问题。政府沿用了很多计划经济时期的做法，过多地干预了微观经济主体的自主事项，扭曲了正常的市场机制，造成劳动分工和资源配置效率低下。

产权区域在未来中国经济发展中依然扮演着重要角色，但需要从一个经济建设者向市场维护者、公共服务者转变，将公共支出重点从生产性领域转向非生产性领域。

1. 政府职能转变与经济增长

政府职能转变，归根结底是要重新定位政府与市场的关系。尽管市场经济成熟的国家也存在政府干预经济运行的情况，但明显有别于我国产权区域直接介入微观经济的"政治企业家"形象。

产权区域应当充分认识到自己不是经济建设的主体，需要从微观经济建设和投资中解脱出来，把注意力和公共资源投向公共产品/服务供给领域，从直接介入市场的"掠夺之手"向弥补市场缺陷的"扶持之手"过渡。唯有如此，中央政府的宏观调控政策才能更好地作用于真正的微观市场主体，才有可能取得令人满意的效果。否则，在产权区域的干扰下很难达到预期目标，即使实现了其成本也相当惊人。

2. 政府职能转变与支出结构调整

政府提供公共产品/服务是客观要求，而由于信息的不对称，地方的效率要比中央政府高，分权的公共产品/服务供给模式需要保持。这就决定了公共产品的提供主要由地方政府承担，保障社会弱势群体的权益是地方政府的重要职责。

《十届人大三次会议政府工作报告》对建设公共服务型政府内涵作了新的界定。公共服务型政府不仅是对政府公共服务职能和社会管理职能的强调，更是一种政府管理的目标模式，是对社会主义市场经济条件下政府管理本质、政府职能作用和政府管理方式的一种实质性概括。

但政府公共支出范围存在"越位"和"缺位"的现象。"政府提供"被误解为政府直接生产、经营，地方政府在公共服务供给上缺乏公共性；另外，关于地方公共物品供给的范围和数量、质量缺乏有效的标准。[1] 财政支出项目之间存在最优资金配置比，大规模经济建设性财政支出会造成分配比例失衡，对私人投资产生挤出效应，阻碍市场化的进程，造成建设性支出的产出弹性逐渐变小。庞大的经济建设支出本身就有可能成为制约经济增长的"瓶颈"。

产权区域要做好一个制定规则和实行监督、为经济社会发展创造制度环境、提供公共产品和社会服务的角色，不仅要保证区域内居民基本生存

---

[1] 慕晓飞等：《中国地方政府转型的障碍分析——基于区域经济视角》，《经济体制改革》2013年第2期。

权利的均等化,而且要保证区域内居民发展权利的均等化。

二 约束机制建设

中国经济转型的成功在很大程度上得益于对地方政府"做对了激励",那么如何缓解并最终消除伴随着分权而逐渐暴露的社会成本,就成为一个亟待解决的问题。

(一)"自上而下"与"自下而上"的激励约束

经济替代指标的相对绩效考核的确促进了经济高速增长,但此种考核、评价和晋升制度导致产权区域领导层为了自身利益而忽视全局利益和辖区公众利益,这种"唯上"的发展思路带来了诸多的负面问题。

1. 自上而下的激励约束

产权区域发展动机中有"唯上"的成分,那么何不充分利用这种"唯上"的手段,通过考核晋升制度的改进调整政治激励模式、优化产权区域的行为,避免"扑向低层的竞争"。

(1)针对不同功能区块,实施差异化的考核标准。细化主体功能区划,制定分类考核标准。对于生态保护等重点区域,可以考虑淡化甚至取消经济增长的硬性指标,而对于经济发展的功能区块则科学合理地提高环境保护、污染物排放与治理等指标的权重。[①]

(2)探索新型业绩评价体系。考评体系中不仅要有经济数量与增长速度指标,而且更要有经济增长质量指标以及失业率、人均收入水平、科教文卫等方面的社会指标,尝试把土地、矿产、水资源、森林资源、环境污染等损失与污染物排放量作为成本约束指标,建立产权区域介入市场运行或企业活动等重大决策的监督与责任追究制度。

经济目标、公共服务目标和可持续目标的融合,更能综合考察地方政府履行职责的能力和水平,有利于促进政府职能转变、推进政府自身改革,实现产权区域从"管理型"向"服务型"转变;规避领导层为晋升而实施有损参与者甚至损人不利己等两败俱伤行为的可能,促使他们在施政中更多地考虑民生福利。同时,不仅要考评产权区域在本地发展中的业绩与贡献,还要综合考虑其对周边地区所造成的影响,抑制区域为实现政

---

① 刘瑞超等:《生态文明建设协调机制研究——基于东北老工业基地案例分析》,《资源开发与市场》2014年第1期。

绩最大化而展开"以邻为壑"式竞争的冲动。

2. 自下而上的激励约束

虽然增加指标能够完善考评体系，但体系的高度复杂化不仅提高了操作难度，而且容易造成信息缺损，加大测量误差。考评体系越复杂、影响因素越多，实施过程中就越容易主观化。

无论上级政府如何完善考核体系，下级总能找到投机取巧的方式，这是委托—代理关系的固有问题。因此不能只注重自上而下的监管，更要调动辖区公众的积极性，建立"自下而上"的考核体系，最终构建起"唯上"与"唯下"并举的"双维评估模式"。

（1）继续强化"以足投票"的偏好表露与退出机制

当前产权区域依然对各种要素持有大量管理权限，受限的要素流动削弱了"以足投票"的激励约束机制，正是由于缺少一个健全的市场经济制度环境，才会引发产权区域一系列非理性行为。

如果生产要素得以更自由地流动，发挥"以足投票"的偏好表露与退出机制，公众就能够对地方政府构成有效监督，从而使其无法向公众转嫁竞争压力。即便产权区域仍然追求 GDP 目标，那也必须考虑降低个体成本，我们再次看到将市场化改革推向深处的重大意义。

（2）构建多维化的考核框架，改进业绩评估方式

自上而下的考评制度往往呈现评估主体单一性的缺陷，停留于上级考评下级或部门考评工作人员的层面上。由于信息不对称，隐瞒和扭曲信息的行为在所难免。

政府作为公共组织最主要的功能就是提供公共产品/服务，因此要强调这种功能的有效性，可以用公众满意度来检验服务效率。公众作为政府行为的直接感受者与主要受益者，没有人比他们更关注自己的切身利益，他们对当地政府的表现最具有说服力，也更有权力作出评价。

当公众对地方政府政绩有更大发言权时，不仅可以更真实地反映居民的偏好等，而且能够形成地方政府对公众福利与公共需求灵敏且有效的反应机制。地方政府不仅需要对上负责，而且还必须关心辖区公众福利，从而纠正财政支出生产性偏好，其行为也会更加符合社会福利函数的指向，保证了公众的长期福利与区域经济的长期增长。

（二）规范转移支付制度

受历史和现实条件的限制，产权区域基本公共产品/服务面临着"供

给不均"和"享受不均"等一系列挑战。转移支付的根本目标是实现基本公共产品/服务均等化，资金主要用于提供公共品，即保证各产权区域都有向辖区公众提供最低公共产品/服务的能力而不是扶持企业发展的能力。

1. 改变转移支付模式

财政分税制之后，转移支付一直是中央到地方的单一模式，而仅靠中央财力完成这一任务有时是捉襟见肘的。因此可以考虑实施纵向、横向相结合的混合转移支付模式，实现资金"中央到地方、富裕地区到贫困地区"流动。

纵向中央的转移支付主要是资金性的，直接用于弥补公共服务性财政缺口，而横向的转移支付则不宜采取这一方式。这种直接"割肉式"财政转移如同分税制前的"鞭打快牛"行为，会引起发达地区的极大不满，导致整体低水平均衡的发生，而且操作难度和计算方式异常复杂。横向转移更适宜运用定点扶持、定期轮换的实物形式，通过援建公共设施等"半输血半造血"的方式实现服务均等化。

2. 改革转移支付结构

加大一般性转移支付的比重，确保转移支付可以有效弥补地方财政缺口。基数分配法不但不能缩小差距反而有拉大的倾向，选取一些客观因素确定各地的转移支付数额，用"因素法"替代传统的"基数法"核算公式，建立贴近现实的分配模式。

专项转移支付以统一的分配公式，按照政府所提供公共品的费用和受益范围进行分配，根据不同情况实施差别化配套制度，并逐步取消这一规定。真正地对地方公共支出的溢出效应给予补偿，实现中央的公共支出意图。

（三）地方财政预算约束

分税制改革之后，各地政府生财有道，"东部重土地，中部重收费，西部重转移"的特征明显，经济越发达，地方政府对财政预算内收入的依赖程度便越低。[①] 即便是预算内资金，各项支出预算与决算之间的出入十分显著，预算的编制和执行缺乏严肃性。

[①] 平新乔：《中国地方预算体制的绩效评估及指标设计》，北京大学中国经济研究中心工作论文，北京，No. C2006018。

1. 调整税收政策

为充分发挥财政分权在地方财政收支模式上所蕴含的差异化潜质，产权区域应该被允许有制定地方性财政政策的权力，当然这以政府是负责任的为前提，同时还需要保证税收和预算的透明性、规范性。

实行差异性的税收优惠政策。继续清理东部地区名目繁多的税收优惠，对中西部设立的适当保留；从现有的税率优惠、税期优惠等方式向"税基式"优惠转变，实现税收优惠方式的变革。

调整税制结构。由生产型税收向消费型税收转型，在不减少税收收入的同时调整地方之间利益；选择性地扩大资源税征收范围，提高限制发展行业所需资源、重点保护资源以及稀缺资源的使用税率，对高档消费品和奢侈品以及高档消费行业和场所提高征收税率。

2. 优化财政支出项目次序

规范地方财政收支，实行"零基预算"，即以零为起点编制预算，摆脱基数分配法不合理的束缚。按照公共财政的基本原理，因地制宜，合理确定财政支出项目优先次序，确保政府机构运转、基础设施、社会保障等重点领域的支出不受影响，降低预算的随意性。

三 生态文明建设的协调机制设计

随着我国经济社会发展进入新的历史阶段，中央明确提出"生态文明建设"，建设"资源节约型""环境友好型"社会，以发展促进环境改善，提高环境承载力，进而为发展提供更广的空间。

"人与自然的关系不会因为人为的部门、行政区划以及国界（疆域）的划定而失去联系，局部污染或破坏也终将反映到整个地球。例如，一个地区的大气污染会因为大气扩散或水体流动而影响另外一个地区；人为向大气排放二氧化碳气体会因该气体在大气中的汇集导致'温室效应'。所以，治理环境问题仅靠一个国家、一个部门只能是杯水车薪。"[①]

（一）行政区间生态文明建设协调机制

目前制约跨行政区环境治理的既有经济、社会因素，也有政治、组织等因素，由于行政体制的分割和不同利益的导向，地方政府协作面临着"囚徒困境"。

---

① 汪劲：《环境法学》，北京大学出版社 2006 年版，第 181 页。

1. 生态文明建设组织机构协调与保障机制

区域协调是不同行政利益主体互相博弈实现合作的媒介，既能提高交易效率、节约交易成本，又能有效保障各方利益和整体利益。

(1) 生态文明建设政府自发协调机制

完善业已存在的政府间沟通机制，共同研究、协调解决区内重要生态地段与敏感地区的生态问题。利用通信网络和信息技术手段，实时监控边界附近重点污染源的排污动态、定期通报区域内环境保护工作。

(2) 区域外力量介入的生态文明建设科层协调机制

国家层面的协调机构代表中央政府协调跨省域问题，省级协调机构代表省政府协调跨市域问题，规范区域权力、产权边界，统筹分析涉及跨界污染的现存不合理产业结构与布局以及资源配置使用的负外部性问题。

(3) 政府间合作的制度保障机制

政府间合作只有在完备的制度保障下才能减少交易成本。打破行政区划的束缚，建立和完善获得国家认可的区域性环境保护法律、法规体系；明确区域性组织的法律地位与区域政府合作的事项，强化各自法律责任，避免"五龙治海"；强化政府行政手段的法律意义，环境管理中切实做到有法可依；规范合作各方行为，确立纠纷解决机制，落实对非规范行为所造成损失进行经济赔偿的规定。

2. 生态文明建设的环境主流化部门协调机制

我国环境统一监管与分部门监管相结合的管理模式造成职能交叉、重叠等问题，制约着生态文明的实现。生态文明不仅要纳入各部门的决策当中，还要实现部门间的协调合作，共同参与环境管理的重大决策过程，使各部门从有利于环境与经济协调的高度考虑发展问题。

(1) 区域发展规划一体化机制

发展规划一体化机制就是要建立以区域生态安全格局和环境承载力为根本的经济职能部门与环境保护部门协商机制。制定区域发展与环境总体规划，细化主体功能区划，整合相关环保资源，确定环境整治工作的范围与重点等；制定专项规划，明确划分"生态公地"周边相关城市的责任与权利，共同制定和执行跨区的各个层次、各种类型区域的近期目标、远景规划。

(2) 区域环境防控一体化机制

借鉴流域治理的环境联合检测机制，构建覆盖全区域的环境监测与应急机制。建立生态监测系统,对各种生态系统类型的典型地区进行定点连续监测;并根据结果建立各类监测数据库,把握环境变化趋势,为发展决策和确定环境保护措施提供依据。建立区域联合应急合作机制,确保相关各方第一时间知晓可能发生或已经发生的跨行政区污染事故,了解污染事故的原因、污染物类型、污染物排放量等信息,以及时开展应急工作。

(3) 区域执法一体化机制

区域行政法规差异、区域间环保执法缺乏协同配合,地域管辖权限制下执法成本高;跨界污染事故发生后,政府间、环保部门间相互指责,甚至出现"老死不相往来"的态势,这又为以后的跨界污染防控埋下隐患。

因此有必要对环保执法方式进行协调,促进跨行政区部门合作、环境监察与环境监测按照统一标准异地执法,以期节约执法成本,提升执法效果。联合执法的工作重点要放在边界污染和跨界污染上。

3. 生态文明建设的公司式生态补偿机制

政府补偿与市场补偿是生态补偿的两种主要方式,但存在着不同的优缺点。可以尝试把政府调控机制和市场配置机制结合起来,构建一种既有政府权威又兼有企业灵活性的法人实体,例如生态管理公司,既按照市场规律运作,又推行和贯彻政府的生态建设意图。

首先,对生态资源进行产权配置与交易制度设置,并将初始产权赋予生态管理公司,从而使公司通过出让部分产权获取用于生态建设以及机构运行的资金。出让产权获取资金是实现生态保护资金从政府划拨到生态获益者直接支付的重要手段,市场化的资金转移和行为调整,避免了政府专项资金划拨中的诸多扯皮、脱节和矛盾。其次,生态管理公司可以自行开发生态产品并进行经营出售,获得的资金大部分必须用于生态保护和管理,从而弥补了市场机制在生态保护领域中的缺陷。

(二) 城市发展的生态文明建设协调机制

产业发展是经济持续增长的驱动力,同时也是造成环境污染的重要诱因。但是单纯地打压、盲目地缩小工业尤其是重工业规模,既不利于解决当前的就业问题也不利于我国未来的经济发展进程,同时没有现实工业基础的第三产业,也会出现市场不足的情况。

1. 生态文明建设的产业调控机制

生态文明建设的产业调控是指在社会经济发展中,控制重工业的增长速度,同时逐步调整产业结构,基本形成节约资源能源和保护环境的产业结构与经济增长方式。

(1) 限制污染性产业的发展

借鉴"流域限批"做法，控制与限制部分地区和行业盲目投资、低水平行政性重复建设，特别是限制高能耗、高物耗、高污染的产业，淘汰落后产能，防止污染产业在城市间流动，实现区域总体生态治理的目标。

(2) 鼓励生态化产业与产业生态化发展

加快高新技术和先进适用技术改造传统产业的步伐，改变传统的要素使用模式；推动产业升级，实现从主要依靠资本和资源支持的粗放增长方式向更多依靠人力资本、信息资源和技术进步支撑的集约增长方式转变；通过产业的纵向和横向联系，延长生态型产业链，提高资源利用效率、增加产品的附加值，实现"节能、降耗、减污、增效"的目的。

(3) 积极引导产业布局园区化

运用循环经济理念，利用产业园区这一载体，实现排污集中控制和集中处理，建设生态型的产业空间平台，引导和促进产业的集聚关联发展，实现园区产业、资源、基础设施的高度共享与合理利用。在获得最大化经济效益产出同时实现资源的依赖和环境的破坏最小化，取得经济发展与环境保护的"可控性双赢"。

2. 生态文明建设的集约型城市战略

现阶段，中国快速推进的城市化进程已经对环境产生了巨大压力，城市人口的快速增长与集聚同城市环境承载力不相适应的关系日趋明显。

(1) 城市集约发展模式

城市集约发展能在资源高效利用的基础上，最大限度地降低资源消耗、减少污染物的排放，对于饱受大气、水体以及固体废弃物污染折磨的城市来说是一个上佳的选择。从竞争的角度来看，集约的城市化模式有助于建设节地、节水、节能型城镇，摆脱传统的生活方式和消费模式下带来的环境污染问题，以低消耗和社会效益最大化提高城镇综合承载能力，实现规模发展的良好收益。

(2) 城市拓展中的空间管制

城市化和工业化的快速推进将不可避免地对自然环境进行人工改造，一旦管理不善就会破坏生态甚至发生不可逆变化。城市化过程中要加强空间管制，协调城市景观与自然景观，特别是周边土地利用的关系，在不同的功能区采用不同的土地政策，合理供应土地；土地供给方式由资源调配转向资产转让，加快土地利用由外延扩张型向内涵挖潜型转变，解决现实存在的土地需求大与土地供给不足矛盾。

3. 生态文明建设的科技支撑机制

经济社会的发展离不开科学技术，生态文明建设更离不开高新技术和先进适用技术的支撑。生态文明建设支撑技术可以分为硬技术和软技术，前者如污染控制设备、环境监测仪器及清洁生产技术等，后者如环境规划、环境信息系统的研制与维护等一系列管理活动。

生态文明建设的科技支撑机制就是鼓励将生态化因素通过技术的桥梁渗透到环境管理的各个方面，强化环境技术的应用。同时，把自主创新和消化吸收引进相结合，积极开展环境科学技术交流与合作，推动环境技术的发展、提高环境保护的科技含量。要将科研成果迅速向现实生产力转化，加强生态保护、生态恢复和水土保持等环境保护领域重点的技术开发和推广工作，使它们在现实生活中发挥更大的作用。

本章小结

中国产权区域制度在理顺政府间的财政收支关系、推动经济增长方面的确发挥了重要的作用，但作为一柄"双刃剑"也产生了一些负外部性问题。本书从地方财政压力、重复建设、地方保护与市场分割、环境保护与污染治理等角度展开研究，提出解决思路。

1. 不断增强的自主权强化了产权区域"为发展而竞争"的能力，加之与生俱来的责任感与使命感，产权区域财政支出规模不断攀升。虽然具有累进性的财政收入做支撑，但产权区域在有限的融资渠道和资源制约下容易陷入"赤字—债务"陷阱。

2. 完善的市场经济体制并不排斥重复建设。但是，行政性重复建设受到自身财力、能力限制，容易造成社会资源配置的失当，导致过度投资、过度竞争。越高的财政支出分权越会造成产业结构趋同，较高的收入分权能够产生抑制作用，从产生效果的大小看前者要高于后者。

3. 出于地区发展的责任和自身利益需求，地方保护成为一种"理性"选择，不信任和机会主义使得各地还对那些"以邻为壑"的行为乐此不疲，产权区域过度利用自主权干预经济运行。地方保护下的"诸侯经济"与市场分割形成连锁式反应最终造成公众的福利损失。

4. 产权区域为利益的竞争活动必定产生环境负外部性。城市发展、资源争夺、跨境污染以及环境治理中的地方保护主义使得发展与环境之间的矛盾日益尖锐。当前生态灾害、环境污染在一定程度上提高了城市开发快速推进的经济成本，阻滞了发展的脚步。

5. 要解决这些负外部性问题，本书认为首先，应该从界定各级政府职能入手，厘清各级财政收支范围，做到"一级政府、一级事权、一级财权、一级税基、一级预算、一级产权、一级举债权"；其次，需重新定位政府与市场的关系，调整政府财政支出结构，不仅要保证辖区公众基本生存权利的均等，更要保证发展权利的均等；再次，本书提出"自上而下"与"自下而上"的激励约束及其他行政约束机制，以期缓解并最终消除伴随分权而逐渐暴露的社会成本。产权区域既是区域利益的追求者也是资源、环境的保护者和治理人，要实现发展与环境的良性循环必须大力推进生态文明建设，本书提出生态文明建设的政区协调机制与城市发展协调机制。

第六章

结论与展望

一 主要结论

经济增长历来是宏观经济研究的核心问题，任何经济增长都不能游离在大的制度背景外，制度贯穿全程。本书提出"产权区域是中国区域制度的特征"，核心在于政府科层间"财权"与"事权"配置，表现为财政收入支出范围划分。

（一）特殊的中国区域制度

历史积淀、当代政治经济秩序、财政体制、经济核心地和政府角色转变等促成了中国产权区域制度，特殊的政治经济制度环境和职能分工体系使得中国区域制度明显有别于联邦制国家。

特殊的制度模式造就复杂的利益格局，地方政府是上级政府和本级公众的双重代理人，其所追求的最大利益由上级科层利益、辖区公众利益、领导层自身利益组成，三者相容相斥。

在不同利益需求的指引下，产权区域具有"政府—私人"双重属性与"公共服务—经济建设"双重职能。作为一般意义上的"政府"，代表公共利益面临着"政府与市场"关系，承担公共服务职能；对外代表"私人"处理区域间关系，具有排他性和竞争性，承担经济建设重担。

（二）区域博弈是产权区域制度双重激励的必然结果与最优选择

产权区域制度既实现了地方政府对辖区社会经济事项的自主决策权，也实现了政治激励与经济激励的有效融合。"政治—经济"双重激励既是中央政府拥有强大宏观调控能力的原因所在，也是中国区域经济快速增长、缩小地区差距的制度优势。

产权区域制度提高了经济依存度。上下级博弈使得等级制经济被双向依存经济取代，虽然增加了宏观调控的难度，但为长期发展提供了"试错权"；辖区公众"用手、用脚投票"机制与"政治—经济"激励相结合造成产权区域"锦标赛"式的"零和博弈"，或化身为"私人"，通过企业式运作参与"私人竞争"，或利用更好的公共产品/服务间接助力经济增长。

为辖区利益最大化而博弈是当前我国政府间关系的一个重要现象，这既是产权区域制度的必然结果，也是题中之义，更是最优发展选择。

（三）产权区域制度是中国经济增长的重要驱动力

本书将财政支出结构、劳动力等因素引入两部门结构模型与简化的财政支出分权模型，构建起中国产权区域制度与长期经济增长理论模型：长期人均产出增长率不仅是税率的函数，同时还是各项财政支出比重、部门支出分权度、财政支出分权度、有效劳动、折旧率、人口增长率等的函数。面板数据计量分析认为，产权区域制度是实现我国整体最大利益的重要保障。

财政支出通过供给效应和结构效应两种方式调控社会经济发展。经济建设支出可以加快有形资本的形成，对经济增长产生"速生效应"；服务性支出虽不是直接作用，但可以通过影响个体的最优决策间接作用经济增长。

财政收入分权与经济增长正相关，收入分权不仅使政府间财政体系制度化，更是厘定了产权区域的利益边界，具象化利益给予产权区域强劲的经济发展动力；财政支出分权与经济增长负相关，原因在于博弈活动造成的"交易成本"抬升——既要耗费大量的资源又使得宏观调控目标难以实现。

各种形式的资本竞争会改变本地经济要素存量与增量，在解决资金短板的同时新生部门及其产生的"鳗鱼效应"能加快本地经济增长速度。低水平的市场干预能有效地引导、优化资源配置，促进多种所有制经济蓬勃发展，实现经济显著增长。良好的基础设施提供了"外部节约"，良好的产业配套条件能够减少交易环节，提高交易效率，使有限资源产生更高效益。各地已经不再满足于追求粗放型劳动力，而是表现出一定的选择性，即追求人才资源。

基于各因素与省级单位、东中西和东北的经济增长灰色关联度计算，研究提出产权区域制度差异化有助于地区经济快速增长。按作用大小递减,省级排序为有效劳动率、服务性支出、支出分权、基础设施、资本、建设性支出、收入分权、税收(如果将支出和分权度分别作为一个整体变成有效劳动率、财政支出、分权度、基础设施、资本、税收),大区排序则为服务性支出、基础设施、支出分权、有效劳动率、资本、收入分权、经济建设性支出、税收。最后,本书从区域产权构成、制度实施进程、国家宏观发展策略三个方面解释造成影响差异的原因。

(四) 中国产权区域制度的负外部性与解决思路

中国产权区域制度在理顺政府间的财政收支关系、推动区域经济增长方面作用重大,但同时也带来了一些其他问题。本书认为产权区域制度的负外部性源于资源绝对行政配置。

虽有累进性的财政收入做支撑,但"为发展而竞争"指导下的财政支出规模不断攀升,产权区域因有限的融资渠道和资源制约容易陷入"赤字—债务"陷阱;完善的市场经济体制并不排斥重复建设,但是行政性重复建设受到财力、能力限制容易造成社会资源配置失当,导致过度投资、过度竞争;出于地区发展的责任和自身利益需求,地方保护成为一种"理性"选择,猜疑和机会主义使得产权区域还对那些"以邻为壑"的行为乐此不疲,过度利用自主权干预经济运行。

产权区域博弈活动必定产生环境负外部性。城市发展、资源争夺、跨境污染以及环境治理中的地方主义使得发展与环境的矛盾日益尖锐;当前生态灾害、环境污染在一定程度上提高了城市开发快速推进的经济成本,阻滞了发展的脚步。

从当前区域发展存在的诸多问题出发,本书提出制度完善解决负外部性的思路:从界定各级政府职能入手,厘清各级财政收支范围,做到"一级政府、一级事权、一级财权、一级税基、一级预算、一级产权、一级举债权";重新定位政府与市场的关系,调整财政支出结构,不仅要保证辖区公众基本生存权利的均等,而且要保证发展权利的均等;建设"双维"激励约束以及其他行政约束机制,以期缓解并最终消除逐渐暴露的社会成本。

产权区域既是区域利益的追求者也是资源环境的保护者和治理人,要实现发展与环境的良性循环必须大力推进生态文明建设,本书提出生态文明建设的政区协调机制与城市发展协调机制。

二　主要创新点

本书利用区域产权与产权区域制度概念研究中国经济增长，分析了权利、动力以及经济效率，对区域经济发展中出现的地方差异问题提出了一种新的解释。

1. "地方产权制度"的系统化与中国化

本书沿着何梦笔的研究思路，逐步从"产权"到"区域产权"最终提出以地方政府为主体的产权区域概念，多角度系统地分析了中国产权区域制度的形成发展。研究认为，这一制度的核心在于政府科层间"财权"与"事权"配置，表现为财政收入支出范围划分。

2. 中国产权区域制度特殊性的梳理

中国特殊的政治经济环境与职能分工体系使得产权区域制度有别于联邦制下的地方制度模式；特殊的制度模型造就复杂的利益格局——由上级科层利益、辖区公众利益、领导层自身利益组成，地方政府承担着上级政府和本级公众的双重代理；在不同利益需求的指引下，产权区域对内表现"政府"属性、执行公共服务职能，对外呈现"私人性"、发挥经济建设职能。

3. 产权区域制度与长期经济增长理论模型的构建

制度设定之后，就会形成一个路径的"锁定"，经济增长过程就是"路径锁定"的结果。在产权区域间博弈行为分析基础上，本书将财政支出结构、劳动力等因素引入两部门结构模型和简化的财政支出分权模型，构建起中国产权区域制度与长期经济增长理论模型，运用规范的经济学分析方法阐述两者的关系。

4. 产权区域制度的负外部性研究

从当前区域发展存在的诸多问题出发，本书探究了产权区域制度的负外部性，即由于"私人性"失控造成的"政府失灵"，根源在于产权区域制度造成资源绝对行政配置。本书从"财权"与"事权"划分、政府职能转变与财政支出结构调整、约束机制建设、生态文明建设协调角度提出中国产权区域制度的完善思路。

三　研究展望

虽然本书对中国产权区域制度如何影响经济增长以及影响的效果作出

了解释，也取得了一定的成果，但是还存在几个方面的不足，这也是未来研究的方向。

1. 产权区域制度与区域经济增长的关系是复杂的，本书只是分析了这一制度对经济增长的单向作用，而经济增长对制度存在何种效应？这虽不属本书的研究范畴但也是值得思考的。

2. 在表征变量选取方面尚需加强。本书分别建立了两个指标反映收入分权度和支出分权度，而未能建立综合指标，对中国产权区域制度解释力稍显不足；既未对混合性支出作出分析，也未对各类支出的下设款项进行具体研究，同时受到统计数据限制亦未能定量分析人才资源对区域发展的重要作用，这是研究的遗憾。

3. 研究只是考虑了产权区域制度、竞争对本地发展的情况，并没有从空间角度考虑相邻地区之间的交互作用，利用空间计量方法分析这种溢出效应将是今后的一个重要思路。

附　录

附表 1　产权区域财政收入分权度
附表 2　产权区域财政支出分权度
附表 3　产权区域相对宏观税负
附表 4　产权区域人均资本量
附表 5　产权区域有效劳动率
附表 6　产权区域交通线路密度
附表 7　产权区域社会服务性支出比重
附表 8　产权区域经济建设性支出比重
附表 9　产权区域人均国有建设用地供应量
附表 10　产权区域非农产业民营化进程
附表 11　产权区域经济发展与各因素关联度
附表 12　产权区域人均财政支出增长率
附表 13　产权区域财政自给率
附表 14　产权区域财政赤字率
附表 15　产权区域财力集中度增长率
附表 16　1999—2011 年产权区域工业结构相似系数
附表 17　1999—2011 年产权区域不合理保护程度

附表 1　产权区域财政收入分权度

	1998年	1999年	2000年	2001年	2002年	2003年	2004年	2005年	2006年	2007年	2008年	2009年	2010年	2011年
北京	0.8739	0.8693	0.8651	0.8606	0.8492	0.8401	0.8399	0.8403	0.8314	0.8219	0.8207	0.8123	0.8023	0.7982
天津	0.7774	0.7621	0.7580	0.7514	0.7239	0.7335	0.7160	0.7449	0.7370	0.7198	0.7174	0.7256	0.7343	0.7417
河北	0.5388	0.5132	0.4903	0.4747	0.4299	0.4295	0.4297	0.4486	0.4348	0.4112	0.4107	0.4112	0.3952	0.3867
山西	0.5955	0.5741	0.5530	0.5239	0.4959	0.4688	0.4857	0.5270	0.5715	0.5057	0.5270	0.5126	0.4924	0.4700
内蒙古	0.5283	0.4943	0.4829	0.4527	0.4327	0.4524	0.4787	0.5389	0.5237	0.5314	0.5541	0.5789	0.6054	0.5892
辽宁	0.6954	0.6707	0.6534	0.6480	0.6218	0.6162	0.6054	0.6250	0.6123	0.5915	0.5973	0.6048	0.6065	0.6125
吉林	0.5723	0.5442	0.5151	0.5003	0.4651	0.4645	0.4408	0.4543	0.4378	0.4141	0.4246	0.4304	0.4316	0.4475
黑龙江	0.6000	0.5735	0.5415	0.5228	0.4918	0.4803	0.4703	0.4777	0.4595	0.4101	0.4282	0.4212	0.4072	0.4053
上海	0.8923	0.8843	0.8799	0.8681	0.8572	0.8639	0.8564	0.8665	0.8501	0.8447	0.8305	0.8247	0.8059	0.7944
江苏	0.6610	0.6355	0.6539	0.6612	0.6350	0.6414	0.6242	0.6503	0.6514	0.6417	0.6409	0.6512	0.6546	0.6310
浙江	0.6885	0.6794	0.6927	0.7118	0.6960	0.7002	0.6819	0.6983	0.7008	0.6831	0.6592	0.6568	0.6505	0.6020
安徽	0.5102	0.4926	0.4439	0.3951	0.3564	0.3517	0.3456	0.3481	0.3564	0.3405	0.3623	0.3784	0.4074	0.3913
福建	0.7153	0.7013	0.6902	0.6535	0.6154	0.5937	0.5584	0.5947	0.6194	0.5457	0.5317	0.5324	0.5386	0.5148
江西	0.5038	0.4770	0.4715	0.4490	0.4064	0.4058	0.3942	0.4088	0.3993	0.3701	0.3707	0.3792	0.3912	0.3814
山东	0.6158	0.6022	0.5911	0.5771	0.5352	0.5384	0.5220	0.5491	0.5381	0.5076	0.5005	0.4985	0.4949	0.4857
河南	0.4888	0.4649	0.4383	0.4133	0.3751	0.3648	0.3672	0.3908	0.3836	0.3614	0.3592	0.3530	0.3459	0.3243

续表

	1998 年	1999 年	2000 年	2001 年	2002 年	2003 年	2004 年	2005 年	2006 年	2007 年	2008 年	2009 年	2010 年	2011 年
湖北	0.5225	0.5107	0.5036	0.4698	0.4264	0.4144	0.4138	0.4231	0.4173	0.3904	0.3881	0.3944	0.3903	0.4106
湖南	0.5390	0.5153	0.4707	0.4690	0.4330	0.4313	0.4112	0.4155	0.4024	0.3835	0.3742	0.3838	0.3830	0.3764
广东	0.7228	0.7196	0.7153	0.7144	0.6959	0.6856	0.6586	0.6762	0.6710	0.6311	0.6202	0.6165	0.6109	0.5796
广西	0.5490	0.5052	0.4871	0.4600	0.4201	0.4087	0.3950	0.4026	0.3903	0.3790	0.3590	0.3602	0.3695	0.3491
海南	0.6224	0.5874	0.5677	0.5313	0.4747	0.4806	0.4314	0.4402	0.4298	0.4139	0.4384	0.4650	0.5171	0.5050
重庆	0.5174	0.4960	0.4864	0.4729	0.4452	0.4641	0.4481	0.4779	0.4665	0.4600	0.4724	0.4755	0.5278	0.5732
四川	0.5197	0.4874	0.4848	0.4561	0.4031	0.3965	0.3705	0.3811	0.3832	0.3867	0.3846	0.3905	0.4068	0.3996
贵州	0.4040	0.3727	0.3640	0.3485	0.3229	0.3227	0.3139	0.3350	0.3331	0.3144	0.3200	0.3376	0.3566	0.3682
云南	0.5824	0.5409	0.5093	0.4735	0.4419	0.4312	0.3871	0.4086	0.3936	0.3692	0.3841	0.3890	0.3954	0.3866
西藏	0.3385	0.3271	0.3259	0.2977	0.2920	0.2885	0.2792	0.2859	0.2818	0.2796	0.2831	0.3002	0.3070	0.3221
陕西	0.4870	0.4838	0.4737	0.4618	0.4233	0.4272	0.4217	0.4983	0.5021	0.4529	0.4562	0.4788	0.5009	0.5124
甘肃	0.4431	0.4197	0.4015	0.3872	0.3611	0.3574	0.3426	0.3440	0.3317	0.3315	0.3559	0.3573	0.3456	0.3151
青海	0.4637	0.4446	0.4468	0.4417	0.3900	0.4034	0.3712	0.3805	0.3701	0.3676	0.3790	0.3991	0.4297	0.4127
宁夏	0.5470	0.5225	0.5247	0.5166	0.4624	0.4559	0.4434	0.4620	0.4565	0.4536	0.4537	0.4737	0.4662	0.4752
新疆	0.5985	0.5768	0.5544	0.5436	0.5167	0.4919	0.4786	0.4792	0.4689	0.4504	0.4541	0.4477	0.4498	0.4620

附表 2 产权区域财政支出分权度

	1998年	1999年	2000年	2001年	2002年	2003年	2004年	2005年	2006年	2007年	2008年	2009年	2010年	2011年
北京	0.9230	0.9159	0.9054	0.9152	0.9078	0.9058	0.9147	0.9155	0.9190	0.9231	0.9209	0.9187	0.9232	0.9299
天津	0.8717	0.8528	0.8366	0.8546	0.8506	0.8589	0.8649	0.8717	0.8769	0.8812	0.8858	0.8914	0.9023	0.9168
河北	0.6987	0.6683	0.6354	0.6703	0.6538	0.6550	0.6857	0.7077	0.7197	0.7330	0.7473	0.7602	0.7740	0.7996
山西	0.7418	0.7160	0.6899	0.7208	0.7059	0.7209	0.7432	0.7657	0.7957	0.7946	0.8100	0.8102	0.8262	0.8430
内蒙古	0.7626	0.7327	0.7195	0.7588	0.7675	0.7736	0.8000	0.8122	0.8220	0.8420	0.8591	0.8749	0.8877	0.9076
辽宁	0.8208	0.8030	0.7760	0.7985	0.7875	0.7905	0.8053	0.8254	0.8308	0.8374	0.8428	0.8495	0.8621	0.8789
吉林	0.7740	0.7577	0.7222	0.7515	0.7423	0.7432	0.7708	0.7877	0.7886	0.7967	0.8161	0.8277	0.8462	0.8670
黑龙江	0.7706	0.7591	0.7218	0.7532	0.7422	0.7375	0.7634	0.7678	0.7825	0.7923	0.8093	0.8158	0.8333	0.8557
上海	0.9374	0.9267	0.9119	0.9113	0.9134	0.9205	0.9290	0.9318	0.9278	0.9302	0.9278	0.9256	0.9266	0.9320
江苏	0.7849	0.7518	0.7354	0.7644	0.7566	0.7658	0.7826	0.8026	0.8105	0.8216	0.8313	0.8373	0.8527	0.8653
浙江	0.8069	0.7816	0.7655	0.7973	0.8014	0.8121	0.8191	0.8263	0.8353	0.8393	0.8378	0.8385	0.8557	0.8515
安徽	0.6809	0.6549	0.6032	0.6287	0.6164	0.6177	0.6369	0.6471	0.6833	0.7117	0.7379	0.7593	0.7909	0.8185
福建	0.8189	0.7915	0.7678	0.7682	0.7521	0.7433	0.7525	0.7638	0.7887	0.7771	0.7825	0.7887	0.8144	0.8284
江西	0.6920	0.6621	0.6207	0.6607	0.6541	0.6551	0.6726	0.6940	0.7109	0.7284	0.7502	0.7657	0.7903	0.8217
山东	0.7544	0.7186	0.6835	0.7045	0.6922	0.7000	0.7174	0.7365	0.7483	0.7577	0.7607	0.7648	0.7898	0.8095
河南	0.6556	0.6278	0.5900	0.6141	0.6103	0.6118	0.6399	0.6707	0.6938	0.7164	0.7257	0.7402	0.7589	0.7863

续表

	1998年	1999年	2000年	2001年	2002年	2003年	2004年	2005年	2006年	2007年	2008年	2009年	2010年	2011年
湖北	0.7055	0.6826	0.6535	0.6921	0.6667	0.6590	0.6830	0.6988	0.7308	0.7395	0.7568	0.7717	0.7919	0.8201
湖南	0.7123	0.6798	0.6288	0.6726	0.6707	0.6648	0.6896	0.7033	0.7148	0.7338	0.7515	0.7631	0.7851	0.8132
广东	0.8291	0.8091	0.7811	0.7978	0.7944	0.8032	0.8047	0.8179	0.8202	0.8137	0.8138	0.8082	0.8280	0.8391
广西	0.7157	0.6638	0.6273	0.6700	0.6681	0.6594	0.6725	0.6882	0.6960	0.7324	0.7452	0.7537	0.7855	0.8174
海南	0.7834	0.7354	0.7019	0.7213	0.7068	0.7181	0.7299	0.7386	0.7436	0.7761	0.8109	0.8335	0.8506	0.8790
重庆	0.7012	0.6773	0.6613	0.6945	0.7044	0.7073	0.7153	0.7392	0.7480	0.7657	0.7845	0.7983	0.8351	0.8782
四川	0.6897	0.6522	0.6380	0.6738	0.6593	0.6478	0.6690	0.6833	0.7030	0.7290	0.7897	0.8005	0.8187	0.8255
贵州	0.6360	0.6142	0.5780	0.6357	0.6303	0.6142	0.6537	0.6871	0.6960	0.7244	0.7511	0.7744	0.8001	0.8405
云南	0.7821	0.7513	0.7120	0.7383	0.7194	0.7176	0.7170	0.7282	0.7317	0.7480	0.7668	0.7907	0.8085	0.8378
西藏	0.8759	0.8639	0.8399	0.8954	0.9051	0.9012	0.8859	0.9057	0.9017	0.9159	0.9285	0.9328	0.9395	0.9534
陕西	0.6890	0.6776	0.6724	0.7124	0.7029	0.6900	0.7187	0.7616	0.7787	0.7854	0.8069	0.8224	0.8427	0.8645
甘肃	0.6986	0.6700	0.6590	0.6946	0.6921	0.6907	0.7102	0.7239	0.7448	0.7650	0.7987	0.8175	0.8313	0.8505
青海	0.7867	0.7776	0.7639	0.8161	0.8127	0.8041	0.8099	0.8231	0.8376	0.8554	0.8677	0.8837	0.9166	0.9330
宁夏	0.7894	0.7640	0.7477	0.8005	0.8050	0.7762	0.7874	0.8094	0.8166	0.8294	0.8480	0.8644	0.8821	0.9003
新疆	0.7990	0.7718	0.7385	0.7817	0.7958	0.7802	0.7891	0.8030	0.8212	0.8225	0.8384	0.8492	0.8690	0.8943

附表 3　产权区域相对宏观税负

	1998年	1999年	2000年	2001年	2002年	2003年	2004年	2005年	2006年	2007年	2008年	2009年	2010年	2011年
北京	0.5415	0.5398	0.5572	0.5531	0.5084	0.5306	0.5337	0.5310	0.5265	0.5158	0.4870	0.5123	0.5399	0.5243
天津	0.8866	0.8561	0.8384	0.8171	0.8448	0.8649	0.8878	0.9313	0.8660	0.8655	0.9111	0.9444	0.9724	0.9830
河北	1.3805	1.3843	1.5131	1.4931	1.5536	1.5853	1.5209	1.4797	1.4447	1.3968	1.4051	1.3939	1.3650	1.4060
山西	1.0095	1.0792	1.1576	1.1054	1.1140	1.1201	1.0656	0.9477	0.9344	0.9598	0.9195	0.9168	1.0285	1.0725
内蒙古	1.0310	1.1042	1.1479	1.2394	1.2370	1.2128	1.1315	1.0427	1.1087	1.1805	1.2239	1.1916	1.1653	1.1769
辽宁	0.9198	0.9506	1.0144	0.9622	0.9478	0.9422	0.8872	0.8964	0.9056	0.8974	0.9120	0.9024	0.9114	0.8998
吉林	0.9982	0.9961	1.1479	1.1281	1.1606	1.1769	1.2662	1.3375	1.3813	1.3962	1.3355	1.3619	1.4420	1.3142
黑龙江	1.1656	1.1379	1.1578	1.1541	1.1366	1.1786	1.2063	1.2953	1.2246	1.3581	1.2950	1.3033	1.3448	1.2952
上海	0.5787	0.6023	0.6167	0.5865	0.5178	0.4781	0.4611	0.4566	0.4962	0.4723	0.4910	0.5162	0.5477	0.5605
江苏	1.4640	1.3958	1.2029	1.1197	1.1004	1.0349	0.9652	1.0184	0.9873	0.9339	0.9541	0.9463	0.9758	0.9951
浙江	1.2637	1.1826	0.9659	0.8006	0.8246	0.8267	0.8288	0.8516	0.8570	0.8536	0.8627	0.8675	0.8953	0.9332
安徽	1.0138	1.0265	1.1756	1.2137	1.2804	1.2807	1.2507	1.1703	1.0932	1.1064	1.0429	1.0453	1.0016	1.0453
福建	1.2265	1.2013	1.1404	1.0837	1.0963	1.0888	1.0896	1.0816	1.0329	1.0323	1.0466	1.1250	1.1594	1.1345
江西	1.1870	1.2535	1.3479	1.2531	1.3656	1.2895	1.2860	1.2953	1.3171	1.2653	1.2318	1.1749	1.1491	1.1654
山东	1.2658	1.2022	1.1941	1.1275	1.2357	1.2694	1.3052	1.2994	1.2773	1.2810	1.3485	1.3711	1.3525	1.3880
河南	1.3942	1.3326	1.3843	1.3789	1.4994	1.5571	1.5502	1.5821	1.5038	1.4880	1.5463	1.5783	1.6041	1.6260

续表

	1998年	1999年	2000年	2001年	2002年	2003年	2004年	2005年	2006年	2007年	2008年	2009年	2010年	2011年
湖北	1.2474	1.2170	1.2429	1.3052	1.3251	1.3487	1.2900	1.2885	1.2655	1.3432	1.3389	1.4151	1.4671	1.4127
湖南	1.4334	1.4881	1.6247	1.6112	1.5031	1.4571	1.4143	1.3827	1.3707	1.4068	1.5141	1.5393	1.5668	1.6503
广东	0.8622	0.7990	0.8024	0.7589	0.7841	0.8415	0.8912	0.9379	0.9460	0.9350	0.9411	0.9582	0.9775	1.0095
广西	1.1278	1.0811	1.0872	0.9236	1.0562	1.0500	1.0680	1.0841	1.1303	1.2002	1.2117	1.1740	1.2225	1.3222
海南	0.7819	0.8252	0.8208	0.8456	0.8247	0.7986	0.7775	0.7512	0.7678	0.7418	0.6590	0.6072	0.5231	0.5474
重庆	1.5539	1.4928	0.5422	1.4330	1.2989	1.2214	1.1708	1.1273	1.1148	1.0407	1.0874	1.0625	0.9595	0.9128
四川	1.0692	1.0719	2.8499	1.0940	1.1113	1.1098	1.1101	1.0827	1.0424	0.9988	1.0746	1.0537	1.0356	1.0399
贵州	0.8171	0.7979	0.8234	0.8281	0.8065	0.8280	0.8291	0.8304	0.8282	0.8791	0.9231	0.8896	0.8753	0.8788
云南	0.7169	0.7128	0.7222	0.7716	0.7509	0.7838	0.8118	0.8008	0.7814	0.7985	0.7651	0.7655	0.7517	0.7846
西藏	0.9931	1.0154	0.9879	1.2610	1.2784	1.3215	1.5337	1.6134	1.8245	1.7792	1.6388	1.5692	1.4799	1.1829
陕西	1.0322	1.0342	1.0922	1.0838	1.0691	1.0428	1.0598	1.1062	1.0501	1.0544	1.0790	1.0815	1.0660	1.0685
甘肃	0.9866	1.0294	1.1351	1.0780	1.0704	1.0750	1.1243	1.1623	1.1842	1.1829	1.2426	1.2801	1.3238	1.3514
青海	1.1009	1.1031	1.0773	1.0722	1.1363	1.1212	1.1590	1.1212	1.1727	1.1944	1.2161	1.0735	1.1174	1.1031
宁夏	0.9118	0.8952	0.9009	0.8387	0.9548	0.9973	0.9782	0.9679	0.9722	1.0228	1.0452	1.0511	0.9922	0.9499
新疆	0.9775	1.0065	1.0723	1.0673	0.9315	0.8972	0.9371	0.9739	0.9821	0.9705	0.9239	0.9255	0.8809	0.8279

附表 4 产权区域人均资本量

	1998 年	1999 年	2000 年	2001 年	2002 年	2003 年	2004 年	2005 年	2006 年	2007 年	2008 年	2009 年	2010 年	2011 年
北京	26529.69	31532.18	47402.46	53474.97	66795.21	79819.13	87183.07	93202.14	101914.90	111062.10	118407.10	142328.60	156960.80	169942.40
天津	19040.30	20884.88	21162.84	24200.70	28181.64	35285.62	39737.35	45776.66	52049.54	60660.58	68953.66	93683.73	109564.50	121221.70
河北	4476.89	4791.00	4542.50	4728.44	5294.79	5845.93	9259.76	9622.10	11015.71	12399.97	13911.54	19067.53	22512.21	25559.20
山西	5582.23	6091.16	7662.78	7447.67	8906.72	10805.76	12101.07	12709.81	14341.08	16244.89	17731.16	22955.52	27659.32	31540.27
内蒙古	5678.88	5829.90	5703.23	6225.32	7003.22	8196.04	9591.58	11200.10	13880.37	16231.48	19338.20	26501.63	33054.44	40273.73
辽宁	11210.93	12099.74	12943.12	13977.12	15651.43	18268.27	19462.77	19559.68	22596.66	25896.65	29325.96	38365.46	46112.00	55721.15
吉林	8166.78	9938.85	10091.64	10632.20	11442.63	12271.58	12832.16	12488.24	14454.52	16040.24	17952.96	23064.59	26586.36	29919.30
黑龙江	7704.83	8385.41	9169.04	9198.43	9711.67	10661.86	10852.05	9891.77	10749.94	11546.88	12314.48	16075.67	19351.74	23399.78
上海	33911.07	36689.89	40380.49	47856.59	57864.36	69015.46	74376.52	80218.30	85869.79	95330.91	101356.30	120746.30	135824.50	146569.90
江苏	7835.90	8426.28	8939.51	9888.86	12317.64	16964.52	19339.43	21807.25	26075.89	30895.65	36040.43	47552.64	56187.94	63347.00
浙江	9034.34	10718.54	12139.24	14168.57	18673.08	25879.78	30472.29	34670.95	41465.10	48759.86	57214.95	73755.96	85866.00	95384.98
安徽	3622.89	3663.76	3970.82	4309.14	4844.45	5536.19	6368.13	7049.68	8574.25	10255.66	11737.53	15579.53	19928.75	23742.75
福建	6963.90	7826.85	8188.27	9154.09	9871.20	12047.88	12801.52	14790.33	18657.74	23164.20	27436.89	34846.22	42434.19	50089.89
江西	3937.46	4090.91	4259.13	4592.32	5282.55	6320.38	7083.19	7486.95	8518.60	9790.65	10936.99	14995.03	18219.88	21376.35
山东	6004.13	6660.93	7220.35	8113.13	9931.21	12143.24	13660.85	15321.08	17790.30	19685.43	21958.82	28070.50	32892.51	37461.39
河南	4235.04	4513.89	4747.48	5293.85	6009.23	6947.94	7706.72	8075.15	9284.84	10429.33	11335.09	14554.19	17249.33	19323.80

续表

	1998年	1999年	2000年	2001年	2002年	2003年	2004年	2005年	2006年	2007年	2008年	2009年	2010年	2011年
湖北	5455.37	5483.53	6340.29	6879.15	7818.26	9033.39	9749.75	10218.84	11620.45	13530.30	15234.07	20836.62	25185.14	27805.94
湖南	3612.85	3778.91	3757.46	4559.72	5373.50	6383.18	7107.58	7492.00	8494.99	9901.67	11413.66	15147.56	17963.19	20635.31
广东	13312.19	14801.34	15094.05	16300.64	18539.15	21881.79	22529.63	23773.67	26120.54	29399.37	32276.63	40180.03	46153.31	51155.40
广西	3615.08	3994.37	3705.17	3985.10	4350.86	5157.22	6049.92	6657.68	7742.79	9149.22	10714.32	15176.44	18865.57	22631.85
海南	11489.80	12178.21	8492.49	8529.05	8629.91	9681.85	10494.43	11306.05	12663.39	13945.93	15404.66	20868.16	27344.90	33130.68
重庆	4854.52	5693.24	6661.16	6668.36	8036.41	9969.60	11721.40	13455.81	15853.06	18542.52	23024.67	31731.42	39406.66	47147.46
四川	3947.15	4928.93	5159.67	5693.06	6498.72	7400.02	8085.99	8361.40	9684.11	11431.46	13990.72	19512.94	24081.19	28742.90
贵州	2325.44	2451.92	2858.03	3215.23	3685.40	4459.59	5211.50	6220.63	7287.86	8572.19	9904.98	13082.24	16441.03	19790.60
云南	4190.43	4406.75	4739.75	5109.95	5632.58	6819.43	7758.48	9024.67	10808.48	12674.43	14681.52	19402.58	23240.91	26990.25
西藏	3174.69	2948.15	3129.24	3700.03	4581.73	5393.38	6256.56	6529.85	7345.30	7973.53	7722.91	8731.80	10345.88	13684.15
陕西	5258.81	5893.18	6105.35	7037.99	8160.82	9785.35	10535.53	10947.92	12280.59	14073.71	16568.71	22511.20	27056.04	32140.26
甘肃	4580.30	4798.43	4613.00	4967.39	5705.05	6713.11	7428.48	7442.81	8305.10	9470.27	10750.10	14331.27	17369.93	21363.02
青海	5694.15	5784.69	6877.70	7682.02	8607.99	9980.78	11907.89	12209.19	13660.00	16314.97	18824.10	25435.09	32812.74	39630.84
宁夏	6389.24	6799.06	7002.76	7924.23	9276.84	11882.22	13147.87	14179.86	16439.80	19578.58	22914.94	30930.95	38218.67	45168.25
新疆	7363.45	7692.70	7594.54	8450.04	9464.34	10953.66	11385.06	11455.93	11924.86	13000.74	13438.92	17706.79	22970.32	28638.59

附表 5　产权区域有效劳动率

	1998年	1999年	2000年	2001年	2002年	2003年	2004年	2005年	2006年	2007年	2008年	2009年	2010年	2011年
北京	0.5265	0.5215	0.4965	0.4871	0.4898	0.5062	0.5187	0.5250	0.5316	0.5607	0.5651	0.5633	0.5766	0.5751
天津	0.5143	0.5041	0.5096	0.5099	0.5114	0.5140	0.5180	0.5225	0.5251	0.5296	0.5348	0.5409	0.5433	0.5490
河北	0.4430	0.4399	0.4317	0.4293	0.4275	0.4447	0.4435	0.4485	0.4639	0.4716	0.4745	0.4769	0.4816	0.4852
山西	0.4497	0.4490	0.4485	0.4489	0.4558	0.4215	0.4295	0.4342	0.4363	0.4466	0.4528	0.4661	0.4806	0.5044
内蒙古	0.4751	0.4822	0.4912	0.4940	0.4824	0.4800	0.4978	0.5026	0.5012	0.5090	0.5104	0.5261	0.5318	0.5401
辽宁	0.4290	0.4273	0.4385	0.4346	0.4403	0.4451	0.4516	0.4568	0.4598	0.4644	0.4690	0.4740	0.4782	0.4868
吉林	0.4519	0.4373	0.4213	0.4181	0.4205	0.4232	0.4405	0.4580	0.4669	0.4780	0.4844	0.4907	0.5045	0.5159
黑龙江	0.5545	0.5248	0.5217	0.4835	0.4908	0.4913	0.5434	0.5204	0.5216	0.5086	0.5010	0.4893	0.4834	0.4750
上海	0.6127	0.6100	0.6077	0.6042	0.6059	0.6055	0.6057	0.6060	0.6073	0.6084	0.6071	0.6070	0.6065	0.6035
江苏	0.5891	0.5890	0.5955	0.5945	0.6015	0.6060	0.6117	0.6254	0.6305	0.6659	0.6726	0.6850	0.6782	0.6736
浙江	0.5628	0.5632	0.5682	0.5667	0.5705	0.5760	0.5818	0.5920	0.6118	0.6244	0.6392	0.6503	0.6845	0.6911
安徽	0.4929	0.4931	0.4937	0.4816	0.4880	0.4979	0.5110	0.5232	0.5425	0.5575	0.5718	0.5927	0.6088	0.6637
福建	0.5022	0.4961	0.4991	0.4931	0.5068	0.5116	0.5186	0.5298	0.5366	0.5442	0.5484	0.5537	0.5619	0.5659
江西	0.6000	0.6016	0.6087	0.6071	0.6100	0.6174	0.6259	0.6339	0.6423	0.6512	0.6588	0.6665	0.6718	0.6768
山东	0.5389	0.5567	0.6010	0.5941	0.5935	0.5945	0.6011	0.6068	0.6093	0.6157	0.6212	0.6290	0.6396	0.6596
河南	0.5651	0.5669	0.6008	0.6042	0.6078	0.6121	0.6162	0.6201	0.6251	0.6292	0.6323	0.6337	0.6370	0.6396

续表

	1998年	1999年	2000年	2001年	2002年	2003年	2004年	2005年	2006年	2007年	2008年	2009年	2010年	2011年
湖北	0.5558	0.5527	0.5465	0.5762	0.5912	0.6017	0.6087	0.6087	0.6066	0.6117	0.6141	0.6155	0.6139	0.6084
湖南	0.4799	0.4685	0.4730	0.4670	0.4705	0.4938	0.5181	0.5488	0.5556	0.5593	0.5597	0.5682	0.5708	0.5692
广东	0.5682	0.5667	0.5739	0.5721	0.5702	0.5688	0.5719	0.5828	0.5886	0.5838	0.5841	0.5889	0.6133	0.6344
广西	0.4369	0.4315	0.4325	0.4274	0.4377	0.4466	0.4517	0.4612	0.4676	0.4729	0.4806	0.4942	0.5075	0.5261
海南	0.5957	0.5929	0.5819	0.5692	0.5499	0.5340	0.5258	0.5209	0.5190	0.5224	0.5278	0.5311	0.5362	0.5463
重庆	0.5749	0.5791	0.5877	0.5841	0.5818	0.5816	0.5805	0.5768	0.5758	0.5806	0.5829	0.5828	0.5882	0.5948
四川	0.5080	0.5036	0.5049	0.5474	0.5517	0.5566	0.5625	0.5971	0.6025	0.6228	0.6342	0.6512	0.6365	0.6507
贵州	0.5439	0.5384	0.5444	0.5447	0.5432	0.5404	0.5464	0.5551	0.5637	0.5721	0.5826	0.5892	0.6031	0.6190
云南	0.4817	0.4887	0.4820	0.4833	0.4915	0.4946	0.5050	0.5215	0.5312	0.5597	0.5724	0.5859	0.5918	0.6149
西藏	0.4990	0.5012	0.4993	0.4893	0.5124	0.5214	0.5280	0.5362	0.5376	0.5436	0.5492	0.5534	0.5558	0.5507
陕西	0.6142	0.5882	0.5790	0.5803	0.5807	0.5860	0.5913	0.5379	0.5504	0.5553	0.5673	0.5831	0.5864	0.5856
甘肃	0.5506	0.5517	0.5532	0.5496	0.5471	0.5456	0.5416	0.5381	0.5393	0.5432	0.5443	0.5456	0.5494	0.5464
青海	0.4783	0.5043	0.5020	0.4993	0.4977	0.5060	0.5106	0.5061	0.5135	0.5099	0.4950	0.5286	0.5182	0.5338
宁夏	0.3798	0.3846	0.3636	0.3651	0.3679	0.3758	0.3821	0.3985	0.3998	0.4007	0.4011	0.4038	0.4119	0.4339
新疆	0.5007	0.4943	0.4726	0.4576	0.4837	0.4885	0.5792	0.5794	0.5860	0.5753	0.5691	0.5499	0.5398	0.5375

附表6　产权区域交通线路密度

单位：km/km²

	1998年	1999年	2000年	2001年	2002年	2003年	2004年	2005年	2006年	2007年	2008年	2009年	2010年	2011年
北京	0.6752	0.6892	0.7365	0.7557	0.7881	0.8005	0.8244	0.8301	1.1599	1.1320	1.1235	1.1533	1.1875	1.2208
天津	0.3202	0.6619	0.6456	0.6476	0.6328	0.6603	0.6801	0.6884	0.6890	0.6712	0.6309	0.7895	0.9407	0.9867
河北	0.2461	0.2512	0.2535	0.2354	0.2398	0.2444	0.2695	0.2904	0.5666	0.5993	0.6316	0.6648	0.6853	0.7076
山西	0.2012	0.2203	0.2308	0.2355	0.2452	0.2536	0.2509	0.2554	0.3448	0.3710	0.3933	0.3985	0.4107	0.4180
内蒙古	0.0372	0.0420	0.0447	0.0422	0.0436	0.0445	0.0452	0.0471	0.0552	0.0604	0.0611	0.0690	0.0812	0.0826
辽宁	0.2518	0.2556	0.2566	0.2619	0.2698	0.2830	0.2954	0.3046	0.4321	0.4366	0.4552	0.4752	0.4965	0.5219
吉林	0.1373	0.1393	0.1453	0.1596	0.1664	0.1776	0.1914	0.2079	0.2991	0.3132	0.3013	0.3227	0.3493	0.3687
黑龙江	0.0846	0.0843	0.0852	0.0988	0.0991	0.0997	0.1020	0.1033	0.1417	0.1596	0.1573	0.1774	0.1868	0.1999
上海	0.4775	0.4960	0.5072	0.6546	0.7055	0.7394	0.9086	0.9485	1.2182	1.3133	1.3622	1.3830	1.4212	1.4379
江苏	0.2232	0.2268	0.2317	0.4212	0.4325	0.4889	0.6116	0.6548	0.9530	1.0413	1.1457	1.1835	1.2591	1.2811
浙江	0.3132	0.3298	0.3434	0.3719	0.3878	0.3942	0.4023	0.4196	0.7799	0.8363	0.8871	0.9332	0.9641	0.9805
安徽	0.2229	0.2337	0.2553	0.3524	0.3641	0.3738	0.3918	0.3988	0.7302	0.7751	0.8869	0.9299	0.9543	0.9694
福建	0.2878	0.3022	0.3095	0.2851	0.2897	0.2912	0.3061	0.3354	0.4110	0.4555	0.4906	0.5014	0.5282	0.5555
江西	0.1296	0.1334	0.1386	0.1799	0.1809	0.1871	0.1976	0.2162	0.3296	0.3594	0.4280	0.5157	0.5723	0.6471
山东	0.3546	0.3759	0.3937	0.3953	0.4113	0.4266	0.4370	0.4557	1.1383	1.2019	1.2776	1.3260	1.3430	1.3622
河南	0.2775	0.2937	0.3136	0.3197	0.3328	0.3416	0.3515	0.3717	0.7494	0.8404	0.9068	0.9811	1.0228	1.0860

续表

	1998年	1999年	2000年	2001年	2002年	2003年	2004年	2005年	2006年	2007年	2008年	2009年	2010年	2011年
湖北	0.1816	0.2103	0.2274	0.3126	0.3144	0.3272	0.3394	0.3548	0.6311	0.6846	0.7381	0.8252	0.9301	0.9819
湖南	0.1385	0.1411	0.1431	0.1566	0.1633	0.1703	0.1918	0.1999	0.2723	0.4025	0.5296	0.6660	0.8299	0.9002
广东	0.4188	0.4336	0.4739	0.4730	0.5023	0.5110	0.5154	0.5422	0.7641	0.7899	0.8057	0.8407	0.8928	0.9105
广西	0.1572	0.1598	0.1634	0.1454	0.1538	0.1620	0.1675	0.1802	0.1809	0.2168	0.2749	0.2918	0.3129	0.3476
海南	0.3386	0.3398	0.3533	0.3074	0.3168	0.3164	0.3149	0.3341	0.2177	0.2470	0.3012	0.3874	0.5728	0.5986
重庆	0.1989	0.2332	0.2473	0.2432	0.2500	0.2572	0.2754	0.3540	0.4808	0.5758	0.6897	0.8248	0.9088	0.9906
四川	0.1036	0.1216	0.1273	0.1305	0.1345	0.1357	0.1364	0.1449	0.1561	0.2132	0.2705	0.3533	0.3994	0.4288
贵州	0.0629	0.0691	0.0762	0.1082	0.1316	0.1355	0.1397	0.1461	0.2039	0.2304	0.2899	0.3095	0.3295	0.3797
云南	0.1721	0.2348	0.2519	0.2598	0.2615	0.2653	0.2675	0.2686	0.2400	0.2520	0.2874	0.3223	0.3690	0.3932
西藏	0.0088	0.0088	0.0089	0.0060	0.0070	0.0076	0.0084	0.0091	0.0132	0.0157	0.0183	0.0212	0.0292	0.0309
陕西	0.1546	0.1549	0.1589	0.1665	0.1683	0.1771	0.1857	0.1953	0.2428	0.3604	0.3826	0.4636	0.4887	0.5125
甘肃	0.0557	0.0567	0.0633	0.0650	0.0657	0.0656	0.0664	0.0696	0.0898	0.1052	0.1123	0.1498	0.1700	0.1865
青海	0.0171	0.0177	0.0185	0.0210	0.0222	0.0257	0.0294	0.0306	0.0281	0.0338	0.0346	0.0409	0.0485	0.0503
宁夏	0.1221	0.1315	0.1338	0.1467	0.1526	0.1605	0.1658	0.1709	0.2299	0.2333	0.3133	0.3143	0.3264	0.3669
新疆	0.0161	0.0161	0.0163	0.0303	0.0314	0.0325	0.0341	0.0356	0.0343	0.0371	0.0427	0.0475	0.0513	0.0550

附表7　产权区域社会服务性支出比重

	1998年	1999年	2000年	2001年	2002年	2003年	2004年	2005年	2006年	2007年	2008年	2009年	2010年	2011年
北京	0.5217	0.4842	0.4974	0.4783	0.5607	0.5396	0.5439	0.5585	0.5530	0.7420	0.7299	0.6605	0.7071	0.7089
天津	0.4699	0.4923	0.5147	0.4826	0.5071	0.5111	0.5077	0.5109	0.5187	0.6382	0.6300	0.5854	0.5793	0.5685
河北	0.6355	0.6482	0.6531	0.6669	0.6932	0.7173	0.6685	0.6653	0.6342	0.7720	0.7542	0.7145	0.7251	0.7085
山西	0.6647	0.6795	0.6747	0.6933	0.7120	0.6932	0.6780	0.6873	0.7357	0.7782	0.7448	0.7134	0.7234	0.7222
内蒙古	0.5870	0.5871	0.5558	0.5438	0.5282	0.5611	0.5588	0.5382	0.5456	0.6764	0.6523	0.6363	0.6589	0.6202
辽宁	0.5287	0.5664	0.6049	0.6162	0.6603	0.6559	0.6310	0.6099	0.6166	0.7347	0.7097	0.6878	0.6658	0.6601
吉林	0.5835	0.5752	0.5627	0.5667	0.6066	0.6471	0.6425	0.6381	0.6185	0.7022	0.6761	0.6862	0.6665	0.6734
黑龙江	0.5433	0.5438	0.5623	0.5606	0.5953	0.6399	0.6276	0.6309	0.6405	0.6994	0.6616	0.6646	0.6431	0.6440
上海	0.3976	0.3977	0.3944	0.4086	0.3986	0.3862	0.3743	0.3846	0.4117	0.6631	0.6366	0.6085	0.6448	0.6579
江苏	0.6133	0.6211	0.5934	0.5772	0.6053	0.6052	0.5972	0.5840	0.5783	0.6998	0.6749	0.6369	0.6301	0.6298
浙江	0.6025	0.6074	0.6066	0.5873	0.5986	0.6216	0.6358	0.6332	0.6359	0.7383	0.7213	0.6656	0.6757	0.6767
安徽	0.5435	0.5558	0.5908	0.5986	0.6340	0.6416	0.6407	0.6094	0.5909	0.7117	0.6814	0.6558	0.6667	0.6723
福建	0.5602	0.5891	0.5883	0.5928	0.6307	0.6295	0.6270	0.6191	0.6120	0.7702	0.7415	0.6996	0.6968	0.6566
江西	0.5616	0.5323	0.6000	0.6020	0.6279	0.6562	0.6259	0.6120	0.5879	0.7163	0.6866	0.6529	0.6707	0.6544
山东	0.5664	0.5760	0.6077	0.5992	0.6262	0.6154	0.6119	0.6168	0.5860	0.7130	0.6996	0.6636	0.6592	0.6758
河南	0.5992	0.6101	0.6306	0.6651	0.6925	0.6998	0.6746	0.6419	0.6167	0.7643	0.7420	0.7114	0.7182	0.7159

续表

	1998年	1999年	2000年	2001年	2002年	2003年	2004年	2005年	2006年	2007年	2008年	2009年	2010年	2011年
湖北	0.5604	0.5314	0.5952	0.5494	0.6245	0.6742	0.6593	0.6533	0.6250	0.7680	0.7406	0.7170	0.6993	0.6884
湖南	0.5504	0.5787	0.6050	0.6143	0.6230	0.6474	0.6333	0.6206	0.6126	0.7356	0.7227	0.6982	0.6934	0.6653
广东	0.5052	0.4949	0.5384	0.5425	0.5835	0.6003	0.6065	0.5667	0.5921	0.8103	0.7923	0.7383	0.7410	0.7363
广西	0.6053	0.6134	0.6290	0.6023	0.6191	0.6618	0.6343	0.6207	0.6250	0.7353	0.7095	0.6923	0.7154	0.6791
海南	0.5548	0.5986	0.6201	0.6092	0.6335	0.6180	0.6117	0.6259	0.6207	0.7610	0.6811	0.6763	0.6985	0.7012
重庆	0.5808	0.5951	0.5822	0.6151	0.6071	0.6065	0.6060	0.5907	0.5924	0.6957	0.6831	0.6571	0.6364	0.5970
四川	0.5968	0.6021	0.6172	0.5842	0.6059	0.6461	0.6217	0.6214	0.6046	0.7258	0.5795	0.5804	0.5682	0.6616
贵州	0.5936	0.5629	0.5732	0.5664	0.5959	0.6273	0.5970	0.6025	0.5997	0.7379	0.7376	0.6907	0.7071	0.6742
云南	0.5523	0.5435	0.5712	0.5832	0.6162	0.6457	0.6529	0.6269	0.6530	0.7377	0.7293	0.7021	0.7115	0.6898
西藏	0.5097	0.5149	0.5159	0.3847	0.3930	0.3996	0.5001	0.4247	0.4376	0.6711	0.6259	0.6079	0.6478	0.6262
陕西	0.6222	0.6172	0.5937	0.5890	0.6154	0.6641	0.6097	0.6252	0.5859	0.7426	0.7202	0.6814	0.6989	0.6796
甘肃	0.5557	0.5813	0.5784	0.5548	0.5856	0.6496	0.6187	0.6275	0.6103	0.7354	0.6898	0.6634	0.6756	0.7046
青海	0.6512	0.6339	0.6249	0.5532	0.5265	0.5728	0.6043	0.5919	0.5875	0.7615	0.7465	0.6999	0.7548	0.6595
宁夏	0.4756	0.4993	0.5286	0.4664	0.5327	0.5388	0.4970	0.4618	0.4920	0.7112	0.6589	0.6146	0.6159	0.6011
新疆	0.6377	0.6288	0.6405	0.6310	0.5856	0.6251	0.6282	0.5910	0.5633	0.7108	0.6934	0.7035	0.7079	0.6738

附表 8　　产权区域经济建设性支出比重

	1998年	1999年	2000年	2001年	2002年	2003年	2004年	2005年	2006年	2007年	2008年	2009年	2010年	2011年
北京	0.3347	0.3485	0.3308	0.3433	0.2359	0.2673	0.2344	0.2343	0.2456	0.2580	0.2644	0.3317	0.2877	0.2910
天津	0.4576	0.4312	0.4087	0.4373	0.4113	0.4208	0.4359	0.4190	0.4169	0.3618	0.3616	0.4085	0.4148	0.4315
河北	0.3122	0.2984	0.2937	0.2779	0.2566	0.2312	0.2776	0.2689	0.2683	0.2280	0.2455	0.2854	0.2749	0.2915
山西	0.2796	0.2702	0.2835	0.2700	0.2570	0.2565	0.2683	0.2468	0.2134	0.2218	0.2545	0.2825	0.2737	0.2778
内蒙古	0.3845	0.3832	0.4196	0.4352	0.4552	0.4126	0.4137	0.4341	0.4215	0.3236	0.3477	0.3637	0.3411	0.3798
辽宁	0.4196	0.3885	0.3505	0.3382	0.3044	0.3005	0.3179	0.3326	0.3147	0.2653	0.2903	0.3121	0.3342	0.3399
吉林	0.3857	0.3996	0.4134	0.4096	0.3673	0.3275	0.3296	0.3301	0.3451	0.2978	0.3236	0.3115	0.3310	0.3263
黑龙江	0.4188	0.4002	0.4050	0.4115	0.3619	0.3326	0.3410	0.3367	0.3258	0.3006	0.3381	0.3354	0.3566	0.3559
上海	0.4385	0.4392	0.4517	0.4201	0.4273	0.4360	0.4414	0.4496	0.4506	0.3369	0.3564	0.3843	0.3485	0.3421
江苏	0.3305	0.3350	0.3543	0.3541	0.3258	0.3127	0.3189	0.3238	0.3350	0.3002	0.3214	0.3569	0.3656	0.3699
浙江	0.3479	0.3437	0.3348	0.3464	0.3265	0.3124	0.3057	0.3064	0.3017	0.2617	0.2729	0.3276	0.3185	0.3225
安徽	0.3958	0.3934	0.3512	0.3412	0.3137	0.2876	0.2867	0.3009	0.3251	0.2883	0.3174	0.3388	0.3333	0.3277
福建	0.3100	0.3107	0.3042	0.2973	0.2634	0.2589	0.2590	0.2619	0.2654	0.2298	0.2541	0.2982	0.3008	0.3434
江西	0.3753	0.4142	0.3508	0.3482	0.3122	0.2795	0.3102	0.3118	0.3216	0.2837	0.3118	0.3446	0.3292	0.3456
山东	0.3491	0.3386	0.3021	0.3119	0.2846	0.2854	0.2754	0.2754	0.2941	0.2870	0.2992	0.3287	0.3344	0.3241
河南	0.3215	0.3206	0.3124	0.2813	0.2480	0.2442	0.2612	0.2792	0.2984	0.2357	0.2580	0.2865	0.2809	0.2833

续表

	1998年	1999年	2000年	2001年	2002年	2003年	2004年	2005年	2006年	2007年	2008年	2009年	2010年	2011年
湖北	0.3078	0.3310	0.2694	0.3361	0.2746	0.2302	0.2527	0.2489	0.2570	0.2320	0.2580	0.2797	0.2987	0.3112
湖南	0.3623	0.3430	0.3203	0.3092	0.3085	0.2781	0.2929	0.3003	0.2956	0.2644	0.2773	0.3018	0.3066	0.3347
广东	0.3481	0.3501	0.3241	0.3067	0.2995	0.2948	0.2969	0.2711	0.2664	0.1897	0.2058	0.2581	0.2544	0.2609
广西	0.3242	0.3204	0.3064	0.3155	0.3339	0.2802	0.3001	0.3107	0.2755	0.2647	0.2905	0.3077	0.2846	0.3209
海南	0.3159	0.3002	0.2928	0.2827	0.2651	0.2783	0.2809	0.2817	0.2827	0.2390	0.3175	0.3237	0.3015	0.2988
重庆	0.3919	0.3704	0.3699	0.3491	0.3601	0.3582	0.3485	0.3661	0.3493	0.3043	0.3159	0.3400	0.3610	0.4030
四川	0.3673	0.3431	0.3485	0.3732	0.3463	0.2937	0.3233	0.3112	0.2957	0.2742	0.2305	0.2291	0.2417	0.3100
贵州	0.3377	0.3423	0.3581	0.3557	0.3223	0.2838	0.3181	0.2978	0.2806	0.2621	0.2624	0.3093	0.2929	0.3258
云南	0.4061	0.4199	0.3957	0.3855	0.3605	0.3224	0.3151	0.3294	0.3022	0.2623	0.2702	0.2976	0.2884	0.3102
西藏	0.3803	0.4114	0.4456	0.4752	0.5275	0.5216	0.3956	0.4689	0.4582	0.3289	0.3741	0.3921	0.3522	0.3737
陕西	0.3625	0.3538	0.3730	0.3816	0.3582	0.3082	0.3575	0.3211	0.3245	0.2574	0.2653	0.2815	0.2931	0.3194
甘肃	0.3533	0.3345	0.3691	0.4011	0.3605	0.3001	0.3317	0.3195	0.3255	0.2646	0.2408	0.2440	0.2603	0.2905
青海	0.3124	0.3418	0.3582	0.4280	0.4454	0.3951	0.3587	0.3555	0.3501	0.2385	0.2535	0.3001	0.2451	0.3404
宁夏	0.4339	0.4313	0.4202	0.4882	0.4271	0.4194	0.4497	0.4790	0.4567	0.2888	0.3411	0.3854	0.3841	0.3989
新疆	0.3352	0.3422	0.3242	0.3437	0.3874	0.3424	0.3311	0.3370	0.3812	0.2892	0.3066	0.2965	0.2857	0.3258

附表9　产权区域人均国有建设用地供应量　　　　　　　　　　　　　　　（单位：m²）

	1998年	1999年	2000年	2001年	2002年	2003年	2004年	2005年	2006年	2007年	2008年	2009年	2010年	2011年
北京	1.0412	7.2192	14.1754	2.2730	2.6647	3.9220	4.5338	1.5159	2.9319	2.3445	2.1047	1.3099	1.2625	1.4459
天津	3.7944	2.0319	77.1105	1.6993	3.2514	5.6568	6.0887	5.0696	4.3636	5.0056	3.6805	5.8076	5.2662	13.6092
河北	1.0627	0.2907	0.5286	0.8303	1.1940	1.4358	1.3556	1.3313	1.6006	1.3850	1.4469	2.3032	2.5481	2.8512
山西	2.1331	0.2059	0.1741	0.4003	0.9891	1.1179	0.8631	1.1260	1.1904	1.6134	1.1514	1.4975	2.0324	5.7347
内蒙古	3.7462	2.3277	2.9950	2.0180	1.5244	1.6172	2.2406	3.1422	1.9269	15.3187	3.4583	8.0298	8.8991	10.7009
辽宁	2.6913	0.9068	1.1184	1.0953	1.6226	1.8461	2.8893	2.4211	5.5010	3.3528	2.6016	4.6072	6.7165	14.8303
吉林	1.3445	0.5080	2.1905	1.5977	2.0025	1.6397	1.4537	1.7443	3.3841	2.3376	1.9487	2.2998	3.3943	5.1838
黑龙江	2.8733	1.0087	2.9645	0.6426	0.8395	1.4988	1.6150	1.2554	1.3422	1.0761	1.0674	4.7434	3.7944	5.4817
上海	24.4733	4.3404	4.0390	6.6442	8.6175	7.9821	6.0282	5.1531	6.7840	2.5462	2.1758	2.2511	1.2968	1.8231
江苏	4.0013	0.8563	0.9796	1.7064	2.7532	6.0415	3.0573	3.8930	4.1827	4.7303	3.8572	4.4394	4.8310	5.2961
浙江	4.3791	2.0462	2.7361	3.4345	7.2041	8.6532	5.4116	5.1235	4.7946	4.9982	3.1775	3.9743	5.2103	5.0065
安徽	6.3578	0.4256	0.4245	0.5152	1.1566	2.3166	1.5940	1.5208	2.6847	2.5929	2.1432	2.2948	2.9617	3.7561
福建	7.1702	1.0492	1.1973	1.7769	1.6973	2.2552	3.6952	2.7438	4.8724	3.8376	1.9316	2.2879	3.3655	5.1485
江西	70.3344	1.1040	0.4273	0.5087	1.4043	0.8928	1.2593	1.0779	1.5502	1.6626	1.1857	3.6523	4.0270	5.7836
山东	2.5605	0.7290	1.2256	1.3788	3.5398	3.5504	2.5360	2.7138	3.1021	2.5050	2.0024	4.3971	4.7615	4.5718
河南	49.1481	0.6984	0.5966	0.7225	0.6519	0.8603	0.9096	0.7271	1.0865	1.1188	1.2683	1.5006	1.8575	2.4503

续表

	1998年	1999年	2000年	2001年	2002年	2003年	2004年	2005年	2006年	2007年	2008年	2009年	2010年	2011年
湖北	1.6061	1.2276	0.5223	2.0179	0.9697	1.5040	1.4746	1.1262	1.6897	1.9805	1.3253	1.6268	2.9488	3.6592
湖南	3.3870	0.3835	0.4304	0.9994	1.1038	1.3459	1.4329	1.3119	1.2660	1.9239	1.0808	1.0854	2.0692	4.5248
广东	5.7838	0.9243	0.6130	0.9447	1.6126	1.4151	1.7427	1.7039	1.8572	2.8371	1.0545	1.2813	1.5941	1.5543
广西	19.1683	0.4734	1.2317	2.2955	0.7447	1.1189	1.8491	1.1025	1.4246	2.2614	1.5228	1.5144	2.1973	3.9360
海南	242.6510	1.9443	0.1827	4.4096	2.0854	1.0070	0.7173	1.0162	1.4532	2.3308	2.6026	2.3269	3.0553	3.0188
重庆	2.3174	0.7533	0.5230	1.2297	1.1193	1.9398	2.2842	1.8745	2.7443	2.9225	1.7694	3.3545	3.9137	6.1456
四川	0.5530	0.6481	0.5418	0.7723	1.0357	1.2388	1.1539	1.4273	1.2775	1.4487	1.1720	1.8273	1.8033	3.5704
贵州	3.1586	0.1279	0.3198	0.3885	0.3738	0.4250	0.4363	0.3605	0.5977	0.7712	0.6505	2.0205	4.7015	3.1381
云南	0.9888	3.4220	0.7054	1.0107	1.0177	1.0767	2.0012	0.8587	1.2161	1.9658	1.6534	2.6398	2.1759	2.9969
西藏	20.0248	0.7906	9.4557	0.9617	0.5014	0.2492	1.5267	1.5459	1.8575	1.1565	1.8829	3.1743	3.8289	3.7180
陕西	3.2116	0.9194	5.1727	0.8798	0.8364	1.0940	1.1814	0.9157	0.8064	1.0654	0.9571	1.5873	2.0221	2.2841
甘肃	1.8481	0.4038	0.7465	0.7088	0.9846	0.9002	0.9196	2.2938	1.6168	1.2424	1.0542	4.8358	2.3993	3.7326
青海	1.9874	4.7561	1.3947	2.4091	2.3592	1.3405	0.7423	1.0284	2.5997	0.3205	1.4670	2.9190	3.6190	5.5546
宁夏	4.2590	2.1747	3.9712	1.6317	3.2628	1.3351	1.6805	1.5708	3.9266	8.2928	4.8328	6.8247	10.0534	10.8919
新疆	4.8089	4.7882	6.0411	9.6449	7.4813	4.2580	4.2697	3.5905	5.6741	4.8901	3.3760	2.4405	3.9098	3.8654

附表 10　　产权区域非农产业民营化进程

	1998年	1999年	2000年	2001年	2002年	2003年	2004年	2005年	2006年	2007年	2008年	2009年	2010年	2011年
北京	0.7291	0.7328	0.6793	0.6511	0.5819	0.5385	0.5637	0.5094	0.4537	0.4630	0.4771	0.4956	0.5273	0.5634
天津	0.3692	0.3237	0.3288	0.3314	0.3245	0.3597	0.3493	0.3881	0.4006	0.3816	0.3817	0.3959	0.4007	0.4000
河北	0.5607	0.5405	0.5246	0.4993	0.4542	0.4135	0.3870	0.3655	0.3194	0.3076	0.2892	0.2821	0.2863	0.2696
山西	0.6526	0.6685	0.6885	0.6832	0.6263	0.5665	0.5172	0.5225	0.5164	0.5186	0.5187	0.5609	0.5304	0.5125
内蒙古	0.8380	0.8486	0.7985	0.7627	0.7201	0.5890	0.5297	0.5242	0.4450	0.4004	0.3864	0.3561	0.3323	0.3441
辽宁	0.6672	0.6515	0.6655	0.6537	0.6243	0.5811	0.5674	0.5336	0.4552	0.4416	0.3916	0.3300	0.3098	0.2973
吉林	0.8065	0.8184	0.8199	0.8020	0.7791	0.7579	0.6990	0.6681	0.6170	0.5639	0.4834	0.4552	0.4345	0.4142
黑龙江	0.8328	0.8416	0.8416	0.8274	1.5689	0.7945	0.7749	0.7651	0.7729	0.7261	0.6748	0.5975	0.5786	0.5631
上海	0.4985	0.5167	0.5166	0.4868	0.4584	0.4318	0.3863	0.3817	0.3731	0.3555	0.3570	0.3729	0.3716	0.3778
江苏	0.3294	0.3160	0.2935	0.2649	0.2279	0.1897	0.1481	0.1544	0.1432	0.1241	0.1136	0.1084	0.1073	0.1088
浙江	0.2649	0.2280	0.1958	0.1516	0.1361	0.1311	0.1497	0.1472	0.1382	0.1285	0.1300	0.1308	0.1308	0.1442
安徽	0.6584	0.6495	0.6287	0.6101	0.5694	0.5513	0.5253	0.5295	0.4793	0.4340	0.4332	0.4045	0.3685	0.3238
福建	0.3333	0.3434	0.3268	0.2968	0.2622	0.2272	0.1960	0.1884	0.1710	0.1486	0.1388	0.1343	0.1362	0.1177
江西	0.7982	0.8092	0.7910	0.7564	0.7300	0.6429	0.5782	0.5141	0.4640	0.3762	0.3072	0.2584	0.2481	0.2310
山东	0.4213	0.4135	0.4195	0.3887	0.3654	0.3348	0.2714	0.2425	0.2380	0.2132	0.2091	0.1809	0.1995	0.1955
河南	0.5457	0.5435	0.5382	0.5301	0.5140	0.5067	0.4259	0.3854	0.3183	0.3278	0.2685	0.2464	0.2416	0.2201

续表

	1998年	1999年	2000年	2001年	2002年	2003年	2004年	2005年	2006年	2007年	2008年	2009年	2010年	2011年
湖北	0.6027	0.6173	0.6295	0.6293	0.6041	0.5676	0.5329	0.5212	0.4749	0.4909	0.4441	0.4197	0.3986	0.3745
湖南	0.7052	0.6710	0.6619	0.6270	0.5881	0.5329	0.5155	0.4426	0.4288	0.3958	0.3375	0.2964	0.2822	0.2541
广东	0.2702	0.2871	0.2505	0.2306	0.1929	0.1836	0.2043	0.1774	0.1654	0.1557	0.1703	0.1580	0.1534	0.1467
广西	0.6741	0.6990	0.6622	0.6123	0.6003	0.5555	0.5428	0.4816	0.4463	0.4092	0.3750	0.4036	0.3762	0.3425
海南	0.7056	0.7107	0.6748	0.6561	0.6142	0.6404	0.5136	0.5036	0.4292	0.3153	0.2492	0.2485	0.2583	0.2004
重庆	0.7334	0.7124	0.6792	0.6102	0.6048	0.5370	0.5499	0.5143	0.5183	0.4900	0.4192	0.3925	0.3655	0.3291
四川	0.6546	0.6333	0.6017	0.5806	0.5358	0.4752	0.4062	0.4028	0.3940	0.3484	0.3193	0.2884	0.2679	0.2545
贵州	0.8344	0.8216	0.7928	0.7694	0.7364	0.6830	0.6816	0.6830	0.6580	0.6377	0.6039	0.6113	0.5776	0.5328
云南	0.8253	0.8106	0.8040	0.8034	0.7883	0.7359	0.6858	0.6441	0.6190	0.6059	0.5760	0.5842	0.5808	0.5676
西藏	0.8262	0.7475	0.7681	0.6918	0.7259	0.7835	0.7467	0.6665	0.5290	0.4367	0.4437	0.4275	0.4457	0.6346
陕西	0.7742	0.7741	0.7826	0.7759	0.7675	0.7407	0.7048	0.6865	0.7124	0.7046	0.6685	0.6165	0.6161	0.6160
甘肃	0.8214	0.7868	0.7640	0.7474	0.7148	0.7675	0.7887	0.7915	0.7972	0.8019	0.7880	0.7774	0.7837	0.7974
青海	0.8917	0.8922	0.8911	0.8712	0.8234	0.7866	0.8115	0.8125	0.7977	0.7423	0.6783	0.6236	0.5812	0.5831
宁夏	0.8348	0.7644	0.7301	0.7169	0.6625	0.6002	0.5568	0.5540	0.5089	0.4842	0.4867	0.4833	0.5000	0.5124
新疆	0.8883	0.8988	0.8817	0.8454	0.8319	0.8175	0.7975	0.8250	0.8337	0.8002	0.7842	0.7217	0.7058	0.7329

附表 11 产权区域经济发展与各因素关联度

	FDS	FDZ	RMTB	CAP	DT	SPFE	EPFE	Q		FDS	FDZ	RMTB	CAP	DT	SPFE	EPFE	Q
东部	0.3677	0.4762	0.1401	0.462	0.5007	0.5459	0.4461	0.62	江西	0.386	0.5917	0.3943	0.4847	0.6653	0.7356	0.4624	0.5905
北京	0.9313	0.9399	0.9463	0.9503	0.8019	0.9136	0.9245	0.9308	河南	0.2518	0.3912	0.2741	0.3801	0.343	0.3674	0.3204	0.5387
天津	0.3411	0.458	0.3647	0.4671	0.2482	0.5487	0.4078	0.5538	湖北	0.2794	0.5506	0.2978	0.445	0.2781	0.4644	0.3689	0.623
河北	0.7382	0.8692	0.8228	0.8645	0.8089	0.8804	0.8413	0.925	湖南	0.2849	0.4547	0.3759	0.402	0.5267	0.7261	0.3469	0.5654
上海	0.3337	0.3651	0.3893	0.4755	0.2247	0.3983	0.5431	0.4551	西部	**0.5665**	**0.583**	**0.3144**	**0.4195**	**0.6647**	**0.6141**	**0.4089**	**0.5298**
江苏	0.3039	0.3517	0.1644	0.3083	0.2527	0.3953	0.4191	0.3515	内蒙古	0.6482	0.7291	0.3458	0.5299	0.6834	0.6046	0.5997	0.6026
浙江	0.449	0.4575	0.1432	0.3384	0.4569	0.491	0.3859	0.5109	广西	0.2738	0.4865	0.2258	0.4648	0.4257	0.4154	0.4668	0.4917
福建	0.2562	0.2661	0.1995	0.3385	0.4112	0.3156	0.3284	0.5525	重庆	0.4374	0.5476	0.262	0.4464	0.4714	0.6122	0.4381	0.3894
山东	0.236	0.3455	0.2453	0.336	0.3468	0.4347	0.2993	0.4813	四川	0.6185	0.8075	0.6862	0.7506	0.8757	0.8586	0.6917	0.8236
广东	0.2604	0.3571	0.2016	0.4321	0.3636	0.4167	0.2551	0.4353	贵州	0.2892	0.4966	0.5259	0.33	0.6251	0.5481	0.3623	0.6142
海南	0.3482	0.499	0.4548	0.7431	0.6126	0.5408	0.6515	0.7993	云南	0.8902	0.9498	0.9815	0.9572	0.9753	0.9786	0.9337	0.9793
东北	**0.3676**	**0.5598**	**0.1963**	**0.4224**	**0.6397**	**0.6419**	**0.3222**	**0.5549**	西藏	0.9763	0.9215	0.2392	0.979	0.9511	0.9362	0.9469	0.9422
辽宁	0.2969	0.5341	0.2627	0.5272	0.4994	0.4275	0.2951	0.6314	陕西	0.3695	0.5419	0.1818	0.3512	0.4702	0.5032	0.3604	0.4991
吉林	0.9492	0.9831	0.201	0.9766	0.9988	0.9932	0.9706	0.9874	甘肃	0.8176	0.843	0.1704	0.8693	0.8481	0.8229	0.8461	0.8653
黑龙江	0.2361	0.4188	0.3281	0.3745	0.4968	0.5438	0.3046	0.391	青海	0.4308	0.648	0.398	0.4853	0.6649	0.5112	0.5862	0.5177
中部	**0.3779**	**0.4257**	**0.2609**	**0.3382**	**0.4468**	**0.5789**	**0.2964**	**0.6266**	宁夏	0.3621	0.5873	0.3145	0.4582	0.7071	0.6711	0.5327	0.6291
山西	0.6367	0.784	0.1578	0.7137	0.7615	0.7925	0.7194	0.7897	新疆	0.4571	0.6605	0.2943	0.594	0.7171	0.6092	0.6136	0.6561
安徽	0.6353	0.8335	0.2513	0.7884	0.7318	0.898	0.7259	0.9303									

附表 12 产权区域人均财政支出增长率

	1998 年	1999 年	2000 年	2001 年	2002 年	2003 年	2004 年	2005 年	2006 年	2007 年	2008 年	2009 年	2010 年	2011 年
北京	0.1711	0.2493	0.1507	0.1672	0.1201	0.1382	0.1819	0.1295	0.1726	0.1898	0.0744	0.1409	0.0870	0.0859
天津	0.1185	0.1430	0.1853	0.2127	0.1313	0.1609	0.1652	0.1437	0.1810	0.1524	0.1671	0.2472	0.1255	0.1845
河北	0.1181	0.1779	0.1787	0.2234	0.1275	0.0817	0.1690	0.2171	0.1777	0.2110	0.1683	0.2482	0.1485	0.1697
山西	0.1383	0.1208	0.1549	0.2754	0.1652	0.2136	0.1920	0.2519	0.3342	0.0904	0.1622	0.1863	0.1727	0.1365
内蒙古	0.1796	0.1666	0.2146	0.2781	0.2274	0.1110	0.2234	0.1762	0.1680	0.2673	0.2638	0.3207	0.1369	0.2392
辽宁	0.1432	0.1861	0.1214	0.2231	0.0969	0.1142	0.1454	0.2735	0.1599	0.1692	0.1609	0.2395	0.1488	0.1562
吉林	0.1272	0.2664	0.1126	0.2217	0.1128	0.1125	0.1899	0.2218	0.1195	0.1654	0.2679	0.2500	0.1625	0.1689
黑龙江	0.1576	0.3428	0.1406	0.2394	0.1190	0.0521	0.1890	0.1153	0.2055	0.1646	0.2298	0.2147	0.1537	0.1707
上海	0.0922	0.0899	0.0843	0.1277	0.1744	0.2255	0.2007	0.1396	0.0416	0.1267	0.0766	0.1182	0.0331	0.0935
江苏	0.1606	0.1504	0.2066	0.2121	0.1822	0.1977	0.1936	0.2384	0.1738	0.2055	0.1982	0.2351	0.1704	0.1956
浙江	0.1845	0.2079	0.2085	0.3503	0.2540	0.1579	0.1235	0.1594	0.1336	0.1592	0.1484	0.2057	0.1393	0.1170
安徽	0.1555	0.2131	0.1060	0.2343	0.1381	0.0890	0.1266	0.1686	0.3208	0.2565	0.2444	0.3109	0.2145	0.1994
福建	0.1250	0.0999	0.1182	0.1259	0.0636	0.1219	0.0917	0.1164	0.2115	0.1807	0.1872	0.2560	0.1563	0.2234
江西	0.1316	0.1911	0.0933	0.2643	0.1916	0.1014	0.1398	0.2132	0.2124	0.2319	0.2526	0.2909	0.1868	0.2448
山东	0.1911	0.1326	0.0993	0.1972	0.1445	0.1561	0.1298	0.2041	0.2294	0.1741	0.1291	0.2016	0.2217	0.1428
河南	0.1494	0.2162	0.1785	0.1319	0.2334	0.1202	0.1668	0.2376	0.2664	0.2337	0.1377	0.2726	0.1373	0.1840

续表

	1998年	1999年	2000年	2001年	2002年	2003年	2004年	2005年	2006年	2007年	2008年	2009年	2010年	2011年
湖北	0.2528	0.2213	0.1639	0.3057	0.0574	0.0315	0.1374	0.1684	0.3238	0.1653	0.2135	0.2696	0.1614	0.2107
湖南	0.1698	0.1327	0.0905	0.3095	0.2603	0.0554	0.1902	0.1696	0.1851	0.2044	0.2235	0.2522	0.1685	0.2171
广东	0.1681	0.1592	0.0599	0.1952	0.1547	0.0938	0.0452	0.1923	0.0762	0.1642	0.1063	0.1465	0.1809	0.1547
广西	0.2470	0.1509	0.1433	0.3417	0.1957	0.0377	0.0889	0.1675	0.1648	0.2593	0.2092	0.2655	0.2279	0.2244
海南	0.1498	0.0388	0.0916	0.2234	0.1635	0.1307	0.1455	0.1591	0.1247	0.3231	0.3509	0.3522	0.1318	0.2530
重庆	0.2929	0.2058	0.2965	0.2516	0.3005	0.1153	0.1215	0.2229	0.1876	0.2311	0.2453	0.2827	0.2714	0.4135
四川	0.1711	0.1575	0.2597	0.2776	0.1793	0.0224	0.1613	0.1783	0.2116	0.2389	0.5980	0.2037	0.1559	0.0514
贵州	0.1562	0.2746	0.1710	0.3253	0.1501	−0.0005	0.2338	0.2881	0.1556	0.2405	0.2473	0.3370	0.1746	0.3247
云南	0.0040	0.1425	0.1061	0.1962	0.0521	0.0903	0.0560	0.1287	0.1361	0.1911	0.2172	0.3143	0.1218	0.2139
西藏	0.1408	0.1567	0.1093	0.7171	0.2955	0.0350	−0.1181	0.3483	0.0445	0.3134	0.2938	0.2056	0.1295	0.2723
陕西	0.2076	0.2621	0.3138	0.2693	0.1667	0.0130	0.1944	0.2199	0.2677	0.2126	0.2706	0.2795	0.1558	0.2470
甘肃	0.1876	0.1964	0.2707	0.1954	0.1556	0.0853	0.1661	0.1759	0.2347	0.2137	0.3243	0.2704	0.1296	0.1497
青海	0.1660	0.2522	0.2147	0.4281	0.1325	−0.0024	0.0803	0.2155	0.2342	0.2227	0.1632	0.2981	0.4382	0.2139
宁夏	0.3015	0.0974	0.2135	0.4868	0.2129	−0.1055	0.1061	0.2659	0.1674	0.1728	0.2230	0.3068	0.2237	0.1777
新疆	0.1633	0.1614	0.1276	0.3064	0.3608	0.0079	0.0960	0.2006	0.2628	0.0882	0.2088	0.2439	0.1941	0.2553

附录 219

附表 13　产权区域财政自给率

	1998年	1999年	2000年	2001年	2002年	2003年	2004年	2005年	2006年	2007年	2008年	2009年	2010年	2011年
北京	0.8175	0.7922	0.7788	0.8123	0.8498	0.8062	0.8288	0.8686	0.8614	0.9049	0.9377	0.8739	0.8663	0.9264
天津	0.7352	0.7167	0.7143	0.6973	0.6479	0.6554	0.6564	0.7506	0.7679	0.8014	0.7786	0.7311	0.7763	0.8101
河北	0.6857	0.6365	0.5986	0.5514	0.5243	0.5241	0.5192	0.5267	0.5257	0.5238	0.5036	0.4546	0.4722	0.4913
山西	0.6337	0.5891	0.5087	0.4586	0.4512	0.4476	0.4939	0.5508	0.6372	0.5695	0.5688	0.5160	0.5021	0.5133
内蒙古	0.4561	0.4333	0.3843	0.3114	0.2867	0.3102	0.3488	0.4069	0.4228	0.4549	0.4473	0.4182	0.4706	0.4539
辽宁	0.6780	0.6107	0.5706	0.5830	0.5785	0.5699	0.5686	0.5607	0.5747	0.6137	0.6297	0.5932	0.6273	0.6767
吉林	0.4926	0.4317	0.3983	0.3710	0.3626	0.3763	0.3275	0.3282	0.3413	0.3629	0.3583	0.3293	0.3371	0.3861
黑龙江	0.6062	0.5018	0.4853	0.4467	0.4360	0.4405	0.4149	0.4039	0.3994	0.3710	0.3749	0.3417	0.3353	0.3570
上海	0.8099	0.7871	0.7976	0.8607	0.8221	0.8142	0.8001	0.8610	0.8778	0.9509	0.9093	0.8497	0.8700	0.8761
江苏	0.6980	0.7085	0.7582	0.7842	0.7483	0.7618	0.7473	0.7904	0.8229	0.8763	0.8411	0.8037	0.8302	0.8276
浙江	0.6907	0.7135	0.7947	0.8383	0.7559	0.7879	0.7582	0.8428	0.8820	0.9129	0.8754	0.8075	0.8131	0.8200
安徽	0.6576	0.6039	0.5525	0.4759	0.4383	0.4350	0.4566	0.4684	0.4552	0.4371	0.4399	0.4033	0.4442	0.4431
福建	0.7373	0.7482	0.7222	0.7350	0.6864	0.6737	0.6455	0.7294	0.7427	0.7681	0.7325	0.6604	0.6793	0.6831
江西	0.5544	0.5059	0.4992	0.4652	0.4117	0.4401	0.4532	0.4485	0.4387	0.4307	0.4038	0.3721	0.4046	0.4156
山东	0.7224	0.7354	0.7563	0.7604	0.7090	0.7063	0.6964	0.7319	0.7397	0.7407	0.7236	0.6728	0.6633	0.6909
河南	0.6433	0.5812	0.5532	0.5265	0.4716	0.4717	0.4873	0.4817	0.4716	0.4609	0.4422	0.3875	0.4044	0.4052

续表

	1998年	1999年	2000年	2001年	2002年	2003年	2004年	2005年	2006年	2007年	2008年	2009年	2010年	2011年
湖北	0.6031	0.5779	0.5813	0.4788	0.4760	0.4806	0.4804	0.4822	0.4547	0.4622	0.4307	0.3898	0.4043	0.4750
湖南	0.5729	0.5317	0.5090	0.4758	0.4337	0.4682	0.4456	0.4526	0.4490	0.4470	0.4094	0.3835	0.4003	0.4309
广东	0.7761	0.7932	0.8429	0.8783	0.7900	0.7758	0.7655	0.7895	0.8536	0.8817	0.8761	0.8421	0.8332	0.8216
广西	0.6033	0.5937	0.5689	0.5081	0.4447	0.4591	0.4685	0.4629	0.4696	0.4248	0.3997	0.3829	0.3845	0.3723
海南	0.6132	0.6365	0.6114	0.5545	0.5012	0.4869	0.4484	0.4541	0.4687	0.4416	0.4047	0.3667	0.4661	0.4367
重庆	0.5656	0.5107	0.4649	0.4467	0.4122	0.4730	0.5070	0.5270	0.5347	0.5761	0.5685	0.5071	0.5571	0.5791
四川	0.6147	0.5818	0.5174	0.4564	0.4160	0.4596	0.4309	0.4432	0.4509	0.4837	0.3532	0.3271	0.3668	0.4374
贵州	0.4909	0.4350	0.4228	0.3625	0.3419	0.3852	0.3568	0.3505	0.3714	0.3585	0.3301	0.3035	0.3271	0.3437
云南	0.5129	0.4567	0.4365	0.3853	0.3924	0.3899	0.3968	0.4080	0.4252	0.4287	0.4177	0.3576	0.3811	0.3793
西藏	0.0803	0.0858	0.0897	0.0584	0.0530	0.0559	0.0749	0.0649	0.0727	0.0731	0.0654	0.0640	0.0665	0.0722
陕西	0.5616	0.5152	0.4231	0.3880	0.3712	0.4240	0.4163	0.4309	0.4398	0.4509	0.4141	0.3992	0.4319	0.5119
甘肃	0.4311	0.3950	0.3256	0.2971	0.2782	0.2922	0.2918	0.2876	0.2672	0.2827	0.2736	0.2299	0.2408	0.2513
青海	0.2896	0.2543	0.2429	0.1957	0.1777	0.1970	0.1966	0.1992	0.1968	0.2010	0.1968	0.1803	0.1483	0.1569
宁夏	0.3934	0.3804	0.3422	0.2946	0.2310	0.2839	0.3046	0.2978	0.3176	0.3309	0.2927	0.2581	0.2754	0.3116
新疆	0.4479	0.4276	0.4141	0.3611	0.3219	0.3480	0.3698	0.3474	0.3235	0.3595	0.3408	0.2886	0.2946	0.3154

附录　　221

附表14　产权区域财政赤字率

	1998年	1999年	2000年	2001年	2002年	2003年	2004年	2005年	2006年	2007年	2008年	2009年	2010年	2011年
北京	0.0255	0.0339	0.0395	0.0283	0.0218	0.0283	0.0254	0.0200	0.0221	0.0159	0.0110	0.0241	0.0257	0.0147
天津	0.0273	0.0308	0.0326	0.0370	0.0434	0.0417	0.0414	0.0282	0.0282	0.0255	0.0286	0.0402	0.0334	0.0302
河北	0.0223	0.0279	0.0328	0.0418	0.0456	0.0441	0.0446	0.0463	0.0488	0.0527	0.0583	0.0743	0.0730	0.0734
山西	0.0405	0.0505	0.0673	0.0772	0.0789	0.0804	0.0736	0.0710	0.0681	0.0750	0.0775	0.1027	0.1045	0.1024
内蒙古	0.0777	0.0893	0.1087	0.1283	0.1446	0.1292	0.1208	0.1036	0.0948	0.0918	0.0946	0.1151	0.1031	0.1137
辽宁	0.0324	0.0427	0.0476	0.0526	0.0534	0.0562	0.0602	0.0657	0.0650	0.0611	0.0583	0.0717	0.0645	0.0568
吉林	0.0619	0.0803	0.0861	0.0968	0.0984	0.0959	0.1094	0.1171	0.1107	0.1065	0.1179	0.1363	0.1367	0.1279
黑龙江	0.0365	0.0583	0.0604	0.0781	0.0825	0.0779	0.0859	0.0852	0.0936	0.1051	0.1159	0.1439	0.1444	0.1428
上海	0.0242	0.0282	0.0271	0.0189	0.0267	0.0302	0.0342	0.0247	0.0208	0.0086	0.0167	0.0299	0.0250	0.0253
江苏	0.0178	0.0184	0.0167	0.0167	0.0204	0.0201	0.0221	0.0189	0.0164	0.0121	0.0167	0.0229	0.0201	0.0218
浙江	0.0178	0.0184	0.0147	0.0140	0.0229	0.0196	0.0221	0.0148	0.0110	0.0084	0.0128	0.0222	0.0216	0.0214
安徽	0.0295	0.0393	0.0476	0.0652	0.0729	0.0731	0.0687	0.0708	0.0838	0.0951	0.1042	0.1270	0.1164	0.1202
福建	0.0204	0.0198	0.0230	0.0243	0.0279	0.0296	0.0318	0.0245	0.0247	0.0228	0.0281	0.0392	0.0369	0.0397
江西	0.0422	0.0554	0.0559	0.0697	0.0820	0.0762	0.0718	0.0767	0.0811	0.0888	0.1035	0.1282	0.1212	0.1266
山东	0.0189	0.0190	0.0175	0.0196	0.0244	0.0246	0.0240	0.0214	0.0218	0.0228	0.0242	0.0315	0.0356	0.0341
河南	0.0265	0.0352	0.0387	0.0435	0.0551	0.0551	0.0527	0.0546	0.0615	0.0672	0.0706	0.0914	0.0881	0.0938

续表

	1998年	1999年	2000年	2001年	2002年	2003年	2004年	2005年	2006年	2007年	2008年	2009年	2010年	2011年
湖北	0.0300	0.0368	0.0361	0.0651	0.0636	0.0590	0.0596	0.0612	0.0749	0.0736	0.0829	0.0984	0.0933	0.0860
湖南	0.0375	0.0441	0.0463	0.0591	0.0727	0.0655	0.0707	0.0725	0.0763	0.0795	0.0902	0.1044	0.1011	0.1019
广东	0.0233	0.0236	0.0176	0.0134	0.0237	0.0240	0.0230	0.0214	0.0141	0.0118	0.0127	0.0173	0.0197	0.0225
广西	0.0413	0.0468	0.0544	0.0759	0.0924	0.0851	0.0785	0.0824	0.0815	0.0974	0.1109	0.1290	0.1291	0.1363
海南	0.0484	0.0438	0.0481	0.0630	0.0740	0.0780	0.0878	0.0919	0.0887	0.1092	0.1418	0.1861	0.1503	0.1739
重庆	0.0382	0.0497	0.0632	0.0744	0.0903	0.0792	0.0725	0.0665	0.0708	0.0696	0.0757	0.0975	0.0955	0.1081
四川	0.0345	0.0410	0.0544	0.0752	0.0867	0.0742	0.0799	0.0816	0.0851	0.0860	0.1513	0.1707	0.1569	0.1251
贵州	0.0805	0.1058	0.1171	0.1548	0.1676	0.1394	0.1604	0.1687	0.1641	0.1769	0.1982	0.2443	0.2385	0.2589
云南	0.0891	0.1107	0.1194	0.1427	0.1384	0.1402	0.1299	0.1311	0.1288	0.1359	0.1504	0.2033	0.1958	0.2045
西藏	0.4571	0.4609	0.4648	0.6742	0.7837	0.7285	0.5619	0.6970	0.6385	0.7475	0.9011	0.9970	1.0137	1.1610
陕西	0.0527	0.0673	0.0944	0.1066	0.1130	0.0931	0.0949	0.0924	0.0973	0.1005	0.1144	0.1354	0.1245	0.1143
甘肃	0.0820	0.0959	0.1291	0.1471	0.1605	0.1517	0.1497	0.1581	0.1701	0.1793	0.2221	0.2834	0.2706	0.2671
青海	0.1423	0.1743	0.1961	0.2715	0.2866	0.2512	0.2367	0.2502	0.2659	0.2828	0.2867	0.3690	0.4689	0.4883
宁夏	0.1203	0.1271	0.1507	0.1956	0.2336	0.1701	0.1593	0.1837	0.1816	0.1761	0.1907	0.2370	0.2391	0.2312
新疆	0.0722	0.0815	0.0820	0.1128	0.1521	0.1274	0.1201	0.1301	0.1507	0.1446	0.1669	0.2240	0.2204	0.2366

附表 15　产权区域财力集中度增长率

	1998年	1999年	2000年	2001年	2002年	2003年	2004年	2005年	2006年	2007年	2008年	2009年	2010年	2011年
北京	0.1057	0.0882	0.0389	0.1225	0.0103	-0.0440	0.0431	0.0688	0.0434	0.1015	0.0905	0.0089	0.0001	0.1091
天津	0.0376	0.0189	0.0445	0.0861	-0.0631	-0.0070	-0.0026	0.0737	0.0999	0.1010	-0.0227	0.0868	0.0603	0.1107
河北	0.0909	0.0181	-0.0029	0.0420	-0.0225	-0.0341	-0.0085	0.0707	0.0506	0.0717	0.0205	0.0462	0.0548	0.0854
山西	0.0285	0.0127	-0.0529	0.0546	-0.0083	0.0044	0.1016	0.2129	0.3734	-0.1701	0.0303	0.0710	-0.0377	0.0246
内蒙古	0.0739	0.0202	-0.0163	-0.0603	0.0022	-0.0010	0.1140	0.0982	-0.0225	0.1037	-0.0009	0.0803	0.1080	0.0306
辽宁	0.0704	-0.0167	-0.0554	0.1624	-0.0051	0.0171	0.0659	0.0571	0.0472	0.1035	0.0230	0.0543	0.0384	0.0948
吉林	0.0495	0.0196	-0.1212	0.0735	-0.0197	0.0332	-0.0793	0.0743	0.0024	0.0580	0.0842	0.0171	0.0386	0.1573
黑龙江	0.1106	0.0471	-0.0092	0.0715	0.0117	-0.0380	-0.0067	-0.0527	0.0791	-0.0044	0.1217	0.0744	-0.0248	0.0880
上海	0.0359	0.0010	0.0147	0.1499	0.0557	0.0721	0.0350	0.1186	-0.0274	0.1138	0.0097	0.0071	-0.0085	0.0674
江苏	0.0767	0.0829	0.1750	0.1544	0.0031	0.0569	0.0188	0.0882	0.0714	0.1287	0.0251	0.0629	0.0510	0.0645
浙江	0.1678	0.1501	0.2379	0.3004	-0.0242	0.0280	-0.0497	0.1489	0.0390	0.0650	0.0242	0.0345	0.0097	0.0361
安徽	0.0457	0.0265	-0.0416	-0.0388	-0.0390	-0.0108	0.0255	0.0819	0.1216	0.0548	0.1083	0.0487	0.0832	0.0285
福建	0.0480	0.0289	0.0163	0.0829	-0.0930	0.0010	-0.0535	0.1405	0.0812	0.0599	0.0182	-0.0104	0.0254	0.0943
江西	0.0257	0.0040	-0.0182	0.0893	-0.0545	0.0444	-0.0062	0.0473	0.0166	0.0605	0.0429	0.0833	0.0842	0.0934
山东	0.1298	0.0754	0.0304	0.1209	-0.0473	-0.0049	-0.0669	0.0596	0.0599	0.0495	-0.0266	0.0252	0.0821	0.0854
河南	0.0515	0.0230	-0.0133	-0.0079	0.0159	0.0012	0.0184	0.0131	0.0818	0.0453	-0.0249	0.0324	0.0348	0.0688

续表

	1998年	1999年	2000年	2001年	2002年	2003年	2004年	2005年	2006年	2007年	2008年	2009年	2010年	2011年
湖北	0.1078	0.1098	0.0041	-0.0114	-0.0332	-0.0551	0.0093	0.0340	0.0968	0.0121	-0.0080	0.0020	0.0073	0.2281
湖南	0.0764	-0.0004	-0.0376	0.0753	0.0387	0.0354	-0.0142	0.0545	0.0373	0.0337	-0.0266	0.0377	0.0392	0.1436
广东	0.0735	0.1027	0.0235	0.1371	-0.0768	-0.0670	-0.0943	0.0655	0.0232	0.0695	0.0262	0.0276	0.0620	0.0558
广西	0.1476	0.0820	0.0435	0.1088	-0.0561	-0.0243	-0.0407	0.0259	0.0160	-0.0036	0.0266	0.0839	0.0079	0.0023
海南	0.0143	-0.0044	-0.0186	0.0157	-0.0480	-0.0009	-0.0319	0.0742	0.0270	0.1247	0.1162	0.1180	0.2182	0.0272
重庆	0.1300	0.0393	0.0558	0.1020	0.0518	0.1196	0.0458	0.1202	0.0980	0.1643	0.0530	0.0064	0.1973	0.2376
四川	0.0647	0.0205	0.0273	0.0607	-0.0218	0.0217	-0.0419	0.0741	0.0765	0.1522	0.0262	0.0041	0.0948	0.0702
贵州	0.0976	0.0406	0.0447	0.0636	-0.0107	0.0028	0.0189	0.0227	0.0656	0.0195	-0.0121	0.0899	0.0895	0.1691
云南	0.0236	-0.0106	-0.0112	-0.0047	-0.0006	0.0022	-0.0462	0.0566	0.0552	0.0704	0.0578	0.0491	0.0656	0.0361
西藏	0.0242	0.0840	0.0591	-0.0386	0.0275	-0.0239	0.0328	0.0633	0.0356	0.1780	0.0682	0.0820	0.0594	0.2515
陕西	0.1400	0.0439	-0.0461	0.0599	-0.0126	0.0275	-0.0122	0.0340	0.0918	0.0802	-0.0204	0.1130	0.0517	0.2667
甘肃	0.0457	0.0028	-0.0464	0.0680	-0.0044	0.0120	-0.0149	0.0352	-0.0289	0.1386	0.1851	0.0111	0.0142	0.0449
青海	0.0734	0.0241	0.0622	0.0502	-0.0620	-0.0053	-0.0598	0.0746	0.0464	0.0919	-0.0121	0.1549	0.0058	0.1135
宁夏	0.1544	-0.0154	-0.0089	0.1577	-0.1410	-0.0392	0.0346	0.1166	0.0852	0.0301	-0.0937	0.0448	0.1022	0.1515
新疆	0.1267	0.0348	-0.0513	0.0994	0.1329	-0.0588	0.0369	-0.0176	0.0408	0.1259	0.0638	0.0531	0.0128	0.1839

附表 16　1999—2011 年产权区域工业结构相似系数

	1999 年	2000 年	2001 年	2002 年	2003 年	2004 年	2005 年	2006 年	2007 年	2008 年	2009 年	2010 年	2011 年
北京	0.7589	0.7266	0.7534	0.8142	0.8893	0.9016	0.8550	0.8320	0.8112	0.8147	0.8271	0.8177	0.7881
天津	0.8730	0.8488	0.8521	0.8505	0.9025	0.9047	0.8733	0.8567	0.8670	0.8757	0.8406	0.8597	0.8523
河北	0.8303	0.8113	0.7862	0.7471	0.6829	0.6496	0.6809	0.6795	0.6846	0.6779	0.6858	0.6926	0.6981
山西	0.5799	0.5910	0.5643	0.5397	0.5271	0.6125	0.5466	0.5318	0.5466	0.5149	0.4729	0.4699	0.4640
内蒙古	0.6948	0.6905	0.6890	0.6985	0.6838	0.6974	0.7189	0.7056	0.7100	0.6989	0.6938	0.6615	0.6525
辽宁	0.8542	0.8421	0.8281	0.8234	0.8094	0.7971	0.8160	0.8224	0.8584	0.8716	0.8783	0.8871	0.8769
吉林	0.6456	0.6159	0.5691	0.5485	0.5345	0.5281	0.5733	0.5799	0.5848	0.6507	0.6546	0.6586	0.6725
黑龙江	0.4389	0.4477	0.4377	0.4572	0.4505	0.5967	0.4605	0.4629	0.4864	0.4926	0.6111	0.5936	0.5717
上海	0.8973	0.8962	0.9164	0.9183	0.9100	0.9276	0.8909	0.8893	0.8642	0.8598	0.8530	0.8519	0.8436
江苏	0.9205	0.9145	0.9208	0.9252	0.9353	0.9477	0.9309	0.9297	0.9285	0.9237	0.9241	0.9193	0.9077
浙江	0.8557	0.8552	0.8341	0.8246	0.8141	0.8062	0.8150	0.8424	0.8465	0.8489	0.8521	0.8616	0.8639
安徽	0.9072	0.9051	0.8976	0.8879	0.8720	0.8731	0.8640	0.8589	0.8782	0.8944	0.9059	0.9154	0.9159
福建	0.8744	0.8889	0.9026	0.8800	0.9005	0.8945	0.8977	0.9000	0.9028	0.9010	0.9048	0.9100	0.9089
江西	0.8655	0.8481	0.8402	0.8183	0.8037	0.7793	0.8045	0.7609	0.7294	0.7372	0.7861	0.7798	0.7733
山东	0.8952	0.8808	0.8759	0.8784	0.8638	0.8632	0.8788	0.8843	0.8947	0.9102	0.9128	0.9240	0.9299
河南	0.8574	0.8393	0.8161	0.7940	0.7654	0.7703	0.7775	0.7774	0.7887	0.8140	0.8124	0.8265	0.8527

续表

	1999 年	2000 年	2001 年	2002 年	2003 年	2004 年	2005 年	2006 年	2007 年	2008 年	2009 年	2010 年	2011 年
湖北	0.8853	0.8801	0.8769	0.8315	0.8553	0.7822	0.8422	0.8493	0.8652	0.8595	0.8944	0.8852	0.8945
湖南	0.8477	0.8440	0.8443	0.8515	0.8400	0.8254	0.8400	0.8292	0.8433	0.8637	0.8694	0.8657	0.8618
广东	0.8333	0.8400	0.8254	0.8078	0.8011	0.7995	0.7954	0.8015	0.8046	0.7828	0.7837	0.7856	0.7742
广西	0.7532	0.7366	0.7552	0.7315	0.7225	0.7142	0.7613	0.7691	0.7966	0.8160	0.8269	0.8513	0.8754
海南	0.6739	0.6609	0.6640	0.6422	0.6052	0.5805	0.6323	0.6638	0.5019	0.4790	0.4853	0.5071	0.5069
重庆	0.7109	0.6041	0.5892	0.6207	0.5933	0.5766	0.5953	0.5900	0.6007	0.6448	0.6649	0.7120	0.7497
四川	0.9042	0.8859	0.8859	0.8970	0.8958	0.8751	0.8939	0.8999	0.9179	0.9266	0.9251	0.9216	0.9257
贵州	0.6247	0.6572	0.6602	0.6673	0.6601	0.6916	0.6752	0.6441	0.6670	0.6738	0.6514	0.6360	0.6472
云南	0.3963	0.3757	0.3734	0.3634	0.3914	0.4251	0.5203	0.5152	0.5470	0.6111	0.6094	0.6155	0.6305
西藏	0.3329	0.3789	0.3615	0.3434	0.3241	0.2420	0.3563	0.3406	0.2998	0.3096	0.3535	0.3501	0.3098
陕西	0.8790	0.8437	0.8079	0.8071	0.7718	0.8590	0.6907	0.6883	0.6947	0.6911	0.7310	0.7358	0.7329
甘肃	0.6833	0.6959	0.6088	0.5986	0.5752	0.5172	0.5925	0.5740	0.5741	0.6165	0.6200	0.6476	0.6554
青海	0.5024	0.4691	0.4650	0.4475	0.4388	0.5030	0.5001	0.5187	0.5472	0.6041	0.6181	0.5776	0.5838
宁夏	0.6563	0.6232	0.6118	0.6259	0.5965	0.6639	0.6534	0.6543	0.6800	0.6794	0.6679	0.6783	0.6663
新疆	0.4330	0.4462	0.4672	0.4594	0.4220	0.4995	0.3839	0.3726	0.4006	0.4432	0.5123	0.5115	0.5123

附表 17　1999—2011 年产权区域不合理保护程度

($*10^{-5}$)	1999年	2000年	2001年	2002年	2003年	2004年	2005年	2006年	2007年	2008年	2009年	2010年	2011年
北京	18.6494	27.4136	45.3063	29.4704	19.241	19.5163	16.7062	18.3877	16.6007	22.6902	25.0523	19.5591	15.5662
天津	22.4851	26.4603	51.266	22.8109	20.639	22.8171	14.5901	18.152	18.7157	26.7671	25.72	19.5602	17.9752
河北	25.2148	25.6981	42.5339	19.444	17.556	19.1962	12.1929	16.0037	17.4748	24.6519	21.9856	14.7934	13.0132
山西	21.2639	22.1202	41.7905	19.6533	18.0083	18.9943	12.8094	14.0355	16.1355	27.103	23.3943	17.2481	12.3128
内蒙古	23.4064	25.0109	45.9926	19.7755	17.9466	20.0158	14.2168	17.9188	17.1355	26.9656	30.0037	17.2795	14.4249
辽宁	21.9083	26.7381	47.198	20.1577	18.3956	17.1487	11.7892	13.7401	14.946	22.5036	23.3886	14.8987	14.3076
吉林	22.4418	25.1633	45.6368	21.774	19.5711	19.9803	11.6657	13.643	15.4305	24.1038	18.5836	19.0017	16.7264
黑龙江	20.9365	26.3348	38.063	17.8835	16.2616	19.225	12.6605	17.4942	17.5052	23.7546	31.2315	17.1173	13.8543
上海	24.2663	30.0662	55.1315	22.5546	20.5882	19.6413	18.5915	17.8331	18.9702	28.7371	32.0551	17.0821	20.7243
江苏	24.0101	24.644	42.7488	25.7054	23.0409	19.0001	11.6087	15.742	16.4196	24.4253	30.2524	15.8806	18.8838
浙江	23.2577	26.7472	43.0529	18.3304	16.6678	17.8282	14.8079	16.6211	18.0436	24.4282	28.5908	17.891	15.5442
安徽	26.0073	24.3969	45.7944	20.6987	19.0921	16.0859	14.0133	17.2442	17.5915	23.6873	22.5592	17.5028	15.5197
福建	24.8882	21.7956	47.4557	20.4103	18.6696	18.2971	12.6218	15.9152	15.8931	26.6762	30.8097	19.2206	16.4924
江西	22.6648	24.7418	52.7037	19.923	18.014	16.324	12.836	19.0983	16.3574	22.0754	23.5781	16.2321	16.7603
山东	25.0088	23.7186	45.3291	19.4492	17.9706	19.1146	13.1083	16.1708	17.177	26.0924	29.0413	21.1105	18.1962
河南	26.6006	21.8366	48.2963	23.8129	21.7302	22.2793	14.0416	16.1701	19.3358	24.5981	27.6773	20.0695	17.5792

续表

(*10⁻⁵)	1999年	2000年	2001年	2002年	2003年	2004年	2005年	2006年	2007年	2008年	2009年	2010年	2011年
湖北	24.1825	29.4915	47.2898	25.5396	23.1393	19.285	14.8949	16.2853	14.876	22.4627	22.4368	17.1737	15.3675
湖南	27.5672	27.0811	50.3008	24.1073	21.7512	20.2327	13.9135	19.3637	17.0661	28.8664	32.7246	20.4954	21.2561
广东	26.1776	33.3667	48.2805	22.6335	20.5862	19.0998	11.951	16.3016	17.575	24.3116	32.5146	18.49	16.018
广西	25.376	28.0181	46.6595	24.734	22.2086	20.6864	13.1647	16.5255	16.798	25.7238	24.7374	19.1596	16.2435
海南	20.0952	22.3149	51.6909	23.4643	21.1367	24.7202	13.8143	17.5806	20.5161	29.5412	30.1937	19.1905	19.6602
重庆	24.3115	32.4348	49.0829	19.1045	17.5297	22.8439	18.8082	19.4935	18.4736	28.4711	25.0679	16.9475	16.3702
四川	26.0908	26.6168	50.0831	22.7615	20.5389	21.178	12.7148	19.8582	19.214	25.608	30.3837	17.1584	17.8659
贵州	22.1968	22.8286	52.21	21.1194	19.0085	23.7101	14.7914	19.7645	18.6876	32.5926	27.0059	21.5506	18.2095
云南	22.7809	33.3969	44.0712	21.9445	20.1048	20.3353	13.9991	17.5438	17.3127	26.1267	28.5019	19.5658	16.4824
西藏	26.4379	31.3362	32.0671	23.8127	21.5891	24.7639	17.7416	18.8161	19.8071	31.1832	33.1002	20.454	19.7275
陕西	26.8082	21.869	49.4329	22.142	20.2712	20.7037	13.6551	18.3532	16.3325	25.1306	22.158	18.3301	18.6359
甘肃	25.2181	27.5297	46.7963	21.6407	19.5977	17.9453	13.6785	20.2873	18.5207	24.1734	35.7911	19.7295	19.1946
青海	25.3097	24.1377	42.9158	23.2029	20.967	19.5879	14.2803	16.4795	19.8405	32.3071	28.389	19.3236	18.3423
宁夏	21.0546	29.1769	54.5598	22.0862	19.9787	22.1218	14.6754	16.8723	17.6635	28.1865	25.2044	16.7805	18.7944
新疆	24.4733	25.3303	50.5035	23.3868	21.392	22.3887	12.1908	15.5272	16.8174	24.8726	24.4062	18.2876	17.8701